ROBERT GASCHET
PROFESSEUR AU LYCÉE DE LYON

LES AVENTURES D'UN ÉCRIVAIN

PAUL-LOUIS COURIER

(1772-1825)

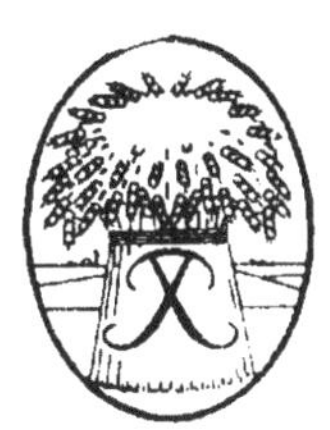

PAYOT, PARIS

LES AVENTURES D'UN ÉCRIVAIN

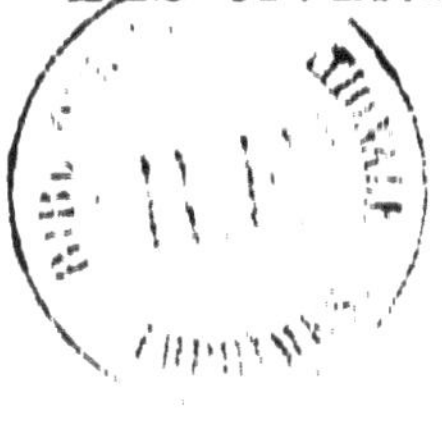

ROBERT GASCHET
PROFESSEUR AU LYCÉE DE LYON

LES AVENTURES D'UN ÉCRIVAIN

PAUL-LOUIS COURIER
(1772-1825)

PAYOT, PARIS
106, BOULEVARD ST-GERMAIN

1928

CHAPITRE PREMIER

ANTÉCÉDENTS

Les aventures tragiques de Jean-Paul Courier. — Le duc d'Olonne. — Etablissement de Jean-Paul Courier en Touraine en 1768. — Le fief de Méré. — Le fief du Breuil. — La Véronique. — Le mariage de Jean-Paul Courier. — Ses occupations rurales. — Son avarice. — Son retour à Paris en 1784. — Ses querelles et ses procès. — Il devient assesseur du Juge de paix dans la commune de Cinq-Mars. — Sa mort.

I

La famille de Paul-Louis Courier n'est point originaire de la Touraine, mais d'une région boisée, faisant partie du Sénonais, diocèse de Troyes, qui aux dix-septième et dix-huitième siècles, approvisionnait Paris de bois et de charbon.

C'est par ce commerce que les ancêtres du pamphlétaire, d'abord simples paysans ou artisans de village, devaient s'enrichir et s'élever peu à peu dans l'échelle sociale, sans atteindre jamais ni à une grande fortune ni à la véritable noblesse.

Le plus ancien membre de la famille dont on trouve le nom, Michel Courier, « était établi charpentier à Soligny, petit village situé sur la rive gauche de l'Orvin (1). »

Ses descendants exercèrent, comme lui, la profession de charpentier soit à Soligny, soit dans la paroisse voisine de Bouy-sur-Orvin.

(1) André Lelarge. *Paul-Louis Courier parisien.* Pour connaître en détail l'histoire de la famille Courier au XVIIIe siècle, il faudra consulter ce savant ouvrage.

A la fin du XVIIe siècle, Pierre Courier, charpentier comme son père, occupait, tout en conservant cette profession, la charge de lieutenant de la Prévôté de la terre de Bouy, où il rendait la justice au nom du seigneur. Puis il devint Lieutenant de justice de Villeneuve-aux-Riches-Hommes.

M. Lelarge suppose avec raison que ce charpentier de village avait acquis une instruction suffisante pour exercer cette charge.

Si l'évêque de Châlons, dont il dépendait, l'avait choisi pour rendre la justice dans son fief, c'est précisément parce qu'un charpentier connaissant bien la valeur des bois était capable, mieux qu'un autre, d'apprécier les dégâts causés dans les forêts dépendant des fiefs et de les punir ou d'en faire rendre raison.

Tout dénote d'ailleurs qu'il joignait à ses occupations la profession de marchand de bois, et M. Lelarge estime qu'il dut laisser quelque fortune : mais son avoir fut partagé entre cinq enfants.

L'un de ces derniers, Jean Courier, grand-père de notre illustre pamphlétaire, eut le premier l'ambition de donner une certaine extension à ce commerce des bois et du charbon dont avait vécu son père. Comme il expédiait ses bois à Paris par les coches de la Seine, il prit le parti de venir s'installer lui-même dans la capitale, afin d'y mieux surveiller ses affaires. Le moment était propice pour s'enrichir.

Son arrivée à Paris, dès 1718, coïncide, en effet, avec la plus ardente période des spéculations fiévreuses que le système de Law avait inaugurées. Alors, grâce à son activité, le fils du charpentier de Saint-Maurice-aux-Riches-Hommes s'élève dans l'échelle sociale. Il gagne de l'argent, met de côté une somme de vingt mille livres de deniers comptants, qui figure sur son contrat de mariage avec une parisienne Jeanne Joly. Bien plus, il est qualifié, dans cet acte, Bourgeois de Paris, ce qui suppose qu'il était établi dans la capitale, depuis plus d'un an, comme marchand de bois.

Son titre exact était celui de « marchand pour la provision de Paris ».

Pourtant Jean Courier ne semble pas avoir été dévoré, comme beaucoup d'autres, par l'ambition de faire une belle fortune ; car dès l'âge de vingt-sept ans, en 1723, il revient se fixer dans son pays natal. Sans doute alors continua-t-il à s'intéresser au commerce des bois, qu'il expédiait toujours à Paris par les coches de la Seine ; mais il résidait au Plessis-Gâtebled. Il avait affermé les terres de la seigneurie de ce nom, ce qui lui vaut dès lors, suivant l'usage, le titre de Receveur du Plessis-Gâtebled. Il acquit en outre la charge de procureur fiscal.

En résumé, ce fut un homme actif et prudent qui, après avoir commencé à Paris sa petite fortune, vint en jouir, tout en essayant de l'arrondir, dans la région même où il avait vu le jour, et où il acquit dès lors la réputation d'un bourgeois aisé.

De ses sept enfants, qui naquirent au Plessis-Gâtebled, un seul nous intéresse, Jean-Paul Courier, père du futur vigneron de la Chavonnière ; nous allons bientôt le suivre à Paris, puis en Touraine où il viendra se fixer à partir de 1768.

Toutefois deux de ses filles se trouveront mêlées à l'histoire de Paul-Louis Courier par suite de leurs mariages qui les firent résider à Paris : ce sont Suzanne Courier qui épousa en 1753 un certain Claude Turlin, plus tard voiturier des coches de la Seine, après avoir fait le commerce des bois ; et Jeanne Courier qui, par son mariage avec Gervais-Protais Pigalle, marchand de bois pour la provision de Paris, est entrée dans une famille célèbre (1).

Jean-Paul Courier, avant-dernier fils de Jean Courier, naquit au Plessis-Gâtebled le 3 novembre 1732. Les registres de l'état civil de cette commune portent la mention suivante :

« L'an mil sept cent trente-deux, le 3ᵉ jour de novembre

(1) On connait les relations de Paul-Louis avec ses cousins Pigalle qu'il semblait préférer à tous ses autres parents.

est né de légitime mariage Jean-Paul, fils de Jean Courier et de Jeanne Joly ses père et mère, et a été le même jour baptisé par moi prêtre et curé soussigné ; le parrain a été Pierre Daussange, la marraine Catherine Lauxerrois, qui a déclaré ne savoir signer : signé Daussange et Pilot curé (1).

Notons que les registres de l'état civil de Cinq-Mars-la-Pile, en Touraine, où mourut Jean-Paul Courier, le font naître à Saint-Maurice aux Riches-Hommes, car sa femme et son fils le croyaient originaire de cette dernière commune.

Nous ne savons rien des premières années de Jean-Paul Courier, ni de ses études. Vint-il de bonne heure à Paris, ou bien resta-t-il jusqu'à sa majorité à la Chapelle-sur-Seine, où Jean Courier avait fixé son séjour en qualité de « Receveur » de la ferme du prieuré ?

Qu'il ait voyagé ou qu'il soit resté confiné dans la ferme exploitée par son père, il acquit à coup sûr une grande expérience des choses de l'agriculture, expérience qu'il mettra à profit lorsqu'il se sera installé sur les bords de la Loire. M. Lelarge a relevé sa signature sur l'acte de décès de son père, dressé en octobre 1753 ; puis, deux ans plus tard, il assistait également à l'inhumation de son frère aîné Louis Courier, à Darvault (2).

A cette époque Jean-Paul Courier est qualifié, dans l'acte de sépulture, « étudiant en Droit ». Il s'était inscrit en octobre 1755 comme étudiant à la Faculté de Droit de Paris (3), où il paraît avoir connu Vauvilliers, plus tard professeur de grec au Collège de France, qui a exercé une influence certaine sur les goûts de Paul-Louis Courier et sur sa vocation d'helléniste.

(1) Nous publions cet extrait, tel que nous l'a adressé le maire du Plessis-Gâtebled (Aube). A noter une légère différence entre ce texte et celui qu'a publié M. Lelarge. *op. cit.*, le nom du parrain diffère un peu.

(2) Le 20 décembre 1755.

(3) M. Lelarge a retrouvé son nom sur le registre des Inscriptions.

Jean-Paul Courier avait sans doute projeté d'acheter quelque charge de judicature ; mais il paraît y avoir renoncé assez vite ; car, non seulement il ne passa aucun examen à l'Ecole de Droit, mais il ne prit que les quatre inscriptions réglementaires de l'année 1755 1756. A partir de juillet 1756, on perd sa trace jusqu'en 1764.

Que devint-il pendant ces huit années ? On sait qu'il fréquentait assidûment chez son beau-frère Claude Turlin, voiturier par eau, qui contribuait à l'approvisionnement de Paris en bois et charbons, et même en blés. Il est naturel de penser qu'il s'associa avec lui et vécut, lui aussi, de ce commerce ; cependant aucun document n'en fait foi.

Au début de 1764, Jean-Paul Courier était lieutenant des chasses du duc d'Olonne ; c'est alors que se passe l'événement le plus dramatique de sa vie, événement si étrange et si mystérieux que jusqu'à ces derniers temps on a pu croire à une légende.

Les faits que nous allons raconter brièvement avaient été dénaturés dans une *Notice biographique sur la vie de Paul-Louis Courier de Méré*, extraite de la *Biographie française*, publiée à Londres, qui parut en 1824.

Voici ce récit dénaturé et fantaisiste, dont l'auteur est Henri de Latouche (1) : « Un duc à qui Courier avait prêté jusqu'à 160.000 fr., qui n'ont jamais été rendus, s'avisa, ce que tout Paris savait depuis longtemps, que son créancier vivait en commerce réglé avec la duchesse, et subitement atteint d'un transport jaloux, voulut le faire assassiner par son valet de chambre aidé d'un soldat aux Gardes. La tentative eut lieu au sortir de l'Opéra ; mais elle fut sans succès. Courier se défendit, et ses assassins arrêtés furent condamnés à la roue et suppliciés en place de Grève, sans tou-

(1) Littérateur distingué, né en 1785, mort en 1851 : éditeur des poésies d'*André Chénier*, il écrivit des romans aujourd'hui oubliés et fut après 1830 rédacteur en chef du *Figaro*.

tefois qu'il fût permis au Parlement de nommer même celui que l'on savait les avoir soldés ».

Voici maintenant les faits, tels qu'ils se dégagent des documents inédits publiés par M. Lelarge.

Le duc d'Olonne n'a jamais dû 160.000 francs à Jean-Paul Courier, mais tout au plus douze mille livres.

Il n'est pas douteux qu'il ait voulu le faire assassiner. A cet effet, il chargea son valet de chambre Jacques Tachet dit Clermont, âgé de trente ans, de s'aboucher avec un soldat aux Gardes. Le nommé Fiacre Hiblot, dit la Lancette, feignit d'accepter de se charger d'assassiner le « particulier » que Jacques Tachet lui désignerait. Il prit plusieurs rendez-vous avec le valet du duc d'Olonne, qui lui demanda de donner, à l'homme qu'il lui ferait voir, « plusieurs coups d'épée, si un seul ne suffisait pas ». Après quelques tentatives infructueuses, Tachet put enfin montrer à la Lancette M. Jean-Paul Courier sortant de l'hôtel du duc d'Olonne, situé rue de Grenelle. Cet homme paraissait âgé de vingt-cinq à trente ans, il avait le visage basané, portait cheveux ou perruque brune et en bourse (1). Il était vêtu d'une redingote bleue galonnée d'un petit galon d'or très usé et paraissant comme de l'argent, avait sur la tête un chapeau uni avec bouton et garni d'argent, et portait une épée et des bas blancs.

Heureusement pour Courier, le soldat La Lancette n'avait aucune envie de l'assassiner et il voulait seulement faire arrêter Jacques Tachet, après l'avoir convaincu d'intentions criminelles. Profitant de ce que Jean-Paul était entré chez un débitant de tabac, le soldat aux Gardes feignit de l'avoir perdu de vue.

(1) Dans le questionnaire que le commissaire au Châtelet posa à Tachet après son arrestation, il est dit que le sieur Courier « avait le visage brun et piqué de petite vérole. » Ce signalement répond exactement à celui de son fils le célèbre Paul-Louis, qu'un rapport du préfet de police en 1823 nous représente avec un « teint brun et bilieux » et « marqué de petite vérole ».

Enfin il fit venir Jacques Tachet dans sa chambre, où il fut arrêté par deux inspecteurs de police, le 9 février 1764.

On voit à quoi se réduisent les événements fantaisistes racontés dans la notice de 1824. Le duc d'Olonne tenta, en effet, de faire disparaître Jean-Paul Courier. Mais celui-ci ne fut victime d'aucune agression. A son insu, il fut suivi dans des rues très fréquentées par Jacques Tachet accompagné du soldat La Lancette ; mais ce dernier n'avait aucune envie de commettre un crime. Il ne songeait qu'à dénoncer le malheureux qui, pour obéir au duc d'Olonne, s'était chargé de machiner cette scélérate entreprise.

Jacques Tachet dut tout avouer : l'affaire, instruite par le Châtelet, aboutit à une sentence qui le condamnait à la torture. Suivant l'usage, l'accusé et son procès furent alors renvoyés au Parlement qui confirma la sentence des premiers juges. Toutefois l'arrêt du Parlement adoucissait un peu la peine infligée, en supprimant la question préalable et en décidant que Tachet serait secrètement étranglé sur la Croix de Saint-André après qu'il aurait reçu deux coups vifs.

Cette « relative indulgence » suivant l'expression de M. Lelarge, s'explique évidemment par ce fait que les juges du Parlement craignirent que la haute personnalité du duc ne fût atteinte par les révélations que ferait le supplicié au cours de la « question préalable ».

Il est plus que probable qu'avant de mourir, l'infortuné dénonça le duc d'Olonne comme ayant voulu, par son entremise, faire assassiner Jean-Paul Courier.

En effet, aussitôt après l'exécution du serviteur, le procureur du Roi au Châtelet commença une procédure criminelle contre le duc d'Olonne. Mais le roi ordonna à son procureur de « surseoir à toutes poursuites et procédures » contre ce grand Seigneur, qu'il avait d'ailleurs fait enfermer au château de Pierre Scize à Lyon (1). Il devait y rester toute sa vie.

(1) Le duc d'Olonne avait précédemment et dès le 26 avril 1764, été incarcéré au château de Saumur.

En apprenant les poursuites dirigées contre son mari, la duchesse d'Olonne s'était présentée à l'audience du roi à Compiègne. M. Lelarge rend compte de cette démarche en ces termes : « Elle fut écoutée, mais la requête pressante prit vite, croyons-nous, l'allure d'une confession : il fallut avouer l'amant pour excuser le mari, et, devant le scandale déjà connu probablement de la cour et de la ville, le roi dut sévir... La duchesse fut immédiatement conduite à la Visitation de Compiègne et transférée, dès le 11 août, aux Ursulines de Viantais près Loches ».

Ainsi, pour les contemporains, la liaison de la duchesse avec Jean-Paul Courier ne faisait aucun doute. Incarcérée à Viantais, elle fut remise en liberté le 23 novembre 1764 ; peu de temps après, elle revint à Paris, où elle alimenta de nouveau la chronique scandaleuse par des aventures sentimentales, d'abord avec une sorte d'aigrefin, le sieur Orourke, puis avec un avocat véreux qu'on put accuser d'avoir porté atteinte « à la dignité de la profession d'avocat », enfin avec d'autres encore (1).

Le testament de la duchesse d'Olonne « aussi bizarre que sa conduite » prouve que cette femme sensuelle avait le cerveau quelque peu dérangé.

Il n'est donc point invraisemblable que, vivant rue de Grenelle, en l'hôtel du duc, sous le même toit que le jeune lieutenant de ses chasses, elle n'ait eu pour lui les plus coupables complaisances.

Disons mieux : l'histoire même de sa vie nous invite à penser que cette grande dame imposa spontanément à Courier, officier de sa maison, un service de nature spéciale auprès de sa personne. Agée de trente ans, c'est-à-dire de deux ans de moins que son « séducteur », veuve d'un premier mari qui s'appelait le comte de Montmorency, remariée, depuis quatorze mois seulement, au duc d'Olonne, elle avait

(1) Elle mourut le 26 novembre 1776.

eu le temps déjà de juger ce viveur cynique et ne se croyait point tenue de rester fidèle à pareil don Juan. Qu'à cet âge où s'exaltent les passions chez la femme, elle n'ait pas hésité à tromper ce coureur de cotillons avec le premier venu, avec le commensal de l'hôtel d'Olonne, cela est trop dans la nature des choses pour surprendre.

Cependant le duc, bien que traité comme il le méritait, ne semble pas avoir pris son sort en patience aussi longtemps que l'indique la notice composée par Henri de Latouche. C'est tout au plus si, pendant quelques mois, il feignit d'ignorer ce que Paris savait aussi, mais non pas avant lui (1). Il ne tarda pas à s'aviser peut-être moins des moyens de sauver son honneur que d'un expédient pour faire disparaître, en la personne de Courier, un créancier auquel il devait pour le moins douze mille livres, sans parler des intérêts. C'est alors qu'un serviteur dévoué accepta la tâche, qu'on lui confia, de chercher un meurtrier, complaisance qu'il devait expier terriblement en place de Grève ! Mais le crime qu'il paya de la vie au milieu des tortures était avant tout le crime du duc d'Olonne.

Jetons un coup d'œil plus attentif sur ce personnage étrange, splendide spécimen, comme dirait un biologiste de la société élégante et corrompue du XVIIIe siècle, ou plutôt effrayante incarnation d'une aristocratie dégénérée, qui allait périr de ses vices.

Charles-Anne-Sigismond de Montmorency-Luxembourg marquis de Royan, plus tard duc d'Olonne, était fils de Charles-Paul-Sigismond de Montmorency-Luxembourg, duc de Boutteville. Arrière petit-fils du célèbre maréchal de Luxembourg, le vainqueur de Steinkerque, le Tapissier de Notre-Dame, il appartenait à ce qu'il y a de plus ancien et de plus illustre dans la noblesse française. Mais pauvre et

(1) Rappelons la phrase que nous incriminons : « Un duc... s'avisa, ce que tout Paris savait depuis longtemps, que son créancier vivait en commerce réglé avec la duchesse...

bientôt nécessiteux, par suite de ses vices, de son gaspillage, de ses prodigalités, il ne tarde pas à se rendre coupable de criminelles indélicatesses. Vivre en débauché, même après la Régence, courtiser toutes les femmes, se ruer dans les plaisirs, afficher des maîtresses, passer de la bourgeoise entretenue dans une petite maison aux Porcherons, à la fille d'Opéra qui le gruge, fuir ses créanciers, vivre dans les coulisses, ce sont assurément jeux de grand seigneur, auxquels excellait d'Olonne, mais dont il n'avait pas le monopole. Aussi allait-il plus loin, de manière à n'être distancé par personne sur la route glissante qui mène les gentilshommes dans les prisons du roi. Pour satisfaire aux caprices de ses maîtresses, il escroque à un marchand de Paris une fort belle tapisserie, estimée 70.000 livres, la lui arrache des mains, lui fait violence avec l'aide d'un serviteur, le jette à la porte ; puis dès le lendemain engage la dite tenture chez d'autres tapissiers pour la somme de deux cents louis.

Avant d'en venir à cette extrémité, le duc avait essayé de s'aboucher avec le diable en personne, que des sorciers s'engageaient à lui faire voir. Au diable, il demandait quinze millions, faisant preuve ainsi d'une naïveté qui surprend chez un « roué ». Ses premières tentatives d'escroquerie lui valurent d'ailleurs une lettre de cachet qui le reléguait dans sa terre de Hallot, près de Vernon.

Telle est la vie privée du duc auquel Jean-Paul Courier fut attaché en qualité de lieutenant de ses chasses. Il put reconnaître dans son maître le type du « Grand seigneur malhonnête homme » dont Molière a tracé l'effrayant portrait dans son don Juan. Dès lors n'avait-il pas des raisons de haïr ces nobles que le privilège de la naissance mettait au-dessus des lois, qui commettaient toute sorte de crimes et s'en tiraient par l'exil ou l'emprisonnement, tandis que les roturiers expiaient leurs fautes par la torture en place de Grève ?

A. Carrel, racontant l'enfance de Paul-Louis Courier, nous atteste que « ce fut dans les entretiens paternels que notre incomparable pamphlétaire puisa l'aversion qu'il a montrée toute sa vie pour une certaine classe de nobles ».

Par malheur, l'*Essai* de Carrel est aujourd'hui fort attaqué et il est de mode, non de flétrir, mais de louer l'ancien Régime, en haine du temps présent. Rien n'est de plus mauvais goût que de soutenir que les bonnes mœurs ne régnaient guère parmi la noblesse du temps de Louis XV. La critique, et l'histoire elle-même, subissent ainsi des modes et des caprices ; mais il nous est toutefois permis de préférer la vérité à la mode..

Il est donc exact que Jean-Paul Courier, qui avait vu de près la grande noblesse, la noblesse présentée, et qui connaissait ses mœurs, en ait fait à son fils des récits et des descriptions qui se gravèrent dans la mémoire de l'enfant, et qu'il retrouvera plus tard pour composer le *Simple discours*. Dans ses peintures, rien n'est plus hideux que le monde des courtisans ; or Paul-Louis n'a jamais vu cette société et n'a pu la connaître que par son père.

Que le bonhomme en ait gardé un si affreux souvenir, on ne saurait en être surpris quand on songe qu'il fut sur le point d'être assassiné par le duc d'Olonne et qu'il ne put jamais obtenir le remboursement des sommes que lui devait ce grand seigneur.

Mais s'il perdit beaucoup d'argent par la carence du duc d'Olonne, la femme qu'il épousa plus tard, Louise-Elisabeth La Borde, avait à regretter toute une fortune péniblement économisée par son père et dévorée par le même d'Olonne.

Lorsque ce brillant représentant des « vieilles mœurs », comme dirait Paul-Louis, eut été enfermé au château de Pierre Scize, la famille de Montmorency-Luxembourg fit dresser un état de ses dettes. Les plus grosses, ce sont celles qu'il avait contractées envers ses enfants, en dissipant leur patrimoine et les avoirs de ses deux premières épouses (car il fut marié trois fois). Parmi les autres dettes, on remarque celle au sieur La Borde, marchand tailleur à Paris, à qui non seulement le duc n'avait jamais payé ses fournitures, mais qu'il amena peu à peu, par des cajoleries à la don Juan, à le vêtir, le nourrir, le servir et même à payer ses dettes criardes. Le bonhomme était trop flatté de voir un duc s'asseoir à sa table, empocher son argent, porter ses habits. « Il sacrifia pour le servir son temps, sa fortune et son crédit (1) ». Mais les « sacrifices » qu'il devait faire lui étaient demandés de si bonne grâce qu'il lui était impossible de ne pas s'exécuter. Qu'on en juge par ce fragment de lettre, datée d'Hallot où le duc était exilé à la suite de sa tentative d'escroquerie :

« Sachant ma situation, comme vous la savez, mon cher La Borde, et m'ayant donné autant de paroles de venir, je suis étonné de votre retardement. Vous n'ignorez pas que je suis depuis deux mois sans un écu et sans aucune ressource. Les marchands, après m'avoir bien fait enrager, ont refusé net de me fournir, et je me vois à la veille de manquer de pain et de viande. Venez donc mettre ordre à ma situation ; je vous avoue qu'elle me met au désespoir ; quand vous ne leur donneriez pas de l'argent, vous les contenteriez peut-être, et me dispenserez de mourir de faim ou de demander l'aumône d'ici à trois ou quatre jours. Je suis sans habit, sans culotte, etc... »

Jusqu'à la détention du duc en 1764, l'infortuné La Borde conserva l'habitude de lui fournir tout ce dont il avait besoin ; si bien que sa créance s'élevait finalement à plus de 15.000 livres. Mais, affirme M. Lelarge, malgré ses réclamations réitérées, « il ne put rentrer en possession d'aucune somme ». Bien mieux les débiteurs de La Borde, c'est-à-dire les enfants du duc d'Olonne affectèrent de croire qu'il réclamait des sommes qui ne lui étaient pas dues.

« On affecte perpétuellement de réclamer contre le porteur

(1) Analyse pour le sieur Jean La Borde, publiée par deux avocats au Parlement, et citée par M. Lelarge.

de ces titres, de le traiter comme le plus vil escroc. L'honneur du sieur La Borde lui est devenu d'antant plus précieux que de tous les biens dont il a eu l'imbécile complaisance de se dépouiller envers cette famille ingrate et puissante, c'est le seul qui lui restait, et qu'on veut encore lui enlever ; il en demande la réparation (1) — « ainsi, ruiné et traité d'escroc par ses débiteurs, La Borde eut encore la douleur de perdre son procès ».

Cette somme de 160.000 francs qui est mentionnée par Henri de Latouche comme due à Courier par le duc d'Olonne représente évidemment le total de la créance Courier et de la créance La Borde. Or ces sommes, si elles avaient été payées, étaient destinées à revenir plus tard à Paul-Louis Courier comme fils de Jean-Paul et comme petit-fils de La Borde, son grand-père maternel. Le futur pamphlétaire se trouva donc doublement frustré par l'illustre famille de Montmorency-Luxembourg des économies amassées par ses parents. Doit-on s'étonner qu'il ait conservé toute sa vie contre les nobles et contre l'ancien Régime une rancune qui lui avait été inspirée dès le berceau par les victimes du duc d'Olonne ?

Après avoir perdu son procès, La Borde s'entendit avec les autres créanciers du duc, et ils formèrent une union. Il devint un des trois directeurs chargés de faire valoir les droits de tous les autres. Cette circonstance le mit naturellement en rapports suivis avec Jean-Paul Courier qu'il avait dû connaître déjà dans la maison du duc. Rappelons qu'à cette époque l'ancien tailleur parisien, singulièrement appauvri par ses complaisances inconsidérées, avait dû s'installer à Châtillon-sur-Loing, où il était devenu lieutenant des chasses du duché.

Quant à Jean-Paul Courier, à la suite de l'attentat dirigé contre lui par le valet du duc d'Olonne, il avait été relégué à

(1) Analyse pour le sieur Jean La Borde, citée par M. Lelarge, *op. cit.*

une certaine distance de Paris, par lettre de cachet. On ne sait où il se rendit aussitôt après les événements tragiques de l'année 1764.

II

Au début de l'année 1768, on retrouve en Touraine la trace de Jean-Paul Courier. Il y négociait l'achat d'une fort belle terre, celle de Méré située sur les bords de l'Indre dans la paroisse d'Artannes (1) ; or il est difficile d'admettre qu'un homme pratique tel que lui ne soit pas venu, avant même de signer l'acte, visiter le domaine qu'il se proposait d'acquérir.

Il fait, à Tours, la connaissance de Me Hubert, notaire, par l'intermédiaire duquel il s'efforce de réunir les fonds nécessaires pour conclure l'affaire. C'est ainsi qu'il emprunte, à la date du 22 février 1768, une somme de onze mille livres à la dame Jeanne Decop, veuve de messire Milon de La Borde. Par contrat passé devant Me Hubert, il s'engageait à servir à cette personne une rente annuelle de 440 livres (2) ; mais il ne signa pas l'acte et fut représenté par un mandataire.

Le domaine de Méré appartenait à Michel-Antoine-Germanique Ferrand, conseiller au Parlement de Paris. Courier avait évidemment des relations avec ce magistrat (3) ; aussi, l'acquéreur et le vendeur habitant Paris, c'est dans cette ville que fut passé le contrat de vente, devant maître Paulmier, le 6 mars 1768.

Pressé, semble-t-il, de quitter Paris, Courier vint s'installer aussitôt dans son nouveau domaine.

La terre et seigneurie de Méré, dont dépendait le fief de la Turbellière, constitue une vaste propriété traversée par la

(1) Avec dépendances dans les paroisses de Pont-de-Ruan et de Saché.

(2) Cette rente fut portée plus tard à 538 livres, ce qui prouve que, loin de pouvoir se libérer, Courier dut recourir à un nouvel emprunt. Six ans plus tard, revendant la terre de Méré, il dut faire délégation de cette créance à ses acquéreurs.

(3) M. Lelarge a établi que ce Conseiller habitait, en l'île Saint-Louis, à deux pas du domicile de Jean-Paul Courier.

Thilouze, qui serpente capricieusement dans le parc et n'en sort que pour se jeter dans l'Indre au milieu même du bourg de Pont-de-Ruan, décrit par Balzac d'une manière fort poétique (1).

L'habitation de Méré, adossée à un coteau, était une confortable maison, restaurée depuis, mais dont on a respecté le plan primitif. Il en reste d'ailleurs un vestige, c'est une petite tourelle rectangulaire. La Turbellière, située sur le coteau, domine Méré ; on y arrive par un sentier escarpé. C'est un vieux corps de logis qui se dresse fièrement au milieu de ses dépendances en ruines. De là s'aperçoit le vaste ensemble de prés, de champs et de bois qui constitua la propriété de Courier.

L'acquisition qu'il venait de faire lui conférait « tous les droits dépendant du fief noble et y réunis ». C'était, en réalité, la noblesse que ce bourgeois venait d'acheter pour lui et pour ses descendants : si, dans le fait, Jean-Paul Courier semble avoir été peu sensible à ce privilège, si son fils, loin de s'en prévaloir, s'est intitulé « vigneron de la Chavonnière » et n'a cessé de railler les nobles, le titre de seigneur de Méré n'en restait pas moins dans la famille (2), et les héritiers du nom n'hésitent point à s'en parer.

Mais le bonhomme Jean-Paul était plus préoccupé d'augmenter sa fortune par d'habiles opérations que d'agrémenter d'un titre son non roturier. Il lui fallait d'abord achever de payer son domaine, ce qui eut lieu en avril 1768. Puis, comme il semble alors avoir été assez démuni d'argent, il dut contracter de nombreux emprunts, pour acheter diverses parcelles de terre destinées à arrondir sa propriété. De là un emprunt de mille livres à dame Dejaucourt le 9 mai 1770, un autre emprunt de 1.600 livres, obtenu de Jean-Baptiste

(1) *Le Lys dans la vallée*. Balzac habita non loin de là, au château de Saché, chez M. de Margonne.

(2) « Lorsqu'un fief tombe en roture, le gentilhomme garde son titre pour le faire valoir à la cour ». P. L. Courier, 5e Lettre au Rédacteur du *Censeur*.

d'Ausserre, prêtre vicaire en l'église de Saint-Martin de Tours, et un troisième, de 1.200 livres, à M. Anguille procureur dans la même ville, le 28 juillet 1771 (1).

Le père de notre Paul-Louis était, avant tout, un homme d'ordre, rangé, minutieux, ne pouvant supporter dans sa maison le moindre gaspillage. Il ne négligeait aucun profit, il n'abandonnait jamais aucun de ses droits. Riche, il affecta toujours d'être gêné et éleva son fils unique dans la pensée qu'il devrait se suffire à lui-même et travailler pour vivre. Ses façons avec les paysans n'étaient point d'un gentilhomme, il débattait contre eux ses intérêts avec âpreté, sans jamais omettre aucune des redevances auxquelles il avait droit. Dans les nombreux baux à ferme qu'il dut consentir à une foule de laboureurs, closiers, vignerons, il fait preuve d'un esprit dont l'exactitude va jusqu'à la minutie.

Ne pouvant exploiter par lui-même la vaste étendue des domaines dont il s'était rendu acquéreur, Courier avait dû donner à ferme diverses parcelles à des paysans voisins. C'est ainsi qu'à la date du 12 mars 1772 (2), il afferme à un sieur Pasquereau journalier « 145 chesnées de terre en cinq « pièces moyennant six boisseaux de bled froment, mesure « de roy, par arpent. » Courier a bien soin de stipuler que l'arpentage des dites chesnées sera fait aux frais du preneur; il n'oublie pas même d'exiger « six livres de pot de vin » payables « à Noël prochain ».

Quelques jours plus tard, le 29 mars 1772 nouveau bail, passé devant le notaire d'Artannes, par lequel le châtelain de Méré donne, à titre de rente foncière annuelle et perpétuelle, à Jean Fourmy, laboureur et à sa femme, cinq arpents et quatorze chesnées de terre labourable, plusieurs mûriers et noyers dedans, et autour... le tout moyennant 27 boisseaux de seigle mesure de roy payables à la Noël.

Pas plus que dans le bail précédent, Courier ne néglige

(1) Tous ces actes furent passés en l'étude de Mᵉ Hubert, à Tours.

(2) Archives d'Indre-et-Loire.

de réclamer aux preneurs « quinze livres pour pot de vin » ; mais, ce qui met le mieux en lumière son esprit positif, c'est le soin qu'il prend, après avoir, « pour fixer les droits de contrôle seulement, évalué le seigle à raison de quinze sols le boisseau, année commune » de protester que « l'évaluation ci-dessus ne pourra nuire ni préjudicier aux droits qu'il a, et qu'il se réserve de se faire payer par lesdits preneurs laditte rente en nature et non autrement. » Ainsi Courier escomptant pour l'avenir une hausse du seigle veut s'en réserver le bénéfice !

N'est-ce pas d'un esprit avisé ? Ce bourgeois de Paris n'ignorait pas l'odieux monopole établi entre divers financiers qui devait avoir pour but d'élever arbitrairement le prix des grains et pouvait lui permettre en des années de disette de retirer un prix avantageux de son froment et de son seigle (1).

Voilà pourquoi il exigeait de ses fermiers une redevance en nature.

Bien qu'il n'ait possédé que six ans la terre de Méré, l'étude du notaire d'Artannes le vit souvent « comparaître en personne » et signer de nombreux baux à ferme.

Mais le souci constant qu'il avait de ses intérêts ne l'empêcha pas de contracter des relations amicales avec diverses personnes de son voisinage. Parmi celles-ci, je relève tout d'abord le nom d'un prêtre Pierre Gilles, vicaire d'Artannes, qui l'assista plus d'une fois dans des contrats et signa avec lui la minute d'un bail (2). Il n'est pas téméraire de supposer que le jeune châtelain de Méré, voué à la solitude, considérât la compagnie du vicaire comme une précieuse ressource. L'église et la cure se trouvent à la porte même du parc du château : Cette raison de voisinage dut faciliter les relations ; au cours des promenades qu'ils faisaient ensemble, ou pendant les longues veillées d'hiver, Courier put mettre

(1) N'avait-il pas vu en 1767 l'association dite le pacte de famine renouveler son bail pour l'accaparement des blés et créer les famines artificielles de 1768 et 1769 !.

(2) Etude du notaire d'Artannes.

l'abbé sur le chapitre des Saintes Ecritures dont il admirait fort la haute poésie. Peut-être, dès cette époque, put-il réciter à son ami sa paraphrase du psaume *Super flumina Babylonis*, qu'il savait par cœur et qu'il apprit plus tard à son fils Paul-Louis.

Pour échapper à la monotonie de l'existence dans un petit bourg, charmant l'été, mais sale et crotté pendant l'hiver, le nouveau seigneur s'intéresse à tout ce qui l'entoure, et ne dédaigne même pas d'assister aux mariages des simples artisans du village. C'est ainsi que, le 16 janvier 1769, quelques mois après son arrivée dans la contrée, il est présent à celui de Nicolas Sabourin avec Marie Parvy, la veuve d'un boulanger, et il appose sa signature sur le registre de la paroisse, bien que n'étant pas au nombre des témoins (1). Deux ans plus tard, il veut bien servir de témoin à son domestique Joseph Chamoré, et il signe une seconde fois, le 4 février 1771, sur le registre de la paroisse tenu par le curé Painparé (2).

Il ne se borne pas à ces relations de voisinage, ni à ces bons offices rendus aux petites gens. Il ne peut pas se soustraire davantage aux obligations mondaines que l'usage impose à un homme de sa condition. Il échange des visites avec les gentilshommes du pays, et se lie même avec quelques hobereaux, avec lesquels son titre de seigneur de Méré le fait aller de pair. Nous le voyons figurer, en qualité de témoin, au mariage de François-Olivier d'Hennery avec Aimée-Josèphe de Blois de la Calandre, « dame du Pont-de-Ruan (3) ». Il était convié à ce mariage en qualité d'ami de la mariée, sa proche voisine. En effet, plusieurs des pièces de

(1) Archives de la mairie de Pont-de-Ruan 1769.

(2) Ibid. 1771. «.. en présence, du côté de l'époux, de Messire Paul Courier, seigneur de Méré, son maître. »

(3) Archives d'Indre-et-Loire E supplément 78, registre d'état civil de la mairie de Saché, tome X. — D'Hennery, originaire du Poitou, était capitaine au corps royal d'artillerie. Aimée-Josèphe de la Calandre, née à Brest, était fille d'un Lieutenant des vaisseaux du roy, capitaine d'une compagnie franche de la marine. Le mariage fut célébré le 12 février 1771.

champ composant son domaine « joignaient de toutes parts aux terres de la seigneurie de Pont-de-Ruan ».

On voit que l'ancien lieutenant des chasses du duc d'Olonne, sans doute à cause de sa jeunesse passée à la campagne, avait montré, dès son arrivée en Touraine, de véritables dispositions pour un genre de vie si différent de celle qu'il menait à Paris lorsqu'il y faisait le commerce des Bois avec ses beaux-frères.

Bienveillant avec les artisans, rigoureux dans ses rapports avec les paysans, il se trouve de plain pied avec la noblesse provinciale, qui n'avait ni les préjugés, ni l'insolence de la noblesse « présentée », et qui accueillait ce bourgeois de Paris comme un égal pourvu de la même culture et de la même éducation.

Notre gentilhomme campagnard fit probablement quelques voyages à Paris dans l'intérêt de sa créance sur le duc d'Olonne, qu'il ne pouvait perdre de vue. Il vit sans doute Jean La Borde qui, l'on s'en souvient, était devenu l'un des syndics chargés des intérêts des créanciers. Est-ce à l'occasion d'une de ces visites qu'il fit la connaissance de Louise, la fille du tailleur, et qu'elle devint sa maîtresse ? Peut-être leurs relations amoureuses sont-elles plus anciennes et antérieures à l'acquisition de Méré. J'incline pour ma part à le supposer.

Ce côté trop intime de la vie de Jean-Paul reste forcément dans l'ombre ; quoiqu'il en soit de l'origine de leur union, Louise La Borde qui avait trente-cinq ans en 1771, se voyant enceinte, quitta Châtillon-sur-Loing, où elle habitait avec son père, et vint faire ses couches à Paris, dans une maison de la rue du Mail, que M. Lelarge suppose, avec infiniment de vraisemblance, avoir été celle d'une sage-femme. L'enfant qui naquit le 4 janvier 1772 était l'illustre pamphlétaire Paul-Louis Courier, dont nous avons, le premier, publié l'extrait de baptême (1) tiré des Archives reconstituées de la Seine.

(1) Voir la *Jeunesse de P. L. Courier*. Appendice n° 1.

L'enfant fut baptisé à l'église Saint-Eustache, sans que le père fût présent ; la mère se cacha, pour la rédaction de l'acte de baptême, sous le pseudonyme de Mont-de-Ville, et les témoins, qualifiés marchands, furent sans aucun doute des témoins de complaisance, qui ne connaissaient point l'accouchée. Qui ne serait frappé du contraste de cette naissance obscure, de ce baptême furtif et de la célébrité que devait acquérir le nouveau-né sous le gouvernement de la Restauration ?

Retenu en Touraine par ses affaires, occupé précisément à cette époque à donner à ferme quelques parcelles de sa terre de Méré, Jean-Paul Courier ne devait pas songer sans émotion, pendant les longues veillées d'hiver à cet enfant, qu'il ne pouvait pas légitimer. Bien qu'il nous apparaisse beaucoup plus comme un habile spéculateur que comme un « homme sensible » à la mode du temps, il devait déplorer l'existence abandonnée de Louise La Borde, réduite à venir se cacher chez une sage-femme parisienne pour y mettre au monde un enfant destiné plus tard à rougir de sa naissance et à rester en marge de la société. Il dut songer, dès ce moment à réparer, et à rendre à l'enfant ses droits d'héritier légitime, en épousant la mère.

Mais le pouvait-il ? Il faut songer à la force terrible des préjugés à cette époque, et depuis, préjugés qui existent toujours, sauf peut-être dans le monde des artistes.

Qu'allait penser la petite noblesse provinciale, qui avait fait si bon accueil à ce bourgeois de Paris ? N'allait-elle pas s'écarter de lui avec colère, quand elle verrait pénétrer à sa suite dans le logis seigneurial de Méré l'ancienne maîtresse escortée du fruit de ses amours ?

Le bruit court en Touraine que Paul-Louis Courier fut élevé par son père naturel à Méré, et l'on montre un biberon qui aurait été celui de l'enfant. Mais il ne nous paraît pas certain qu'il soit venu, dès cette époque, habiter chez son père ; et il semble que Jean-Paul ait eu des raisons de cacher sa naissance.

En s'installant sur les bords de l'Indre, il avait affiché, sans ostentation toutefois, des mœurs régulières et bourgeoises. Il fréquente la bonne société du canton ; bien plus, il se lie avec un prêtre à Pont-de-Ruan, avec un autre à Tours, qui lui prête de l'argent. Son aventure retentissante avec la duchesse d'Olonne l'obligeait à se montrer prudent et sage ; il voulait conquérir l'estime de tous, et il y parvint. On le tint pour une victime innocente et l'éclat de son aventure ne nuisit pas à sa considération. Mais il aurait tout gâté, et prouvé ses torts envers le duc d'Olonne, si on l'avait vu chercher des relations amoureuses en dehors du mariage, et vivre entre sa maîtresse et son bâtard. La morale bourgeoise ne saurait accepter de telles irrégularités de conduite. La noblesse, le prêtre de Pont-de-Ruan, qui l'avaient si bien accueilli, lui auraient tourné le dos, et il aurait subi mille avanies que ne soupçonnent guère les Parisiens, mais qui sont, au village, de cruelles réalités.

Songeant dès lors à légitimer son fils, et désespérant de faire accepter par ses voisins la fausseté de sa situation, il prit le parti de transporter ses pénates dans une autre contrée de la Touraine. Ainsi, son établissement dans la vallée de l'Indre, loin d'être définitif, devait durer dix ans à peine, et dès 1774, il vendait les terres et seigneurie acquises en 1768. Il va sans dire qu'il profitait en même temps, avec adresse, d'une occasion de s'enrichir, car il réalisa un bénéfice important en cédant le domaine de Méré à Jean-Marie Landrière des Bordes, qui avait servi au Canada en qualité de commissaire de marine, et à sa femme Marie-Gilles Chaussegros de Léry. L'acte fut passé en l'étude de Me Hubert, notaire à Tours, le 9 avril 1774 (1). L'opération était bonne pour Courier : il faisait plus que doubler son prix d'achat et il laissait à son acquéreur des bâtiments en si mauvais état que

(1) Archives d'Indre-et-Loire. E. 117.

celui-ci dut les reconstruire en grande partie et y dépenser environ dix-mille livres.

En quittant Méré, Courier vint s'installer à Tours dans une maison située rue de la Galère n° 3, paroisse de Notre-Dame-de-l'Ecrignole (1), à deux pas de l'ancienne basilique de Saint-Martin. Il établit sa résidence ordinaire dans cet immeuble, qui appartenait au sieur Leroux (2) ; et il est fort probable qu'à partir de ce moment il eut auprès de lui Louise La Borde et le jeune Paul-Louis. Peu connu dans la grande ville de Tours, il avait toute liberté d'y vivre à sa guise.

Mais l'activité débordante de cet homme dans la force de l'âge (3) se serait mal accommodée d'une vie sédentaire et oisive. L'administration d'un domaine rural était l'emploi qui convenait le mieux à ses facultés : il avait fait ses preuves à Méré et n'aspirait qu'à réussir une seconde opération du même genre. Voilà pourquoi, avant même de vendre Méré, il avait projeté l'acquisition d'un autre domaine, non moins important, qu'il réalisa le 21 avril 1774 (4).

Dès l'année 1769, il avait pu lire dans l'étude de son notaire, où ses affaires l'appelaient souvent, une « étiquette » fort alléchante (5) par laquelle étaient mis en vente la terre et le château du Breuil. On y trouvait une énumération détaillée des fiefs, droits seigneuriaux, redevances, droits de dîme, de chasse, de pêche, de haute, moyenne et basse justice, qui s'y rattachaient.

Lorsqu'il alla visiter cette belle propriété, Courier put apprécier en connaisseur ses avantages : elle embrasse presque

(1) L'ancienne rue de la Galère, à Tours, répond à la partie de la rue Marceau qui se trouve comprise entre la rue des Halles et celle du Commerce.

(2) Vente de la terre du Breuil devant Mᵉ Martigné, notaire au Mans, 21 avril 1774.

(3) Il avait alors quarante-deux ans.

(4) Il y a douze jours d'intervalle entre la vente de Méré et l'acquisition du Breuil.

(5) Nous dirions aujourd'hui : une affiche. Le château était à vendre depuis l'année 1769.

la totalité d'une vallée fertile baignée par un ruisseau poissonneux, le Breuil, et encadrée de coteaux boisés. Les métairies étaient nombreuses et riches, le site plus riant encore que celui de la vallée de la Thilouze, où s'élève le château de Méré. Bref, ce coin de terre offre aux yeux tout le charme du Jardin de la France.

Courier se rendit acquéreur de ce domaine qui appartenait à Messire des Hayes, ex-lieutenant-colonel du Régiment de cavalerie de Bourbon, et à Messire Jean-Louis-Abel de Petitjean de Linières, chevalier, lequel habitait le château de Fontenailles, paroisse d'Ecommay dans le Maine, avec son épouse dame Armande-Scholastique-Louise de Ruzé d'Effiat. L'acte de vente fut passé devant maître Martigné, notaire au Mans, le 21 avril 1774 (1).

Le sujet que nous traitons ne nous permettant pas d'entrer dans le détail des clauses et conditions de cette vente, nous dirons seulement que Jean-Paul Courier devint propriétaire de la totalité des droits et immeubles composant le domaine du Breuil, ainsi que des bestiaux garnissant les diverses métairies, pour le prix fort raisonnable de 40.600 livres, sans compter toutefois un « pot de vin » de 563 livres que, selon l'usage du temps, exigèrent les vendeurs. C'était à bon compte qu'il devenait acquéreur de ce vaste fief, dont certaines parcelles arrivaient jusqu'à la grande prairie de Cinq-Mars et de Langeais, à plus d'une lieue du « chef-lieu » ou « principal manoir ». Sans doute, les bâtiments du château et de la chapelle étaient en fort mauvais état et exigeaient des réparations immédiates. Mais cet état de délabrement du manoir constaté dans l'acte d'acquêt, avait permis à Courier d'acheter fort au dessous de sa valeur réelle un domaine dont il espérait tirer un gros bénéfice le jour où les bâtiments auraient

(1) Une expédition de cet acte sur parchemin nous a été communiquée par Mme Decisy, propriétaire du château du Breuil. Elle reste dans les Archives du château.

été restaurés. Cet espoir ne fut point déçu et il fit une excellente opération, puisqu'il revendit, le 4 décembre 1779, la terre du Breuil pour la somme totale de 130.000 livres. C'était plus de trois fois ce qu'elle lui avait coûté !

Pour arriver à ce résultat, il avait fallu non seulement réparer des constructions dégradées, mais améliorer par la culture des terres depuis longtemps négligées et leur rendre leur ancienne fertilité. Les nombreux « baux à moitié » (1) que Courier dut faire, à la suite de son acquisition, avec les métayers du Breuil et de ses dépendances nous montrent, par les minutieuses prescriptions qu'il y introduit, un propriétaire fort compétent en agriculture, qui se propose d'enrichir à tout prix une terre appauvrie par la négligence du fermier général de MM. des Hayes et de Linières.

En vendant avantageusement Méré, en achetant le Breuil à bas prix et en lui donnant, en cinq ans, plus du triple de sa valeur, M. Courier s'était montré spéculateur avisé et propriétaire habile ; nous nous donnerons le plaisir d'étudier par le détail sa gestion. Pourtant il nous apparaît clairement et il ressort de l'étude que nous avons faite de sa vie, qu'il ne fut pas guidé en cette affaire par le seul désir de réaliser une fructueuse opération. Des motifs d'ordre privé, mais qui ne peuvent échapper à la curiosité de l'historien, l'amenèrent à quitter la vallée de l'Indre pour venir s'établir à la fois à Tours dans la rue de la Galère et au Nord de la Loire, dans la paroisse de Mazières. L'événement auquel nous faisons allusion n'est autre que la naissance de son fils, qu'il voulut faire élever sous ses yeux.

Revenons à l'acquisition du Breuil : les droits de contrôle que Courier eut à payer s'élevèrent à 113 livres 8 sols. Ceux d'insinuation, qui étaient de 517 livres sept sols et 9 deniers, furent acquittés, le 5 mai suivant, au bureau de Langeais, dont dépendait la paroisse de Mazières.

(1) Ces baux ont été tous passés en l'étude de Me Estevelin des Hautes Landes, notaire à Cinq-Mars-la-Pile.

Le nouveau propriétaire convoqua, pour le 6 mai, son notaire, Me Estevelin des Hautes Landes, afin de procéder en sa présence et celle de son confrère, notaire à Langeais, à la prise de possession des fiefs et métairies qu'il venait d'acquérir. Cette formalité fut accomplie avec toute la solennité usitée, en présence des métayers, de Joseph Montain, fermier général du Breuil, et de René Rolland, maître ès arts en chirugie. Devant ces témoins, Courier pénètre dans le château, dans la chapelle et dans toutes les dépendances, puis lecture est donnée de l'acte « en la grande salle du dit lieu du Breuil ». Lorsque, vers une heure de l'après-midi, les formalités terminées et l'acte signé, Courier eut congédié les deux tabellions, il put jeter autour de lui un regard d'orgueil. C'était un beau rêve, réalisé par ce spéculateur ayant le goût de la propriété rurale et l'amour de la terre.

L'étude de Me Estevelin des Hautes Landes le revit souvent, car il fit, devant notaire, des baux à moitié pour ses nombreuses métairies savoir : les lieux et métairies de Tortecol, de la Gaudière, du bois Guilhot, de la Parcouère (1).

Rien n'est oublié dans les stipulations de Courier. Par exemple, la Parcouëre, qui était un ancien fief noble, possédait en plus des terres labourables un jardin de maître : il s'en réserve formellement l'usage et tous les fruits. Il se réserve également « la faculté de faire tirer de la marne, où il s'en trouvera sur les lieux dépendant de la Parcouëre, que les preneurs seront tenus de voiturer dans les terres, sauf récompense » (2).

Il est stipulé dans un de ces baux que les preneurs « planteront aussi chacun an, dans et autour des terres, six aigrasseaux qu'ils armeront d'épines pour les garantir

(1) Toutes ces métairies sont affermées à demi-fruit, selon l'usage du temps, Tortecol à Louis Poullineau, la Gaudière à Martin Besnard, la Parcouëre à Gatien Michau, Lépinay à Etienne Mottin. En revanche Courier résilie le bail à ferme consenti au sieur Louis Huet pour la métairie de bois Guilhot. Etude de Me Estevelin des Hautes Landes, 16 juin, 31 aoüt, 9, 21 et 26 octobre 1775, 18 janvier, 31 mars 1776.

(2) Bail a moitie de la métairie de la Parcouere.

de la dent de leurs bestiaux et les rendre vifs à la fin des présentes. » Excellent moyen de faire enclore ses terres sans bourse délier ! L'esprit minutieux du propriétaire s'affirme encore mieux dans cet autre texte : « Seront tenus les dits preneurs par chacun an de faucher, faner et serrer les prés, le tout en temps et saison convenables suivant l'usage du pays, et ne laisseront aucunes taupinières, épines, mauvais bois au dedans ni autour d'eux. »

Si l'on veut se faire une idée du bon marché incroyable du bétail à cette époque, il suffit de citer cette évaluation du cheptel vif fourni au métayer de l'Epinay :

« Le bétail présent est évalué à la somme totale de 777 livres ; il comprend une cavale de 16 ans, six bœufs, six vaches et une taure d'un an, sous poil caille (estimée la somme de huit livres), plus une truie pleine ». Ce cheptel vaudrait actuellement de quarante-cinq à cinquante mille francs ; mais il est vrai qu'il n'aurait guère été estimé que sept mille francs avant l'année 1914.

Dans son contrat de mariage passé en 1777, Courier devait évaluer à 6.000 francs la totalité du bétail qu'il possédait. Cette somme représente plus de 60.000 francs en 1914, et au moins 300.000 francs en 1927.

Ainsi le seigneur du Breuil se comporte en cultivateur prudent et intéressé. Il prend avec ses métayers, ou contre eux, toutes les précautions que lui suggère son esprit pratique ; il n'abandonne jamais aucun de ses droits ; même, il fait revivre ceux que l'on croyait abolis ou périmés. Quant aux droits féodaux qu'il possède, il n'oublie jamais de faire renouveler, en temps utile, les titres qui les établissent (1).

Cette attitude adoptée dès son arrivée en Touraine, il la gardera toute sa vie : avec l'âge, sa prudence se changera même en dureté et sa sollicitude pour ses intérêts agricoles

(1) Même quand il s'agit d'une modeste rente de douze livres payable « à la recette de la seigneurie du Breuil » par les époux Tremblay de Mazières. 18 janvier 1776. Titre nouvel.

ou autres, ressemblera fort à de l'avarice. Comme le remarquera plus tard son fils Paul-Louis, le bonhomme « avait toujours quelque procès ». C'est qu'il n'était pas homme en effet à « se laisser manger la laine sur le dos (1) ».

Paul-Louis devait d'abord tomber dans l'excès contraire, quitte à se corriger plus tard, une fois établi à la Chavonnière. C'est que la condition fait l'homme : le pamphlétaire dut le comprendre quand il se vit réduit à disputer son avoir et ses revenus à des paysans rapaces et voleurs.

Il va sans dire que Jean-Paul Courier, uniquement occupé de ses intérêts, ne tirait aucune vanité des titres nobiliaires dont nous trouvons la complaisante énumération dans tous les actes notariés de cette époque (2). Il est si peu tenté de jouer au Bourgeois gentilhomme, que, tout en restant propriétaire du Breuil, il va se rendre acquéreur, pour en faire son habitation, d'une modeste maison de campagne où il se sentira plus à son aise que dans un château. Cette simple demeure, qu'il transmettra plus tard à son fils, s'appelle la Véronique.

C'est une « clôserie » située dans la paroisse de Cinq-Mars-la-Pile, au lieu du Ponceau, sur les bords de la Loire. Elle consiste en un corps de logis, qui s'adosse au coteau, dans lequel il se continue par plusieurs pièces taillées dans le roc vif. Rien de plus modeste que cette habitation, où sera élevé le jeune Paul-Louis, le futur pamphlétaire ennemi des nobles et des privilégiés. Mais la situation est charmante entre les coteaux verdoyants qui l'abritent des vents du nord et la Loire majestueuse, toute semée d'îles en cet endroit.

La propriété, entourée de murs, comprend terrasses, grange, cour et jardin ; elle avait alors pour dépendances une autre closerie nommée la Guyotterie, un clos de vignes de cinq arpents, appelé le clos Buré, et un pré de deux arpents

(1) Lettre à Mme Courier, 1816.

(2) Il est qualifié, dans les actes de Me Estevelin des Hautes Landes : Seigneur de la terre et seigneurie du Breuil, de la Parcouère et autres lieux.

situé au bord de la Loire et planté de mûriers. Le tout appartenait à la demoiselle Taschereau de Sapaillé, vieille fille demeurant à l'Hôpital général de Tours (1). Courier s'en rendit acquéreur par acte passé devant Me Gervaize, notaire à Tours. Pour dix mille francs il eut les deux closeries et les meubles qu'elles contenaient, estimés à eux seuls trois mille livres (2).

L'acte ayant été signé le 10 février 1776, le seigneur du Breuil ne tarda guère à s'installer à la Véronique, car nous savons qu'il y résidait à la date du 31 mars (3). Quelques jours plus tard, quoique habitant de fait la maisonnette, il se faisait « octroyer » un acte de prise de possession des lieux de la Véronique. Le notaire s'y transporte, et, en présence de témoins, le nouveau propriétaire pénètre dans la cour, dans le jardin et les bâtiments de l'une et l'autre closerie, « ouvre et ferme les portes, casse partout des brins de bois et d'épines », arrache de l'herbe et « jette des pierres par ci et par là ». Ce sont pures formalités, prescrites par l'ancien droit ; mais Courier s'y soumet sans peine, car son esprit prudent et vétilleux lui fait rechercher toutes les garanties possibles, afin de n'être jamais inquiété dans la possession de son nouveau domaine. Si l'acquéreur n'a pas accompli formellement tout ce qui est mentionné en la minute, au moins l'acte en fait-il foi ; et il est signé des témoins et de la demoiselle Taschereau venderesse, en présence desquels lecture a été faite de ce qui vient d'être dit « en la salle en roc dudit lieu de la Véronique ».

Pour acquitter les droits de « lods et ventes » dus à différents seigneurs, Courier dut procéder à la ventilation de ses nouveaux domaines. Les terres, bois et vignes relevant en

(1) Mlle Taschereau possédait la Véronique et ses dépendances comme seule héritière de son père Christophe Taschereau, de Sapaillé. La plus grande partie de ces terres avaient été acquises d'un Sieur de L'Auberdière.

(2) La somme de 10.000 livres fut convertie en une rente viagère de mille livres que Courier s'engagea à payer à la demoiselle Taschereau, sa vie durant.

(3) Etude de Me Estevelin des Hautes-Landes, 31 mars 1776. Transaction.

censive du fief de la châtellenie de la Salle César sont évalués à la somme de 3.940 livres, la terre relevant au fief de la baronie de Cinq-Mars à 60 livres, et « le pré situé au bord de la rivière de Loire, relevant à fief inconnu, à la somme de 3.000 livres ; on voit que notre madré propriétaire exagère à dessein la valeur de ces deux arpents, par rapport au reste de son domaine, parce que relevant à fief inconnu, ils n'avaient point à payer les droits de « lods et ventes (1) ».

Après avoir pris possession de la Véronique, Courier n'habita plus guère son château du Breuil.

On sait que, depuis son départ de Méré, sa résidence ordinaire avait été à Tours dans la maison du sieur Leroux, située rue de la Galère. Il ne la quittait que dans la belle saison pour s'installer au Breuil. En 1776, il passe l'été et une partie de l'automne à la Véronique, où se trouvant à proximité de la paroisse de Mazières, il surveille ses métayers et perçoit ses droits seigneuriaux. Enfin, en 1778, il abandonne son domicile de Tours (2) et fixe sa résidence tantôt au Breuil, tantôt à la Véronique.

Cette dernière demeure était logis de vilain ; elle relevait en roture du fief et seigneurie de la châtellenie de la Salle César et devait acquitter, au jour de Saint-Brice, le cens qui s'élevait à la somme modeste de « un sol trois deniers d'argent ». A cette époque, tout bourgeois qui se flattait de vivre noblement devait prouver qu'il n'avait à payer aucune redevance seigneuriale et surtout qu'il était affranchi de la taille ; or cette taille, impôt du vilain, Courier serait obligé de l'acquitter, le jour où il aurait à la Véronique sa résidence habituelle.

Pourtant cet ancien bourgeois de Paris, qui allait de pair avec la noblesse de sa province, ne recula pas, ainsi qu'on l

(1) Ce pré était un terrain reconquis sur les eaux de la Loire, c'est pourquoi il ne dépendait d'aucun fief.

(2) C'est dans un bail, du 4 août 1778 que je trouve pour la dernière fois cette mention : « demeurant ordinairement ville de Tours, paroisse de Notre-Dame de Lécrignolle. »

verra plus loin, devant l'obligation humiliante de payer la taille. Quelles raisons le décidèrent à consentir à cette déchéance sociale ?

Tout simplement la résolution qu'il avait prise d'épouser Louise La Borde (1) et de légitimer son fils naturel. Il était, semble-t-il, préoccupé de l'avenir de cet enfant. Ses relations d'affaires assez fréquentes avec le père La Borde l'obligeaient en outre à régulariser la situation de sa fille. Enfin la duchesse d'Olonne, son ancienne maîtresse, venait de mourir. Sa liberté était entière !

Le contrat de mariage de Courier et de Louise La Borde fut passé à Paris le 6 février 1777 (2) ; mais il est à noter que le futur époux ne le signa point et qu'il se fit représenter par un mandataire. Il était resté en Touraine.

Bien qu'il semble avoir eu peu de relations dans la ville de Tours, son mariage ne pouvait y passer inaperçu. A sa paroisse urbaine de Notre-Dame de l'Ecrignolle, il préféra donc l'humble église de Mazières, où, en qualité de seigneur du Breuil, il avait non seulement droit de banc dans le chœur, mais encore « droit de la chapelle de Notre-Dame, pour assister au service divin ». C'est donc à Saint-Pierre de Mazières qu'il reçut la bénédiction nuptiale, le 11 février 1777. Le père La Borde, l'ancien tailleur du duc d'Olonne, plus qu'à moitié ruiné par la mauvaise foi de son débiteur, avait accompagné sa fille à l'autel. Né en 1708 (3), il avait alors soixante-neuf ans. Heureux de voir régularisée la situation de sa fille, il ne devait plus la quitter et il se fixa dès lors en Touraine où il habita avec ses enfants, d'abord au Breuil, puis à la Véronique.

Le mariage fut célébré dans l'intimité : les châtelains des

(1) « Nous ignorons, écrit M. Lelarge (*Paul-Louis Courier parisien*) quels motifs avaient empêché Jean-Paul Courier d'épouser jusqu'alors Louise-Elisabeth La Borde. »

(2) Voir le livre de M. Lelarge pour les apports des époux et les conditions du contrat.

(3) Registres de la mairie de Cinq-Mars-la-Pile. La Borde était veuf de Marie-Madeleine Massinot.

environs n'y furent point conviés, Courier n'ayant pas cherché à se lier avec eux (1). Mais, à défaut de hobereaux, il invita les artisans du bourg, comme le maréchal de forge Bezard et ses deux fils. Il eut pour principal témoin son notaire M. Estevelin des Hautes-Landes, dans l'étude duquel il avait passé tant d'actes, depuis trois ans, qu'il s'en était fait un ami (2). Le notaire était accompagné de sa femme Marie-Magdeleine Féau qui signa avec lui sur le registre de paroisse. Les autres témoins furent de simples artisans.

Après la bénédiction nuptiale, il fut procédé à la reconnaissance du jeune Paul-Louis, alors âgé de cinq ans.

Nous avons le premier publié, dans *la Jeunesse de Paul-Louis Courier*, l'intéressant extrait de mariage des époux Courier accompagné de l'acte de légitimation de l'enfant. Pour en assurer à ce dernier tout le bénéfice, le père dut introduire une instance devant la chambre du conseil du Châtelet de Paris, à l'effet d'obtenir réformation de l'acte de baptême du 4 janvier 1772 à la paroisse Saint-Eustache. En effet, cet acte de baptême se trouvait en contradiction avec la minute de l'acte de mariage qui légitimait Paul-Louis, car la mère y était qualifiée Louise-Elisabeth de Montdeville (3) (et non La Borde).

L'acte de baptême fut réformé par sentence du 2 décembre 1777 et mention en fut faite sur le registre de Saint-Eustache.

Après la cérémonie nuptiale, les époux rentrèrent au château du Breuil où ils passèrent tout le printemps et tout l'été. La nouvelle madame Courier se fit connaître dans le pays : si elle ne vit pas la noblesse, elle inspira par ses façons simples une entière confiance aux petites gens. Dans le temps même que son mari soutenait un procès contre le

(1) Courier avait pour voisin, près du Breuil, le seigneur de Crémille, propriétaire du château de la Touche, contre lequel il soutint un procès. A cela paraissent s'être réduits ses rapports avec ce gentilhomme.

(2) Me Estevelin et sa femme sont qualifiés, dans l'acte de mariage, « amis des parties ».

(3) On se rappelle que, lors de son accouchement clandestin, Louise La Borde avait caché son identité sous ce pseudonyme.

seigneur de Crémille, au sujet d'un droit féodal, le garde de ce châtelain vint prier Mme Courier de tenir sur les fonts baptismaux son jeune fils. A ce baptême, célébré le 2 août, le parrain fut Jean La Borde. L'enfant reçut les prénoms de Jean-Louis (1), réunissant ainsi celui du parrain et celui de la marraine. Déjà le 1er mars, c'est-à-dire trois semaines après son mariage, Louise La Borde avait servi de marraine au fils du closier de la Véronique, René Boileau, qui fut également appelé Louis (2). Ainsi, se conformant aux traditions de la noblesse, la bonne châtelaine du Breuil répand son nom dans la contrée en baptisant les enfants des villageois ; et par sa douceur exempte de morgue, elle se fait aimer des paysans.

Quant à Jean-Paul Courier, le mariage ne modifia guère sa façon de vivre : nous le voyons, après comme avant, très occupé par l'administration et la surveillance de ses domaines.

Les goûts simples de sa femme le décident même à renoncer et à la résidence de Tours et à l'habitation du château du Breuil : voilà pourquoi, dès l'été de 1778, il s'installe définitivement dans la modeste clôserie de la Véronique.

Il allait avoir désormais, du fait qu'il habiterait un bien de roture, à s'acquitter de la taille et de diverses charges de paroisse. Craignant d'être taxé d'une façon arbitraire, il provoque, à l'avance, une assemblée des habitants de la paroisse de Cinq-Mars.

A sa demande, le syndic réunit, à la sortie de la messe, les habitants « faisant la plus saine partie » de la population et leur expose que le châtelain du Breuil « est dans le dessein de demeurer dans la paroisse et que son intention est d'y payer la taille l'année prochaine 1778, mais qu'avant de s'y décider totalement, il est bien aise de commu-

(1) Etat civil de Mazières. Baptême de Jean-Louis Pionneau.
(2) Etat civil de Cinq-Mars-la-Pile.

niquer aux habitants ses intentions ». Il demande qu'on le fixe à une somme sans pouvoir à l'avenir l'augmenter ni diminuer, à moins qu'il y ait quelques augmentations ou diminutions imprévues », et qu'on le dispense de « passer à la collecte ».

On délibère immédiatement et l'on décide qu'il sera imposé moyennant « 40 livres de principal, la capitation et accessoires à proportion » et l'on consent à ce qu'il soit « excusé de passer à la collecte » (1). Courier s'engage alors à faire homologuer à ses frais cette délibération, tant à la Cour des Aides qu'au siège de l'Election de la généralité.

Lorsque Courier eut transporté ses pénates dans la modeste demeure de la Véronique, il continua à s'occuper de son domaine du Breuil avec la même sollicitude. Ainsi le 5 septembre 1778, par devant notaire, il « concède à titre de cens et rente noble foncière et seigneuriale », à son garde-chasse Jean Proust « deux arpents et cinq quartiers de terre en friche et bruyère, situés à l'étang de la Saulaie, paroisse de Mazières » (2).

Le profit que pouvait donner la Véronique n'occupait pas moins l'avide propriétaire. Il y faisait des vendanges; car une des dépendances, le clos Buré, était planté de vignes. De nombreux et gros mûriers, égayant les pièces de pré situées devant la maison, servaient aussi à nourrir des vers à soie, et, sur les conseils de sa femme, Courier installa une véritable « magnanerie », nous dit un contemporain.

A cette époque, la Touraine se consacrait à l'élevage des vers à soie, dans toute la région qui s'étend de Tours à Langeais, qui est abritée des vents du nord par la ligne ininterrompue des coteaux.

Ce que Choisnard appelle « magnanerie » était désigné,

(1) Assemblée des habitants de Cinq-Mars, 2 août 1778. Extrait des minutes de Jean Thibault, notaire de la baronnie de Cinq-Mars.

(2) Etude de Me Jean Thibaut, notaire de la baronnie de Cinq-Mars. Jean Proust est appelé garde des chasses et domaines de la terre du Breuil.

au pays de Langeais, sous le nom de « Verrerie ». Elle était exposée au midi et garnie entièrement de vitres, pour y laisser pénétrer la chaleur du soleil. Le bonhomme Courier était trop soucieux de ses intérêts pour négliger le profit qu'il pouvait retirer de l'élevage des vers. Il utilisa donc, pour les nourrir, les feuilles des mûriers dont sa prairie était ornée. Manquant du personnel nécessaire, il employait des voisins ; c'est ainsi que, selon l'expression locale, consignée dans des actes du temps, il « faisait des vers à moitié avec différents particuliers (1) ». Dans la suite, il jugea plus avantageux de vendre chaque année ses feuilles de mûrier. Alors la « Verrerie » fut débarrassée, et le jeune Paul-Louis put à son aise y organiser ses jeux, en compagnie des enfants du closier René Boileau. Ces locaux vitrés leur offraient, en hiver, une retraite agréable et chaude. Par malheur, ils ne se firent pas faute d'y commettre des dégradations, dont Courier prétendit rendre responsable le pauvre closier, père de cinq enfants.

III

Bien qu'occupé sans cesse par la direction de ses propriétés, Jean-Paul Courier se consacra dès lors à l'éducation de son fils âgé de six ans. Traducteur en beaux vers français du Psaume *Super flumina Babylonis*, il avait une culture littéraire qui le rendait capable de devenir un excellent professeur d'humanités. Armand Carrel et d'autres contemporains de Paul-Louis attestent que ce fut son père qui lui inspira « ce goût si pur de l'antiquité qui respire dans ses écrits ». Quant aux premières études, comme la lecture, l'écriture, le calcul et les éléments du latin, il est probable que Mme Courier s'en chargea elle-même, car elle était fort instruite, ainsi que l'atteste un universitaire qui, tout jeune, fréquenta la Véro-

(1) Archives de la justice de Paix de Langeais. 28 frimaire et 7 nivôse, an III.

nique (1) et qui reçut d'elle d'excellentes leçons, car elle poussait la bonté jusqu'à instruire des enfants du voisinage. Pour le latin, M. Courier eut peut-être recours aussi au vicaire Berge qui écrivait correctement la langue de Cicéron, ainsi que l'atteste le registre de paroisse de Cinq-Mars. S'il est exact que le jeune Paul-Louis se soit instruit sous la direction de cet ecclésiastique, il faut remarquer qu'en venant fixer son séjour sur la levée de la Loire, à un quart de lieue de Cinq-Mars, M. Courier a pu agir autant par sollicitude paternelle que pour d'autres raisons (2).

Toutefois, s'il se déchargea sur une autre personne d'une partie de l'instruction de son fils, il n'en reste pas moins certain qu'il garda la haute main sur la direction de ses études. Il lui fit lire de bonne heure et sut lui faire goûter les classiques français : Boileau, Racine, La Fontaine et Pascal. Mais, s'il aimait les lettres, il croyait en homme pratique que l'étude des sciences conduirait plus sûrement l'enfant à une situation avantageuse, et il le destina de bonne heure à l'arme du génie. Mais il fallait, pour donner suite à ce projet, confier Paul-Louis à des professeurs qu'on ne pouvait rencontrer en Touraine : ce fut la raison pour laquelle la famille Courier alla se fixer à Paris à la fin de l'année 1784. Même après que, suivant le vœu paternel, l'enfant eut demandé aux mathématiques ses futurs moyens d'existence, lorsqu'il fut sorti de l'école de Châlons, son père regardait encore comme « mal employé » tout le temps qu'il consacrait au grec et au latin. Si M. Courier a été réellement le professeur de son fils, Armand Carrel a donc raison d'écrire qu'il « s'en fallait de beaucoup que l'élève fût deviné par le maître ».

S'il voulait assurer à son fils une position avantageuse, le

(1) Choisnard, principal du collège de Valence, qui, né près de la Véronique, publia en 1842 « Quelques mots sur Paul-Louis Courier » dans le *Bulletin de la Société de statistique des arts utiles*, de la Drôme. Cité par Louis Desternes.

(2) Au Breuil il n'aurait pas eu les mêmes facilités. Il était à plus d'une lieue et demie de Cinq-Mars.

bonhomme n'était pas moins désireux de lui laisser une jolie fortune. Voilà pourquoi il s'efforçait sans cesse d'augmenter la valeur du Breuil. Ses soins ne furent pas perdus, et il parvint à réaliser, en vendant ce domaine, un bénéfice considérable (1).

L'acquéreur fut Messire Alexis-Auguste Duvau, Ecuyer, Trésorier de France au bureau des finances de la Généralité de Tours. Courier avait eu soin de distraire de sa propriété du Breuil six arpents de pré qui, situés dans la prairie de Cinq-Mars, à proximité de la Véronique, étaient pour sa closerie un complément précieux. Malgré cette réserve formelle, il cédait la propriété, achetée en 1774, à un prix beaucoup plus élevé qu'il ne l'avait acquise. Il vendait 118.000 livres les immeubles, et 12.000 livres les meubles, bestiaux et effets de nature mobilière, soit au total 130.000 (2).

Courier ne toucha pas cette somme tout entière, car il avait hypothéqué sur le Breuil la rente viagère qu'il devait payer à Mlle Taschereau pour l'acquisition de la Véronique. Il devait aussi 18.300 livres à messire de Linières, ancien propriétaire du Breuil, lequel n'avait pas été payé intégralement. Ses acquéreurs durent souffrir ces hypothèques ; mais pour leur tranquillité, Courier laissait entre leurs mains 43.300 livres ; en outre il s'engageait à faire « dans le cours de quatre ans », des acquisitions jusqu'à concurrence de 50.000 livres, qu'il donnerait pour hypothèques tant à la demoiselle Taschereau qu'à M. de Linières. Pour se conformer à cette clause, il acheta, deux ans plus tard, un nouveau domaine, la Filonnière que nous verrons figurer dans le patrimoine de son fils Paul-Louis.

Le bénéfice énorme réalisé par Courier sur sa terre du Breuil met en lumière ses qualités d'agriculteur. Exploitant directement par des métayers, il avait su, en peu d'années,

(1) Etude de Me Gervaize, notaire à Tours, 4 décembre 1779.

(2) On a vu que le Breuil lui avait coûté 40.600 livres. Le prix d'achat était plus que triplé.

améliorer un domaine longtemps négligé. En augmentant les cheptels de toutes les métairies, il avait fourni aux terres un engrais abondant, qui en avait décuplé le rendement. En outre, il avait à peu de frais remis en état les locaux assez délabrés.

La Filonnière est le nom du domaine le plus important compris dans la nouvelle acquisition qu'il fit le 23 janvier 1782 : ce n'était guère qu'une ferme (1). A proximité, on avait construit un « Pavillon » qui, sans être plus vaste que le logement de la Filonnière, offrant un peu plus de confort, était destiné à être habité par les propriétaires.

Le tout est bâti à flanc de coteau et délimité en partie par un fossé profond et par des murailles en ruines, qui semblent indiquer l'emplacement d'une ancienne villa gallo-romaine (2). Dans le fond du vallon, coule la Brenne, petit affluent de la Loire. L'aspect général de la propriété est agreste : c'est une ferme au milieu des bois. Des chênes géants, ornement du domaine, enserrent de leurs troncs séculaires les bâtiments d'exploitation et le logis du Pavillon. La vente aux enchères de la Filonnière, et de ses dépendances, y compris les bestiaux, eut lieu le 23 janvier 1782. Courier eut deux sérieux compétiteurs (3), aussi la lutte fut-elle fort chaude ; il fut cependant déclaré adjudicataire pour la somme de 27.550 livres.

Le 25 janvier eut lieu la formalité de la prise de possession des lieux, consécration nécessaire, dans l'ancien droit, de l'acte de vente, et qui en était le complément légal. Enfin, le 16 mars, ayant convoqué des experts, le seigneur de la

(1) Le vendeur de la Filonnière avait fait imprimer une affiche ou « étiquette » dont nous avons trouvé un exemplaire joint à la minute de l'acte de vente conservée chez le notaire de Luynes. L'ensemble des biens comprend la Filonnière, le fief de la Charpenterie, la maison du Pavillon, la métairie de la Houssière, les maisons de la Borde, de l'Hermitage, et la maison et moulin du Gé.

(2) Des monnaies romaines et gauloises ont été découvertes dans ce domaine par M. de la Fonchais.

(3) Le notaire de Luynes Duclos Desvillettes, et le sieur Marguin, receveur du duc de Luynes.

Filonnière fit procéder à la ventilation de ses nouveaux domaines, pour parvenir au paiement des droits qui étaient dus à divers fiefs. Avant de pouvoir s'installer dans la propriété qu'il venait d'acheter, Courier dut d'ailleurs procéder à des réparations, car les bâtiments d'habitation étaient dans un état de délabrement absolu. En homme prudent, il fit venir de Luynes des ouvriers et leur commanda d'établir une estimation des travaux à exécuter (1). Il ne voulait pas s'engager à la légère avant de savoir combien coûteraient les réparations : ce trait achève de le peindre.

Peu de mois après l'achat de la Filonnière, la vie des habitants de la Véronique fut attristée par le décès du bonhomme La Borde qui survint le 13 juin 1782. Le jeune Paul-Louis dut éprouver une grande affliction en perdant ce bon vieux grand-père, auquel il semble avoir été très attaché. Agé d'environ soixante-quatorze ans, l'ancien tailleur du duc d'Olonne fut inhumé dans le cimetière de Cinq-Mars par les soins du curé Roux. Parmi les personnes qui assistèrent aux obsèques nous trouvons le notaire de la famille, M. Estevelin de Hautes-Landes et René Pasquier (2), maître en chirurgie, médecin à Langeais, qui sans doute avait soigné Jean La Borde dans sa dernière maladie.

Après la mort de son beau-père, Courier achète encore la closerie de la Citadelle, située à proximité de la Véronique, sur les hauteurs qui la dominent. C'était un lopin de terre vraiment à sa convenance. L'acte fut passé à Tours le 10 décembre 1782, et, le 16 du même mois, eut lieu en présence du notaire de Cinq-Mars la prise de possession.

En 1784, le jeune Paul-Louis ayant plus de douze ans, son père ne pouvait retarder davantage le début des fortes études scientifiques dont il avait besoin pour se préparer à entrer

(1) Archives du domaine de la Filonnière, communiquées par M. le comte de la Fonchais. Devis des travaux à exécuter.

(2) Extrait des registres de l'Etat-civil de Cinq-Mars.

dans la carrière du génie. Il fallut donc prendre des dispositions pour se fixer à Paris.

A la veille de quitter la Véronique, où ils ne devaient plus habiter que pendant les vacances, les époux Courier, en gens économes, firent procéder à la vente aux enchères de divers effets mobiliers qui allaient devenir inutiles. On fit venir le notaire, qui vendit aux voisins ces objets encombrants : « un coffre de bois de poirier, un petit bas de buffet, une paire de landiers de fer, une petite armoire de bois bouillard, ayant un battant garni de sa ferrure à clef », et encore un lot, formé d'un matelas, d'un traversin d'une courte-pointe et d'une couverture, vendu 14 livres (1).

Les deux closeries de la Véronique et de la Guyotterie allaient demeurer à la garde du vigneron René Boileau qui en cultivait les terres depuis quinze ans. On fit avec lui quelques stipulations nouvelles : il fut convenu qu'il entretiendrait le jardin à son profit, tout en donnant à Courier les fruits et légumes nécessaires à son ménage, lorsque les maîtres seraient présents, c'est-à-dire à l'époque des vacances. Entre la Guyotterie et la levée de la Loire, s'étendait une pièce de terre plantée de mûriers, où jadis on avait récolté du blé ; mais les mûriers, étant devenus très grands, étouffaient tout ce qu'on semait à leur ombre. La terre était donc restée en friche : Courier permit que le closier la cultivât à son profit. Mais il trouvait son compte à cet arrangement, car la terre n'étant plus remuée, les mûriers se trouvaient en danger de périr : il allait les faire bêcher sans bourse délier. Boileau devait vendre les feuilles de mûrier pour le compte de son maître et entretenir les haies. Mais ces conventions, qui restèrent verbales, ne furent pas toujours exécutées par le closier et Courier, d'ordinaire si méticuleux, dut regretter dix ans plus tard de n'avoir point passé un écrit en bonne forme. Il

(1) Vente du 14 novembre 1784. Etude du notaire de Cinq-Mars.

dut traîner Boileau devant le Juge de paix de Langeais.

La famille Courier, ayant réglé ses affaires, quitta la Véronique dans les derniers jours de l'année 1784 (1). Elle allait s'établir à Paris, rue de la vieille Estrapade.

Dans la capitale, Jean-Paul Courier retrouve ses anciens amis et ses parents les Pigalle et les Turlin. Ces derniers habitaient toujours leur maison de la rue Guillaume dans l'île Saint-Louis ; leur domicile n'était donc pas très éloigné du sien.

Il confia son fils à des professeurs dont l'un est célèbre, c'est l'helléniste Vauvilliers qui avait été son condisciple à l'Ecole de Droit en 1756.

Mais il ne perdait pas de vue la Touraine, où il vint fréquemment visiter ses domaines et mettre de l'ordre dans ses affaires. Généralement il profite de ses séjours à la Véronique pour appeler devant le juge de paix quelque débiteur insolvable, ou bien il va trouver son notaire pour opérer quelque vente ou quelque transaction.

Ainsi, en décembre 1786, il vend à l'un de ses proches voisins, le boucher Sirotteau, une pièce de terre de deux arpents, « partie en pré, dans laquelle il y a une plantation de mûriers (2) ». Ce morceau de pré avait fait partie de l'acquisition du Breuil, et Courier l'avait gardé à cause de sa proximité de son habitation de la Véronique.

En 1791, il appela devant le juge de paix de Langeais un sieur Ronceraut, garde du ci-devant duc de Luynes, qui avait confisqué un fusil de chasse entre les mains du jeune Paul-Louis, et il obtint la remise de cette arme.

Quelques semaines plus tard, le 16 décembre, il poursuivait devant le même juge un certain Beslais, gendarme

(1) La vente d'objets mobiliers avait eu lieu le 14 novembre. D'autre part dans une pièce de la justice de paix de Langeais qui est du 27 décembre 1794 (7 nivôse an III), Courier déclare qu'il a quitté la Véronique, pour aller à Paris, *il y a dix ans*.

(2) Etude de Me Jean Thibault, notaire à Cinq-Mars. Courier retira de la vente de ce pré la somme de 4430 livres.

national à Langeais, qui lui devait, depuis quatre ans, 80 livres pour vente de feuille de mûrier. Il eut encore gain de cause.

L'âpreté avec laquelle Courier poursuivait ses débiteurs ne dénote pas un ami du peuple, bienveillant et généreux pour le pauvre monde. Pourtant, tout semble démontrer qu'il observa sans effroi les premiers symptômes du grand bouleversement social qui se préparait. Il ne semble même pas avoir été effrayé des actes violents du peuple prenant conscience de sa force terrible, comme la prise de la Bastille.

Bien qu'ayant possédé des fiefs et joui de droits féodaux, l'ancien seigneur de Méré et du Breuil pensa que les hommes de sa condition, laborieux et actifs, auraient plus à gagner qu'à perdre dans ce renversement des valeurs qui allait abaisser les nobles incapables au profit de la bourgeoisie instruite et laborieuse.

Il avait donc adopté les principes nouveaux : la substitution d'une monarchie constitutionnelle à la royauté de droit divin parut même réaliser ses secrètes aspirations.

Mais la Révolution allait entrer, en août et septembre 1792, dans une période de violences dont le bonhomme devait commencer à s'effrayer. Il ne comprenait pas les légitimes défiances des sans-culottes qui voulaient tout de suite proclamer la République.

Le citoyen Courier était inscrit dans sa section de l'Observatoire et prenait part, autant que possible, aux actes de l'assemblée ; mais d'un jour à l'autre son sans-culottisme pouvait paraître tiède. La journée du 10 août, la suppression effective de l'autorité royale, les *Journées* d'anarchie et de pillage qui promenaient à travers Paris la fureur d'un peuple déchaîné firent penser à ce prudent bourgeois que Paris était un séjour dangereux pour un homme de sa condition, même quand il avait destiné son fils à défendre, sur les champs de bataille, les immortels principes contre les suppòts des tyrans. A la fin de l'année 1792, il crut donc sage de quitter Paris et de gagner le calme pays de Touraine.

En réalité, rien d'urgent ne l'appelait dans ses domaines à cette époque de l'année. Il n'emmenait point sa femme avec lui, soit parce qu'elle était souffrante, soit plutôt qu'il craignìt que ce double départ ne ressemblât à une fuite et ne fût mal interprété par les citoyens composant la section de l'Observatoire.

Quoiqu'il en soit, au début de l'année 1793, les trois membres de la famille Courier se trouvaient isolés les uns des autres : la mère restait à Paris, le fils était à l'école de Châlons et le père en Touraine.

Il ne tarda pas à y signaler sa présence, en cherchant à troubler un de ses voisins « dans la tranquille possession et jouissance d'une rangée de chênes, d'une haie et d'un talus, dans la longueur de cent-quinze toises ». Le juge de paix du canton de Luynes qui dut se transporter sur les lieux, le 15 février 1793, ne put, après avoir interrogé les anciens du pays, que confirmer dans son droit le voisin de Courier. Ce dernier dut restituer cinq troncs d'arbre, qu'il avait fait enlever, et fut condamné aux frais et dépens (1).

Ne pouvant plus, au fort de la tourmente révolutionnaire, se lancer dans les grandes affaires, où il s'est enrichi, il cherche à étendre furtivement ses domaines, en empiétant sur les voisins. Partout où il possède, il a des procès ou des contestations qui se règlent devant le juge de paix. Il est si peu disposé, suivant l'expression de Paul-Louis, à « se laisser manger la laine sur le dos », qu'il essaie de tondre les autres (2).

Nous l'avons connu, vingt ans plus tôt, intéressé, cupide, ayant recours à des précautions qui attestent la crainte éternelle d'être volé. Avec l'âge, son travers n'a fait que croître.

(1) Extrait des minutes du greffe de la justice de paix de Luynes.

(2) A de pauvres closiers qui sortent de chez lui, il réclame des réparations locatives si exorbitantes que, malgré la considération dont il jouit, le juge de paix est presque toujours obligé de lui donner tort.

Ce n'est plus seulement le marchand de biens avisé et pratique : il est devenu tracassier, injuste, avide du bien d'autrui. Il remplace la spéculation par la chicane : aux grosses opérations succèdent les petits procès.

Mais par malheur pour lui, les temps sont changés : le paysan ne se laisse pas écorcher : la justice du district n'est plus au service du riche contre le pauvre. Le métayer, devenu citoyen, est l'égal de son ancien maître au point de vue de la loi : en réalité, il est même plus puissant que lui, à cause de la place qu'il occupe dans l'assemblée primaire, qui nomme le juge de paix et les membres de l'administration municipale.

Il en résulta pour Courier plus d'une déception. A partir de 1793, cet ami de la chicane put s'apercevoir que, la justice n'étant plus à son service, il n'obtenait pas tout ce qu'il croyait bon de réclamer. Cela ne l'empêcha point du reste d'avoir plusieurs contestations avec divers particuliers et notamment, en 1794, avec son closier René Boileau auquel était confiée la garde de la Véronique et de la Guyotterie.

Il l'accusait d'avoir, en absence des maîtres, dégradé les locaux de la Véronique et particulièrement la « Verrerie », d'y avoir « déposé des grains et graines, fait des lessives, et mis coucher ses enfants ». Il lui reprochait en outre d'avoir « disloqué le moulin à soie » et dégradé la boulangerie et le moulin à farine.

Boileau répondit que dans la « Verrerie », il avait déposé des gerbes, mais au vu et su du citoyen Courier, et que son fils (le jeune Paul-Louis) « y avait entretenu et élevé des perdrix ».

Le closier négligent ne fut condamné qu'à faire remettre à ses frais les cinquante carreaux qui avaient été cassés dans le local aux vers à soie (1). C'était peu en comparaison des

(1) Archives de la Justice de Paix de Langeais, 28 frimaire et 7 nivôse an III.

autres obligations que l'insatiable propriétaire prétendait lui imposer.

Ces duretés de Courier, ces réclamations souvent mal fondées, cet esprit de chicane et de lucre devaient contribuer à lui faire une triste réputation, dans la contrée de Luynes et de Langeais, auprès des paysans qui ont, dans ces cantons, l'humeur douce et sociable, mais qui ne pardonnent guère lorsqu'on les a blessés ou exploités. De là des rancunes tenaces qui devaient longtemps lui survivre (1).

A Luynes même, Courier père avait peu de sympathies. Il se trouvait d'ailleurs dans cette petite ville un parti turbulent et factieux, conduit par le sieur Delongchamps, hostile à la municipalité et aux riches, qui était toujours porté à voir dans les propriétaires des accapareurs de grains. Ils ne parlaient de rien moins que de « terrasser et de mettre à la lanterne » ceux qu'ils appelaient des « monopoleurs » (2).

Un pareil voisinage aurait dû inspirer de la crainte au bonhomme Courier. Mais ce fut surtout l'approche des « brigands de la Vendée » qui l'épouvanta en cette année 1793. Au mois de mai, il entend dire que l'armée de ces rebelles est à Saumur : puis on apprend coup sur coup qu'elle a pris Chinon, qu'elle est entrée à Bourgueil. Les habitants de Luynes songent déjà à passer la Loire et ils réquisitionnent des bateaux. Un détachement de vingt-cinq hussards, venus de Tours et commandés par un lieutenant, fait le service des avant-postes. A ce moment, M. Courier effrayé regagne Paris.

C'était le moment où son fils terminait ses études à l'école de Châlons, au milieu d'une agitation indescrip-

(1) Lorsque, en 1904, nous faisions, dans la contrée de Luynes, près de la Filonnière, nos premières enquêtes sur la famille Courier, des paysans doutaient devant nous que Paul-Louis Courier eût été un véritable ami du peuple. Ils en donnaient pour raison que son père a laissé la réputation d'un homme dur et intéressé, d'un homme d'argent.

(2) Archives de la mairie de Luynes.

tible (1). Malgré le vif désir qu'il aurait eu d'aller se reposer quelques jours dans les charmants cantons où s'était écoulée son enfance, il dut renoncer à ce projet à cause de l'approche des insurgés vendéens, qui avait rappelé son père de la campagne. C'est à Paris seulement que la famille put se trouver réunie.

Bien qu'il eût désormais un fils aux armées, M. Courier voyait autour de lui grandir le danger. Ses anciens fiefs nobles étaient vendus, mais il lui restait la Filonnière à laquelle avaient été attachés quelques droits seigneuriaux (2). Pour se mettre à l'abri des soupçons, il réclama un certificat de civisme au *Conseil général* de la commune de Cinq-Mars, où se trouvait sa terre roturière de la Véronique, et où il avait payé la taille sous l'ancien régime.

Il chargea René Boileau, son closier, de présenter la lettre qui contenait sa requête. Le 5 germinal an II, le conseil général attesta qu'avant la Révolution, Courier avait « constamment été imposé sur les rôles de la commune comme roturier », qu'il n'avait joui d'aucuns privilèges attachés aux charges de la noblesse et qu'enfin, comme il passait dans la commune trois à quatre mois chaque année, les membres du Conseil l'avaient « toujours reconnu pour un excellent patriote, méprisant tout ce qui peut se ressentir des privilèges nobles » (3).

Ce certificat fut délivré à Boileau qui le fit parvenir à son maître. A cette date de germinal an II, la loi des suspects était appliquée avec une telle rigueur que M. Courier avait pu craindre sérieusement pour sa liberté : de là nécessité de se procurer la pièce ci-dessus.

Il ressort nettement de l'étude des documents que nous

(1) Effrayé pour sa mère des dangers de Paris, il lui conseillait de rejoindre M. Courier en Touraine. Mais il ignorait les périls que les brigands de la Vendée faisaient courir aux habitants des bords de la Loire. Lettre de Paul-Louis, 30 mars 1793.

(2) Dans un acte de 1782, il est qualifié seigneur de la Filonnière.

(3) Registre des délibérations du Conseil municipal de Cinq-Mars, page 49.

possédons qu'il fut pourtant inquiété ou menacé, vers cette date de mars 1794, au moment où Robespierre renforçait encore le système de la Terreur, afin de se débarrasser de ses adversaires les Dantonistes et les Hébertistes.

Dès qu'il eut reçu le certificat de civisme que lui octroyait le conseil général de la commune de Cinq-Mars, il se hâta de quitter Paris. Le 10 prairial, la section de l'Observatoire réunie en assemblée générale lui délivrait un passeport qu'il présenta le lendemain au visa de la Commune. Il put alors prendre place, le 12 prairial, dans la diligence qui allait l'emporter loin de ce Paris, où il avait vécu tant d'années, et qu'il ne devait plus revoir.

Arrivé à Orléans, le voyageur dut faire viser son passeport à la Commune pour pouvoir continuer sa route : mêmes formalités à Blois et à Tours. Enfin, après bien du temps perdu, et, sans doute, bien des alertes, il arriva le 17 prairial à la Véronique.

Là, il se trouvait en sûreté, grâce à quelques amis qu'il comptait parmi les membres de la municipalité. D'ailleurs, s'il s'était toujours montré dur en affaires, il n'avait jamais affecté la morgue insolente d'un gentilhomme. Il se donnait probablement comme une victime des ci-devant nobles, et il lui suffisait de rappeler l'attentat dans lequel il avait failli périr pour se poser en ennemi irréconciliable des anciens privilégiés.

A peine installé dans sa vieille maison, bien délabrée, de la Véronique, M. Courier s'affligea du désordre et de l'état d'abandon dans lequel il trouvait toutes choses : ici des vitres brisées, là des ustensiles détériorés, la boulangerie livrée au pillage, le jardin en mauvais état, les haies et les clôtures dégradées, la « verrerie » dévastée. Allant au plus pressé, il entreprit les réparations dont avaient besoin les bâtiments : il dut appeler des ouvriers, ce qui ne pouvait que lui concilier des sympathies en un temps où la misère des pauvres gens était extrême. Les riches et les nobles ayant émigré pour la plupart, le travail s'était fait rare pour les artisans, auxquels la patrie avait, par surcroît, ravi leurs enfants pour les envoyer aux armées.

Le pays était appauvri par les réquisitions de toute sorte, et Courier trouvait autour de lui la détresse ou l'indigence. Son closier lui-même René Boileau s'était trouvé dans un tel dénuement que la municipalité dut le faire participer aux secours accordés par l'État aux pères de famille indigents dont les fils étaient sous les drapeaux (1). C'est ce pauvre vigneron, père de cinq enfants, que M. Courier allait bientôt poursuivre devant le juge de paix en lui réclamant des réparations locatives et toute sorte d'indemnités à raison de dégradations dont il ne semble pas avoir été le seul auteur. Toutefois, par un trait de prudence bien caractéristique, il attendit, pour le traîner devant le juge, que l'horizon politique se fût un peu éclairci. A l'époque de la grande Terreur, il n'était pas sage pour lui de signaler son retour en Touraine par un redoublement de duretés et de tracasseries. L'opinion toujours favorable aux petits dans leurs démêlés avec les riches se serait prononcée contre lui ; or, il suffisait d'une dénonciation au Comité de Salut public pour perdre un ancien possesseur de fiefs nobles.

Condamné à l'inaction dans sa solitude de la Véronique, le vieux bourgeois se borna à surveiller les ouvriers qu'il employait aux réparations de son logis.

Le 5 fructidor, il se fit délivrer par le conseil de Cinq-Mars un certificat de résidence, où l'on atteste qu'il n'a point quitté la commune et « qu'il s'y est constamment occupé des travaux et réparations à faire aux biens dont il est propriétaire », depuis le dix-sept prairial qu'il y est arrivé.

Ce n'est que le 1er vendémiaire, an III, premier jour de la 3e année républicaine, que Mme Courier vint rejoindre son

(1) Il ne se trouva, dans toute la commune de Cinq-Mars, que six pères de famille jugés aussi nécessiteux. Délibération du Conseil municipal de Cinq-Mars, à la date du 20 ventôse an II, suivie d'un arrêté relatif à la distribution de secours.

mari. On voit qu'elle arrivait à point pour les vendanges qui ont à la Véronique une grande importance. Sa présence allait être nécessaire pour décharger le vieux rentier de multiples soins.

Installés à la campagne avec la pensée d'y finir leurs jours, le père et la mère de Paul-Louis conservèrent encore pendant près d'une année leur domicile à Paris, rue de la Vieille Estrapade n° 6. Ils n'abandonnèrent ce logement que lorsque leur fils eut été transféré de l'armée de la Moselle à Albi où il allait inspecter les forges du Tarn et de l'Ariège.

Dès lors, les deux vieillards reprirent en Touraine la vie calme qui convenait à leurs goûts, continuant à diriger leurs domaines, comme autrefois, avec une sage économie. Le bonhomme Courier savait s'accommoder aux changements qui étaient survenus dans la condition des propriétaires de fiefs nobles. Simple de manières et toujours positif, il luttait pied à pied sur le terrain des intérêts avec les paysans devenus ses égaux. Il essayait de se faire petit et de passer pour pauvre. Chaussé de vieux bas « aux trois quarts usés », vêtu tantôt d'une mauvaise veste de velours à carreaux, tantôt d'une antique redingote de drap gris, voyant tout par lui-même dans ses métairies, défendant sans cesse son bien avec une énergie inlassable, il n'avait rien d'un aristocrate.

Bien au contraire, suivant une manie de son époque, il voulait être peuple. Revenu de Paris en Touraine, voilà qu'il s'intitule cultivateur dans les actes publics (1). Ainsi, lorsque vingt-cinq ans plus tard Paul-Louis se fera appeler « le bonhomme Paul », et signera « vigneron de la Chavonnière », il ne fera que copier son père, qui avait laissé dans son esprit une profonde empreinte. Malgré ses travers et quelques excentricités qui n'échappèrent point aux contemporains (2). M. Courier avait un esprit ouvert et vigou-

(1) Archives de la mairie de Cinq-Mars. Certificat de résidence du 6 floréal an III.

(2) L'abbé Chivert, ancien curé de Cinq-Mars, a recueilli dans ses notes historiques une tradition locale qui nous représente le bonhomme Jean-Paul

reux, dédaigneux des vanités devant lesquelles la pauvre humanité s'agenouille. Il avait le mépris des apparences et le culte des réalités positives. Ce trait de caractère fit de lui un de ces hommes qu'on n'oublie pas quand on les a connus, et dont on subit l'influence malgré soi.

Dès lors, rien d'étonnant que son fils, qui fut son élève, ait reproduit, arrivé à un certain âge, ses façons, ses idées, ses manies et jusqu'à ses originalités. Paul-Louis écrivait en 1805, en parlant de la décoration de la légion d'honneur : « J'ai été élevé dans un grand mépris de ces choses-là. Je ne saurais les respecter ; c'est la faute de mon père ». Tel était donc le dédain du bonhomme pour tous les hochets de la vanité.

Il n'est pas jusqu'à cet amour de la vie paysanne et à cette affectation de jouer au cultivateur qu'il n'ait enseignés à son fils, qui finit par lui ressembler par l'ensemble de ses goûts, de ses affections, de ses haines et de ses manies.

L'on pourrait dire que la nature, s'essayant à produire un original, fort indépendant et fort dédaigneux des frivolités auxquels sont asservis les hommes, fit, comme une première épreuve, Jean-Paul Courier. Elle perfectionna plus tard son ébauche et nous donna Paul-Louis, le vigneron de la Chavonnière.

Jean-Paul Courier, indifférent aux vanités du rang et aux prérogatives sociales, ne recherchait que l'utile. Dans une lutte perpétuelle avec ses métayers et ses voisins, il vivait sans autre souci apparent que de s'enrichir mesquinement. Ainsi son genre de vie et ses préoccupations ne diffèrent aucunement de ce que nous découvrons chez les autres paysans des bords de la Loire.

C'est un cultivateur, depuis longtemps déjà : mais ce n'est qu'en l'an III qu'il affiche ce nom dans une pièce offi-

Courier arpentant fièvreusement la levée de la Loire, les épaules couvertes d'un mauvais châle. Ceux qui le voyaient passer dans cet accoutrement n'étaient pas éloignés de le croire fou.

cielle. Obligé de fournir un certificat de vie et de résidence, pour toucher les arrérages de quelque rente, il se rendit à la mairie de Cinq-Mars, le 6 floréal, accompagné de trois témoins qui certifièrent qu'il n'était point émigré ni « détenu pour cause de suspicion ni de contre-révolution ». Il se fait, dans cet acte public, appeler « cultivateur ». Le même jour, sa femme Louise-Elisabeth La Borde se fait également délivrer un certificat de résidence ; mais elle est qualifiée rentière.

Ces deux documents contiennent le signalement des deux époux : Jean-Paul, âgé d'environ 63 ans, avait des yeux bruns, un nez ordinaire, un visage long, le menton fourchu et le front haut ; sa taille était de cinq pieds deux pouces ; ses cheveux et ses sourcils étaient restés noirs.

Plus jeune de quatre ans, la citoyenne La Borde, son épouse, avait les cheveux et les sourcils noirs et gris, les yeux bruns, le nez aquilin, la bouche moyenne, le menton rond, le front haut, le visage ovale marqué un peu de petite vérole (1).

Dans ces portraits, nous reconnaissons Paul-Louis. Comme sa mère et son père, il avait le front haut et le visage d'un ovale allongé ; ses cheveux et sa barbe étaient noirs. D'ailleurs, comme sa mère, il fut marqué de petite vérole, mais non pas « légèrement ». Dalayrac qui le fréquenta en 1796 à Toulouse nous dit qu'il avait « une bouche énorme, de grosses lèvres » et que « la petite vérole avait stigmatisé son visage ».

A côté de ces portraits des époux Courier, le registre des délibérations du Conseil municipal de Cinq-Mars nous offre celui d'un troisième habitant de la Véronique. C'était un vieil ami et un compatriote, natif de Sens, nommé François Lejeune. Fatigué de vivre seul à Paris où il était inscrit

(1) Un autre signalement de Mme Courier, établi le 1er nivôse an V, nous apprend que sa taille était de quatre pieds neuf pouces. Ses yeux sont déclarés non pas bruns, mais gris.

dans la section de la Butte-aux-moulins, il était venu vivre en Touraine avec les Courier. Installé à la Véronique le 22 prairial an III, il fit enregistrer son arrivée de Paris par le Conseil de Cinq-Mars, car tout déplacement, à cette époque, était suspect (1).

Il faut savoir que Lejeune avait été un des professeurs de Paul-Louis, avant qu'il fût confié à Vauvilliers. Il jouissait d'une rente viagère ; de là, pour lui, la nécessité de se procurer à chaque quartier un certificat de vie. C'était une agréable compagnie pour les époux Courier. Mais il vécut plus qu'eux, et, après la mort de Louise-Elisabeth La Borde, il se retira au pays de Saumur. Paul-Louis lui témoigna toujours beaucoup d'égards et, pendant ses campagnes d'Italie, il lui écrivit une fort longue lettre qui compte parmi les plus exquises du recueil. Les détails qu'il donne au vieillard sur les œuvres d'art qu'il a étudiées et sur les inscriptions qu'il copie prouvent que Lejeune, son ancien maître, était un lettré et un érudit.

La présence de cet ami instruit rendit plus supportable aux vieux époux le séjour de la Véronique, tandis que leur fils unique, exposé aux dangers des batailles, campait sur les bords du Rhin pendant ce terrible hiver de 1794-1795.

Le jeune officier venait d'être promu capitaine lorsqu'ils eurent la surprise de le voir apparaître, au début de messidor an III. On verra, en étudiant la vie de Paul-Louis, qu'il s'était octroyé un congé fort peu régulier en prétextant la mort de son père. Mais cette incartade n'eut point de fâcheux effets, car il avait su, en passant par Paris, se faire donner une nomination en qualité d'inspecteur des forges dans les départements de l'Ariège et du Tarn. Sa situation se trouvait donc régularisée.

Après le départ de son fils, M. Courier continue à gérer

(1) Registre des délibérations du conseil de Cinq-Mars, page 192. Sa taille était de cinq pieds 1 pouce ; il avait le nez très long, les cheveux et les sourcils gris.

ses domaines avec le même esprit de parcimonie et de dureté excessive envers les serviteurs.

Après avoir fait intervenir le juge de paix dans ses démêlés avec son ancien closier René Boileau, il l'avait brutalement congédié (1). Mal lui en prit. Celui qui le remplaça, le sieur Deux, lui causa tant de mécontentement qu'il dut le faire expulser par un arrêt du juge de paix de Langeais (2).

Mais Deux ne partit point sans causer de nouveaux ennuis à son rigoureux propriétaire. Il réclama en s'en allant de la paille, des fagots et du froment, denrées qu'il prétendait avoir apportées avec lui à la Guyotterie « lors de son entrée audit lieu ». Cette affaire ne put se régler qu'après la mort de Courier, le 28 fructidor an IV, par la décharge que Deux consentit enfin à donner à sa veuve par devant maître Thibault, notaire à Cinq-Mars.

En dépit de ces ennuis domestiques, le vieux propriétaire eut la satisfaction, en cette année 1795, de tirer de ses propriétés un revenu anormal. La suppression de la *loi du Maximum* venait d'avoir pour effet d'élever le prix de toutes les denrées. Les fourrages, comme tout le reste, subirent une hausse considérable, si bien que Courier, par une vente faite devant notaire, retira la somme de 2.600 livres de la coupe d'herbe de ses différents prés.

Au moment où l'on pouvait espérer de ses récoltes de tels bénéfices, quelle ne fut pas la colère du bonhomme en voyant descendre dans son pré des bords de la Loire, juste en face de sa maison, plusieurs troupeaux de moutons dirigés vers l'armée de l'Ouest ? Le préjudice était sensible : c'était le 1er vendémiaire an IV (21 septembre 1795) au moment même où l'on allait « faucher l'herbe pour regain » et Courier qui avait vendu son foin avantageusement ne

(1) René Boileau était resté 19 ans à la Véronique au service de Courier, et il s'y trouvait avant l'acquisition au service de Mlle Taschereau.

(2) Deux est condamné à vider de corps et de biens la « cave » qu'il habitait à la Guyotterie, dépendance de la Véronique. Archives de la Justice de paix.

pouvait plus compter que sur ce « regain » pour nourrir ses propres bestiaux. Mais ce qui fut plus grave, c'est qu'aux moutons succéda « une troupe d'environ trente bœufs » destinés aussi à l'armée de l'Ouest. Descendant dans la prairie, ils en mangèrent ce qu'avaient épargné les moutons.

Courier n'était pas homme à supporter cette perte d'un cœur léger : dès le lendemain, il adressait au maire et aux citoyens composant la municipalité une pétition autographe qui est restée aux archives (1). Le pré dévasté, dit-il, « ne peut plus lui servir même de pacage pour ses bestiaux, et son dessein est de former une demande en indemnité pour raison du tort considérable qu'il éprouve ». Il réclame donc la nomination de commissaires pour constater le dégât et l'estimer.

Nous ne savons quelle suite fut donnée à cette réclamation ; mais il est probable que le plaignant eut gain de cause.

A cette époque, en effet, malgré son avarice et ses travers, il avait acquis dans la Commune une certaine autorité. C'est à cette époque qu'il fut désigné pour faire partie de l'administration municipale. Le 10 brumaire an IV, les citoyens de la Commune de Langeais se réunirent en assemblée primaire, à l'effet de nommer, concurremment avec la section de Cinq-Mars, le juge de paix, les assesseurs et le président de l'administration municipale du canton (2). Les quatre assesseurs élus pour la commune de Cinq-Mars furent les citoyens Jacques Perrier, Christophe Gannay, Jean-Paul Courier et Nicolas Chivert. L'ancien bourgeois de Paris arrivait donc à faire apprécier, à la longue, ses qualités sérieuses et à dissiper les préventions qu'avaient parfois fait naître ses bizarreries de caractère ou de conduite.

Jamais la tâche des agents municipaux ne fut plus lourde que sous la Convention. L'assemblée qui faisait table rase

(1) Mairie de Cinq-Mars. 2 vendémiaire an IV.

(2) En exécution du décret du 19 vendémiaire rapporté dans le *Bulletin de la Convention Nationale*. Ces détails sont tirés des Archives de la Justice de Paix de Langeais.

du passé, s'efforçait de tout créer, accablait chaque jour les municipalités de décrets à faire afficher, de circulaires à interpréter et à faire respecter.

M. Courier se mit au travail avec ardeur ; il recevait la correspondance de l'administration centrale du département et y répondait.

Mais, au milieu des multiples occupations qui lui incombaient, il tomba malade et dut s'aliter. Au bout de quelques jours, perdant l'espoir de pouvoir reprendre son travail, il chargea son fidèle ami et commensal Lejeune d'écrire à son collègue Perrier et de lui transmettre, avec la correspondance restée en souffrance, tous les rôles et matrices qui devaient servir à l'établissement des impôts dans la Commune. Ces pièces étaient réclamées « avec instance par l'agent du pouvoir exécutif » résidant au chef-lieu de canton, c'est-à-dire à Langeais. Courier vivement préoccupé de lui faire parvenir tous ses dossiers et tous ses registres, fit ajouter à la lettre un *post-scriptum,* par Lejeune qui venait de l'écrire, pour signaler à Perrier une « occasion » qui permettait de faire sur le champ l'envoi demandé.

Voici le texte de la lettre qui est du 27 frimaire an IV :

*Au Citoyen **Perrier**, Adjoint de l'Agent Municipal de la Commune de Cinq-Mars-la-Pile. A Cinq-Mars-la-Pile.*

Le citoyen Courier est toujours malade et ne peut s'occuper des affaires communales de Cinq-Mars, il vous envoye, citoyen, la lettre de l'administration centrale qui vous est adressée ainsi qu'à lui ; il vous fait passer le rôle (1) ainsi que les matrices des six sections de Cinq-Mars et leurs tables alphabétiques ; en outre tous les imprimés concernant l'imposition foncière et celle personnelle et somptuaire ; il y en a aussi pour le dénombrement des habitants de la commune ; le surplus des imprimés est resté chez le citoyen Thibaud-

(1) Deux mots illisibles.

Léger où vous pouvez les faire prendre pour les envoyer incessamment au chef-lieu du canton où l'agent du pouvoir exécutif les demande avec instance.

Mme Courier me charge de vous faire des remerciements pour les amandes que vous avez eu la bonté de lui envoyer ; elle fait ses compliments à vos dames. Agréez, citoyen, mes saluts fraternels.

Signé : LEJEUNE.

A la Véronique le 27 frimaire, l'an IV républicain.

Le citoyen Courier me charge de vous dire que vous pourriez profiter de l'occasion de Chabot pour faire l'envoi demandé sur le champ.

C'est le 17 décembre 1795 que Jean-Paul Courier, vaincu par la maladie, se dessaisissait de tous les papiers relatifs aux affaires communales. Il ne devait point reprendre les occupations auxquelles, pendant quelques semaines seulement, il s'était consacré en qualité d'assesseur du juge de paix. Le mal dont il était atteint traîna pendant deux mois et le terrassa enfin ; le 24 pluviôse an IV, sur les six heures du matin, il rendait le dernier soupir dans sa modeste demeure de la Véronique. Il n'était âgé que de soixante-trois ans et trois mois.

Nous avions retrouvé, dès 1904, la déclaration de son décès sur le registre de l'état-civil de Cinq-Mars. Cette déclaration fut faite le 25 pluviôse par quatre de ses voisins et amis : Jean Gaudin, qui tenait l'auberge du Mouton, à deux pas de la Véronique, le menuisier René Réjaudry, Charles Trépied et Jean Trépier, marchand boulanger.

C'est dans cette classe d'artisans, on l'a vu, que l'ancien bourgeois de Paris avait choisi ses relations, dès son arrivée au Breuil, longtemps par suite avant le changement que la Révolution venait d'opérer dans les conditions sociales.

Il est qualifié, dans son acte de décès, propriétaire et agent municipal. On le dit natif de Saint-Morice-aux-Riches-Hommes ; car c'était la croyance de sa femme, qu'il avait vu le jour en cette paroisse.

Mais, en réalité, il était né au Plessis-Gatebled, le 3 novembre 1732.

CHAPITRE II

ENFANCE ET JEUNESSE DE PAUL-LOUIS COURIER

La Touraine. — L'École de Châlons. — Courier à l'Armée de la Moselle. — Courier et l'Amitié. — Premières armes et première fugue. — Affection de Paul-Louis Courier pour sa mère.

Nous avons raconté, dans la vie de Jean-Paul Courier, la naissance et la légitimation du jeune Paul-Louis. Né à Paris, rue du Mail et paroisse de Saint-Eustache, dans la maison d'une sage-femme où sa mère était venue faire ses couches clandestines, l'illustre pamphlétaire est donc un enfant naturel.

Aucun document n'indique où se passèrent les premières années de sa vie : on en est réduit, sur ce point, à des conjectures. Une tradition bien établie, et fort accréditée en Touraine, veut qu'il ait été élevé dans la maison de son père. On montre un biberon en faïence qui aurait servi à Paul-Louis Courier et que d'anciens domestiques du château de Méré auraient conservé, puis cédé à un médecin de Thilouze : on doit admettre que Jean-Paul Courier, qui laissa ailleurs, et surtout dans la région de Luynes, la réputation d'un homme dur et intéressé, fut, au contraire, toujours bien vu dans les paroisses d'Artannes et de Pont-de Ruan, où il se montra aimable et populaire (1).

Que l'on ait gardé de lui et de son enfant un souvenir affectueux, cela semble vraisemblable. Toutefois les preuves

(1) Rappelons-nous que nous l'avons vu signer comme témoin au mariage de son domestique Joseph Chamoré. Archives de la mairie de Pont-de-Ruan.

manquent pour affirmer que Paul-Louis ait été nourri au château de Méré de 1772 à 1774.

C'est sans preuves également que M. Lelarge admet que l'enfant fut élevé auprès de son grand-père La Borde, l'ancien tailleur du duc d'Olonne. Il semble plutôt vraisemblable que ce vieillard ait été tout d'abord peu disposé à recueillir chez lui le fils naturel, né des amours de sa fille et de Jean-Paul Courier. Si Louise La Borde était venue faire ses couches à Paris, c'était évidemment parce qu'elle voulait cacher sa maternité aux habitants de Châtillon-sur-Loing ; c'était sans doute aussi parce qu'elle craignait son père. Cette fille de trente-cinq ans ne pouvait, en effet, se faire pardonner sa faute en invoquant l'excuse banale d'avoir été la victime d'un séducteur qui aurait abusé de son ignorance.

Comment serait-elle revenue vivre à Châtillon avec le jeune Paul-Louis ? La présence de cet enfant nouveau-né aurait révélé ce qu'elle voulait cacher, et l'eût exposée à toutes les critiques de la malveillance provinciale. Bien plus, le discrédit dont elle se serait couverte pouvait rejaillir jusque sur son père, toujours trop faible et trop confiant. Il paraît donc inadmissible que Louise La Borde ait conduit son fils chez l'ancien tailleur.

Sans doute, elle-même ne cessa pas d'être domiciliée à Châtillon : son acte de mariage en fait foi. Mais on ne dit pas, dans cet acte, que l'enfant ait vécu auprès d'elle dans cette même paroisse. Au contraire, nous y lisons : «... sur la foi des promesses qui viennent d'être sanctifiées, il est né de leur cohabitation un enfant actuellement vivant qui a été élevé, éduqué et entretenu par ledit époux dans la maison duquel il demeure... » Voilà une déclaration formelle, dont il est imprudent de ne pas tenir compte.

Elle se trouve confirmée par ce fait que dès l'année 1774, Jean-Paul Courier abandonne sa résidence de Méré. Il vend le château et toutes ses dépendances, sans rien conserver dans les paroisses d'Artannes et de Pont-de-Ruan ; puis il vient s'intaller d'abord à Tours, où il était peu connu, puis au Breuil, très loin des bords de l'Indre et des personnes avec lesquelles il avait eu des relations.

La coïncidence de ce départ avec la naissance, ou plus exactement avec la sortie de nourrice de Paul-Louis, semble bien prouver que Jean-Paul Courier voulait prendre son fils avec lui, pour se consacrer à son éducation, et que tout en accomplissant ses devoirs de père, il était soucieux d'éviter les commentaires malveillants de ceux qui l'avaient connu célibataire à Méré.

C'est pendant qu'il possédait le château du Breuil que M. Courier se décida à légitimer son fils, en épousant Louise La Borde. Le mariage fut célébré dans la modeste église de Mazières où le seigneur du Breuil avait « droit de banc dans la chapelle de Notre-Dame ». Cette cérémonie eut lieu le 11 février 1777. Paul-Louis avait donc cinq ans.

Le mariage, a dit un moraliste, met chacun dans son ordre. C'est pourquoi M. Courier, après avoir régularisé son union avec une petite bourgeoise, fille d'un tailleur à moitié ruiné, éprouva le besoin de quitter son château du Breuil, auquel étaient attachés des droits féodaux, pour aller vivre plus modestement dans un « bien de roture ».

Le Breuil fut vendu avec le bénéfice que l'on sait ; et la famille s'installa dans une modeste, mais riante, closerie située au bord de la Loire. La Véronique, tel est son nom, s'adosse au coteau couvert de vignes, qui endigue le vaste fleuve. Elle se compose d'un simple corps de logis appuyé au roc vif de la falaise dans lequel sont taillées plusieurs des chambres, suivant l'usage de Touraine. Quelle gracieuse maison de campagne que cette closerie, où va s'écouler l'enfance de Paul-Louis ? Quelle charmante exposition en face de cette majestueuse « rivière de Loire », dont on n'est séparé que par un pré planté de mûriers !

L'habitation elle-même nous a été décrite par un ami de la famille Courier, le jeune Choisnard, dont le père était un artisan de Cinq-Mars-la-Pile. Dans son enfance, ce Choisnard venait souvent à la Véronique, moins pour s'amuser, que pour s'instruire auprès de Mme Courier, femme remarquable par son savoir, et ses hautes qualités de cœur et d'esprit. A l'époque où il fréquentait la closerie, le futur pamphlétaire était déjà officier d'artillerie ; mais il venait de temps en temps passer un ou deux mois auprès de sa mère. Voici comment Choisnard nous représente ce domaine agreste et gracieux :

« Sur la rive droite de la Loire, au bord d'une des plus magnifiques vallées que l'on connaisse, vis-à-vis du lieu où le Cher, après avoir suivi parallèlement le cours de la Loire, vient, comme à regret, lui apporter le tribut de ses eaux ; vis-à-vis du vaste et beau château de Villandry que l'on voit resplendir de loin ; vis-à-vis enfin de cette fertile côte du Cher que l'excellence de ses vins a rendue célèbre est un autre coteau non moins renommé, parsemé de délicieuses habitations de campagne ; c'est là, près du village du Ponceau, qu'était la Véronique, la demeure d'enfance de Paul-Louis Courier. »

L'habitation comprenait trois étages de grottes taillées dans le roc vif, vastes et confortables, éclairées par des fenêtres élégantes, et tapissées, à l'extérieur, par des treilles dont les rejetons verts et dorés dissimulent aux yeux la nudité du roc.

Le logement habituel des époux Courier et de leur fils était dans les grottes du premier étage, c'est-à-dire situées à mi-côte, entre les grottes du rez-de-chaussée et celles qui forment le grenier. Il y avait un salon, une cuisine et trois chambres à coucher. « L'étage supérieur recevait les provisions, et le vin spiritueux du coteau était conservé dans les vastes caves situées au niveau inférieur. Devant l'habitation s'étendait une terrasse d'où la vue embrasse la magnifique vallée et, au plus bas gradin, un jardin où les légumes, les fleurs et les fruits abondaient de sève et de vitalité. A quelques pas, sur la gauche, on voyait un bâtiment carré, en tuiles rouges, dont Mme Courier faisait sa magnanerie (1). » C'était là que jouaient, pendant l'hiver, les enfants de la maison. Mais le jeune Paul-Louis contribue plus que personne à dégrader ce local auquel il donne des affectations inattendues. Ne s'avise-t-il pas d'y élever des perdrix ? Il les avait prises à la chasse apparemment, car nous savons par un document cité plus loin qu'il se livra très jeune à cet exercice.

Ainsi ses études étaient coupées par de nombreuses récréations et il s'adonnait à tous les jeux et à tous les plaisirs de son âge.

L'habitation paternelle, telle que nous venons de la décrire, était si heureusement disposée qu'un enfant doué d'une imagination vive pouvait y trouver des distractions incessantes, au gré de sa fantaisie ou de ses rêves.

Toutes ces terrasses qui surmontaient le logis de la Véronique offraient une vue ravissante sur le fleuve et sur la vallée. Tout en y prenant ses ébats, seul ou en compagnie d'enfants de son âge, il contemple des tableaux, empreints à la fois de majesté et de grâce, bien dignes d'inspirer un poète ou un artiste.

A ses pieds, la Loire épanche ses ondes bleues, bientôt grossies des eaux que le Cher lui verse presque en face du domaine. Au milieu de ce fleuve, au cours puissant et calme, une île tempère, par ses vertes frondaisons, la monotonie d'une si vaste étendue d'eau. Au fond du paysage, se dressent les coteaux de Savonnières, couverts de sombres futaies : à gauche, les tours de Saint-Gatien, souvent estompées pas la brume, signalent la ville de Tours.

L'ensemble de ce panorama devait contribuer à inspirer au jeune homme l'amour de la nature, qui fut d'ailleurs, avec le goût de l'antique, la plus vive de ses passions.

(1) CHOISNARD. *Quelques mots sur Paul-Louis Courier*, cités par M. Desternes, dans la *Revue de Paris* du 1er avril 1925.

Mais si la nature le touche, il n'est pas insensible aux charmes de la vie de société. Malgré son air sérieux et réfléchi, qui paraissait faire surtout de lui un ami des livres, il affectionnait les réunions de famille et il y trouvait un grand charme. C'est d'ailleurs dans ces réunions, que, plus tard, il fera briller son esprit d'un éclat incomparable. Il n'était point du tout austère : il avait même l'esprit de jeu et de plaisanterie, qui se développa plus tard et le rendit, dans l'intimité, un des hommes les plus enjoués et les plus aimables qu'on put connaître. Ses parents lui avaient donné une excellente éducation : point de morgue, point d'orgueil. C'est pourquoi, à une époque où la vie des gens du peuple était pénible et âpre, il sait compatir aux souffrances du rude travailleur : la famille Courier entretenait de bonnes relations avec les artisans du bourg de Cinq-Mars-la-Pile, situé à quelques centaines de mètres de la Véronique. Quoique riche et possesseur d'un titre de noblesse, M. Courier père aimait à fréquenter le boucher, le menuisier, le maréchal de forge, le boulanger du village. Il était fort intéressé, fort cupide même, mais n'avait rien de la morgue des hommes de son monde.

Toutefois son avarice se développant avec l'âge, il devait finir par laisser à son fils le souvenir d'un propriétaire dur et tracassier, qui de peur « de se laisser manger la laine sur le dos », appelait sans cesse en justice ses métayers ou ses voisins.

Malheureusement, Paul-Louis devait suivre ces mauvais exemples. Après son mariage et son retour définitif en Touraine, il devint tracassier, cupide et eut toujours, comme son père, quelque procès sur les bras.

Jusqu'à l'âge de douze ans, le futur pamphlétaire semble n'avoir eu pour professeurs que sa mère et son père, qui était fin lettré et peut-être latiniste passable, mais il fallait d'autres maîtres pour développer son instruction : aussi à la fin de l'année 1784, les hôtes de la Véronique quittèrent les vastes horizons et les bords enchanteurs de la Loire pour venir habiter à Paris un appartement situé rue de la Vieille-Estrapade, dans la paroisse de Saint-Etienne-du-Mont.

Voilà donc la famille Courier transplantée dans la grande ville. Toutefois elle gardait de nombreuses et fortes attaches en Touraine : la riante closerie de la Véronique où l'on viendra s'installer chaque année, à l'époque des vendanges, et aussi un autre domaine plus vaste, la terre de la Filonnière, achetée en 1777. C'était une bonne propriété de rapport, dans un canton boisé et pittoresque, non loin du bourg de Luynes. A cette terre se rattacheront pour Paul-Louis les souvenirs les plus doux de son enfance. Officier d'artillerie, il viendra s'y reposer entre deux campagnes ; enfin, c'est en visitant cet agréable domaine qu'il concevra l'idée, en 1816, d'écrire le premier pamphlet d'où lui viendra la célébrité, celui qui commence, on le sait, par cette déclaration « Je suis Tourangeau, j'habite Luynes... »

Ces deux domaines de la Véronique et de la Filonnière subsistent encore à l'heure actuelle. Ils sont peu connus et encore moins visités : quand on parle de Courier, on ne se souvient que de la Chavonnière, grosse ferme banale et assez triste, située sur le coteau du Cher, dans la commune de Véretz. C'est là que viennent parfois, comme se rendant à un pèlerinage, des étrangers attirés et séduits par le génie du pamphlétaire qui a immortalisé cette morne retraite.

Il semble qu'à Paris le premier maître de Paul-Louis ait été Lejeune qui était un ami de son père et qui plus tard vint se fixer à la Véronique auprès des époux Courier.

Les études scientifiques de Paul-Louis avaient été jusqu'alors fort négligées : or son père avait l'intention de le pousser vers la carrière du génie. Il importait donc de rattraper le temps perdu ; c'est pourquoi l'enfant fut bientôt confié aux meilleurs professeurs de mathématiques. Il eut pour maître d'abord le savant Callet, puis M. Labbey qui enseignait à l'Ecole militaire de Paris.

Mais le père de Courier, qui était assez lettré, et dont nous avons conservé une paraphrase, en vers français, du célèbre psaume *Super flumina Babylonis*, voulait continuer à développer le goût très vif que son fils avait déjà montré pour les lettres. Il lui donna un professeur de grec qui fut Vauvilliers, l'un des meilleurs hellénistes de l'époque.

Vauvilliers, professeur au Collège Royal, on dit aujourd'hui Collège de France, s'était fait connaître par son *Essai sur Pindare*, dans lequel il réhabilite ce grand poète sottement calomnié par Perrault, le défenseur des modernes, et, après lui, par toute la critique du 18e siècle.

Malheureusement, si Vauvilliers paraît comprendre Pindare, il le traduit dans le style de l'abbé Delille, ce qui constitue un vrai contresens. Par là il donna un dangereux exemple à son élève, en lui enseignant à déguiser les Grecs selon le goût du temps présent. Aussi infidèle que Vauvilliers, Paul-Louis, devenu helléniste consommé, voudra rendre Hérodote, et même le sophiste Longus, dans la langue d'Amyot et de Montaigne. M. Courier donna aussi à son fils un professeur de dessin et même un maître de danse ; mais le jeune homme profita si mal des leçons de ce dernier que nous le verrons arriver à Toulouse, en 1796, ignorant encore l'art de Vestris.

Habitué jusqu'alors à vivre au grand air, sur les bords enchanteurs de la Loire, il ne renonce pas, en venant habiter Paris, aux longues promenades qui avaient fait le charme de son enfance. Il parcourt la banlieue à pied, va visiter le château de Sceaux, ancien séjour de la duchesse du Maine, qui appartenait alors au duc de Penthièvre. Quand il ne pouvait satisfaire son goût pour la marche, il allait jouer à la paume, avec des jeunes gens de son âge, ce qui était encore un excellent exercice. Grâce à ces habitudes vraiment salutaires, il avait vu se raffermir une santé d'abord fort délicate, car, dans sa première enfance, il eut la variole, par laquelle il resta défiguré, puis il fut atteint d'une pleurésie qui mit sa vie en danger. Il n'en guérit jamais complètement : nous le verrons en 1799, et en 1817, atteint de terribles crachements de sang : ainsi, « prédisposé à la tuberculose, peut-être par l'hérédité, sûrement par la variole, Courier était un tuberculeux pulmonaire éréthique (1) », mais cette maladie eut une évolution très lente ; elle lui permit, malgré quelques crises aiguës, de faire une carrière d'officier souvent exposé aux pires épreuves physiques, et de mener, sous la Restauration, une vie laborieuse et agitée.

Paul-Louis avait dix-sept ans et demi à l'heure solennelle où se réunirent à Versailles les Etats-Généraux. Quand les privilégiés eux-mêmes réclamaient plus de liberté, plus de justice, il est naturel que les Courier père et fils aient accueilli avec faveur les premiers symptômes d'une révolution. M. Courier père, qui avait connu la cour à la fin du règne de Louis XV, entrevit sans effroi la transformation d'une société fondée sur l'injustice et l'arbitraire. Bien que possédant des fiefs nobles et ayant joui de droits féodaux (2), le bon seigneur de Méré pensa que les hommes tels que lui, laborieux et instruits, auraient plus à gagner qu'à perdre dans cette transformation sociale qui promettait d'abaisser les incapables favoris de la fortune au profit de la bourgeoisie. Rien ne fut changé dans le train de maison de la famille ; le jeune Paul-Louis continua ses études avec ardeur sans avoir peur des « sans-culottes ». Le 14 juillet 1789, il se trouvait aux Champs-Elysées, jouant au ballon avec quelques camarades, lorsqu'il vit passer la foule hurlante qui marchait sur l'hôtel des Invalides, où elle savait trouver des armes. Abandonnant sa partie, il se mêla aux flots du peuple et pénétra dans l'hôtel d'où il rapporta un pistolet.

Dans les années qui suivirent, les graves événements du temps ne changent rien aux habitudes de la famille Courier.

(1) J'emprunte cette appréciation à une très intéressante étude sur *Courier et la médecine*, publiée par le Dr Goulard dans le *Bulletin de la Société d'Histoire de la médecine*.

(2) A Méré et au Breuil.

Au mois d'août, on venait, comme autrefois, passer en Touraine la saison des vacances : on se partageait entre la Filonnière, dont les futaies offraient un abri agréable contre les chaleurs de l'été, et la Véronique avec ses « chambres en roc » où l'on goûtait une fraîcheur délicieuse. Paul-Louis profitait de ces quelques semaines de liberté, pour traquer, le fusil en main, les perdreaux au milieu des vignobles paternels. C'est ainsi que, en 1790, à la veille de la Saint-Martin, qui marquait le retour de la famille à Paris, nous surprenons le futur pamphlétaire, arpentant, suivi de son chien, les coteaux qui dominent la Loire. Bientôt il s'aventure sur les terres du duc de Luynes défendues par de nombreux gardes contre l'intrusion des chasseurs. On était en pleine révolution : des droits féodaux, il ne subsistait presque rien ; aussi nombre de roturiers s'adonnaient-ils au plaisir de la chasse, qui leur avait été interdit jusqu'à ce jour.

C'était la grande revanche du peuple sur le gibier « qui de tout temps lui fit la guerre ». Une seule fois, remarque Courier dans son *Simple discours*, « une seule fois, le gibier fut vaincu par le peuple, en 1789 ; nous le mangeâmes à notre tour ».

Plein de cette idée révolutionnaire, le jeune homme qui avait l'année précédente, envahi l'hôtel des Invalides avec la foule des « sans-culottes », et qui avait presque assisté à la prise de la Bastille, se crut permis de pénétrer dans les domaines du ci-devant duc et pair. Mais alors un des gardes du duc de Luynes, le sieur Roncerant, surgit devant notre jeune émancipé et l'interpelle en termes un peu vifs. Comme celui-ci lui tient tête et prétend avoir obtenu de l'intendant du domaine la permission de chasser, Roncerant, incrédule et gouailleur, lui dresse procès-verbal. Trois heures plus tard, Paul-Louis entraîné par l'ardeur de son chien, revient encore sur les terres du duc de Luynes ; cette fois, il est désarmé par le même garde, voit confisquer son fusil, et rentre au logis fort dépité. Pour comble de malheur, le fusil ne lui appartenait pas. M. Courier, toujours parcimonieux, avait reculé devant l'achat d'une arme de chasse, et son fils avait dû emprunter un fusil à un ami de la famille, M. Vigier. Il allait falloir indemniser ce dernier de la perte de son arme, sans compter les suites désagréables du procès-verbal dressé par Ronceraut, qui devint exécutoire après avoir été contrôlé à la justice de paix de Langeais. L'équipée du jeune chasseur avait coûté cher à sa famille.

Rentré à Paris, il poursuit ses études avec ardeur. Son père le stimule, lui déclare qu'il ne pourra vivre sans travailler, et qu'il doit arriver promptement à une situation rétribuée, afin de « se mettre à l'abri de la misère ».

M. Labbey, son maître dévoué, fut nommé, l'année suivante, premier professeur de mathématiques à l'école d'artillerie de Châlons, récemment créée par l'Assemblée Constituante : on décida aussitôt, dans la famille, que Paul-Louis accompagnerait dans sa nouvelle résidence ce savant chez lequel il allait vivre désormais « au centre des mathématiques ». Du même coup, le jeune aspirant à l'école du génie décide de choisir l'artillerie et de se faire admettre à l'école de Châlons, où enseigne son professeur.

Avant même d'être reçu à l'Ecole, il connut les élèves de la promotion de mars 1792 ; on recevait alors deux promotions par an, à cause du besoin urgent d'officiers, pour remplacer ceux qui émigraient chaque jour.

Parmi ceux qui précédèrent Paul-Louis, et qui furent et restèrent ses amis, on remarque Marmont, Duroc, Griois, qui devait laisser, dans ses *Mémoires*, des détails si piquants sur ce camarade retrouvé plus tard en Italie.

Aussitôt que ces élèves de la promotion de mars eurent été dirigés sur les régiments, on ouvrit un nouveau concours auquel se présenta Courier. Il comparut devant le terrible examinateur Laplace « grave, triste, vêtu de noir », dont l'aspect sévère faisait trembler les plus courageux (1).

Admis 21e dans une promotion de trente-cinq élèves, Courier reçut, comme ses condisciples, le brevet d'élève sous-lieutenant d'artillerie. Il habita l'école depuis le 1er septembre 1792 jusqu'au 1er juin 1793. Il se trouvait être un des plus âgés, ayant vingt ans et demi. Le futur maréchal Valée, qui fut classé 25e, n'avait pas dix-neuf ans. Ruty, qui sortit le premier de la promotion et qui devint général de division et comte de l'Empire, comptait dix-huit ans, ainsi que le meilleur ami que Courier ait rencontré parmi ces jeunes gens, Haxo, qui ne l'abandonna jamais et qui se chargera plus tard de trier les papiers de l'illustre pamphlétaire pour les livrer à l'éditeur.

A l'école de Châlons, Courier travailla peu ; toutefois il put conserver, jusqu'à la sortie, son rang de classement ; ce qui prouve que ses rivaux ne montrèrent pas plus d'ardeur que lui. Il faut avouer que les circonstances n'étaient guère favorables aux études. Un jeune officier qui venait de quitter l'école quand Courier y entra, Griois nous décrit l'agitation à laquelle étaient en proie les élèves. L'heure était grave pour la patrie que les ennemis venaient d'envahir. Une exaltation violente s'était emparée des esprits. C'était l'heure où de toutes parts s'enrôlaient des volontaires qui se disposaient à courir aux frontières. L'imminence du danger apaisa les querelles politiques qui avaient divisé les élèves de la promotion précédente. Moins turbulents que leurs prédécesseurs, les camarades de Courier étaient cependant, pour la plupart, attachés à la royauté par tradition de famille : au théâtre, où ils allaient souvent, ils soulignaient d'applaudissements toute allusion au pouvoir royal : les murs du quartier se couvraient d'inscriptions de Vive le Roi ! Vive le comte d'Artois ! Vivent les émigrés ! On devine avec quelle affliction, avec quelle rage secrète beaucoup de ces jeunes

(1) Marmont avoue qu'il resta devant Laplace interdit et muet.

gens apprirent la nouvelle de l'exécution de Louis XVI, le 21 janvier 1793.

Toutefois aucun élève de la promotion ne fut tenté de déserter pour aller rejoindre l'armée des Princes (1) : le moment était trop critique pour la France.

Cependant la courageuse résistance de l'armée républicaine, à Valmy, avait fait reculer l'ennemi qui évacua la Champagne ; à l'école de Châlons les études purent alors reprendre ; mais la discipline sembla dure à Courier qui, élevé au milieu de sa famille, avait pris l'habitude de suivre sa fantaisie en toutes choses, et de travailler en amateur ; avec son naturel vif et passionné, il eut bien du mal à se plier à la règle. Il profitait de ses sorties pour faire de longues promenades et quelques visites à des amis, car il avait des relations à Châlons. Mais, le soir venu, cédant à sa négligence déjà invétérée, il oubliait souvent l'heure à laquelle se fermaient les portes de l'école et il était forcé d'y rentrer en escaladant les murs.

Après la mort de Louis XVI, l'horizon de la France s'assombrit encore : la coalition formée contre elle s'étend à l'Europe presque entière, et, à la guerre étrangère s'ajoutent les horreurs de la guerre civile, dans les provinces de l'Ouest. Au mois de juin 1793, l'armée des Chouans approche de la Touraine et s'empare de Chinon. Le père de Courier était justement venu passer quelques mois dans ses propriétés, pour mettre ordre à ses affaires. Il dut fuir devant l'arrivée des « brigands de la Vendée » et se replonger dans les périls du Paris révolutionnaire.

C'est le moment où Paul-Louis termine le cours de ses études, au milieu d'une effervescence indescriptible ; la date de l'examen de sortie est avancée. Le régime de l'école redouble de sévérité ; plus de libertés pour les élèves. Aussi la mère de Courier, qui se morfond loin du jeune homme,

(1) Les désertions avaient été nombreuses parmi les élèves de la promotion de mars 1792 ; deux de leurs officiers leur avaient donné l'exemple.

devra bien se garder de la tentation de venir l'embrasser à Châlons. Il ne pourrait s'occuper d'elle, ni la distraire ; et que deviendrait-elle dans cette ville où l'on ne songe qu'à préparer des officiers pour les envoyer aux frontières ? Il se remet courageusement à l'étude et cherche à rattraper le temps perdu. Mais hélas ! il est trop tard.

Interrogé, par Laplace, sur les questions d'hydrostatique qu'il a négligées, il s'en tire par cette réponse naïve, qui le peint tout entier : « Monsieur, je ne sais rien sur cette matière, mais si vous m'accordez quelques jours, je m'en informerai. » Ce peu de temps passé, il se présenta de nouveau, et donna à l'examinateur une si haute idée de son intelligence qu'il fut classé avantageusement, c'est-à-dire qu'il conserva son rang d'entrée. Cette terrible époque de la Révolution était, on le voit, l'âge d'or des candidats aux grades et aux emplois.

Nommé second lieutenant, et classé au 7e régiment d'artillerie à pied, il alla rejoindre à Thionville. Dans cette place dépendant de l'armée de la Moselle, Paul-Louis restait provisoirement loin de la guerre et de ses périls.

Quelles vont être, dans cette première garnison, les occupations préférées, quels seront aussi les plaisirs du jeune officier ? A une époque où tant d'autres se couvrent de gloire sur les champs de bataille, notre lieutenant d'artillerie ne paraît même pas se douter qu'il est soldat. Enfin débarrassé des mathématiques, il ne songe tout d'abord qu'à se remettre à l'étude du grec et du latin. C'est pour lui la grande affaire qui passe avant tout. De Paris, Mme Courier s'empresse de lui adresser les livres qu'il réclame ; parmi ces ouvrages, il en est quelques-uns qui traitent de l'artillerie et du génie ; car, sans avoir le feu sacré, Paul-Louis veut savoir de son métier au moins ce qui s'apprend dans les livres ; il souhaite, grâce au *Traité des fortifications* de Bélidor, de pouvoir en remontrer à ces « ingénieurs » si infatués de leur savoir, et si jaloux de leurs connaissances qu'ils refusent de communiquer aux artilleurs les excellents cahiers où ils les ont acquises. On aime à trouver chez un débutant cette émulation qui devait bientôt l'abandonner ; d'ailleurs c'est toujours le savoir qui le tente ; ce ne sont pas les risques glorieux de la profession des armes. Dans la caisse que sa mère lui expédie, ce qui a le plus de prix à ses yeux, ce sont deux volumes brochés en carton vert. « L'un est tout plein de grec et l'autre de latin » écrit Courier, qui rencontre sous sa plume un des premiers vers blancs qu'il ait commis, lui qui devait, plus tard, en émailler sa prose. Quels sont ces ouvrages ? Un Démosthène et un Cicéron. Voilà ses véritables amis. « Mes livres, a-t-il soin d'expliquer, font ma joie et presque ma seule société. Je ne m'ennuie que quand on me force à les quitter et je les retrouve toujours avec plaisir. » Sans cesse penché sur ces bouquins, qui sont « assez sales » à force d'être feuilletés, il oubliera et le monde et la guerre. L'étude des textes classiques, surtout grecs, voilà dès lors sa principale occupation. Il ne néglige pas encore les devoirs de sa profession ; mais il ne s'en acquitte que pour « gagner sa vie », et les tient en peu d'estime.

Mis au courant, par les lettres du jeune homme, de cet amour presque exclusif du grec, M. Courier père finissait par s'inquiéter. Avec son esprit si positif, il craignait que son fils ne compromît un avenir militaire, qui s'annonçait comme assez beau. Il lui adressa des conseils de prudence, et voulut l'arrêter dans ses études. Mais Paul-Louis, jusqu'alors si docile aux directions paternelles, n'hésita pas, cette fois, à défendre sa vocation. N'a-t-il pas le droit de s'accorder une satisfaction qui est pour lui la plus grande de toutes ? Du moment qu'il a su se mettre à l'abri du besoin, personne ne peut le blâmer de satisfaire un goût si honorable qui lui offre « des plaisirs toujours nouveaux ». Ce ton résolu en imposa au vieillard, il cessa de le taquiner sur ses goûts de lettré.

La plus grande joie du jeune officier, après l'étude de ses

textes grecs, c'était de recevoir et de lire une lettre de sa mère. Celle-ci, souvent seule à Paris, car son mari se rendait fréquemment en Touraine, ne vivait que pour son fils ; elle lui envoyait des étoffes, des rubans, une foule de petits paquets, tous accompagnés de billets qui attestaient la sollicitude maternelle, et ravissaient l'heureux destinataire. On sera étonné d'apprendre que ce jeune homme grave et réfléchi, d'une éducation austère, et qui avait des goûts si sérieux et si élevés, se soit laissé entraîner à courir les bals et les « assemblées », comme l'on disait alors : car en pleine Terreur, et si près de la guerre, on cédait à Thionville à l'emportement des plaisirs. D'ailleurs s'il fréquentait ces réunions mondaines, il avoue que loin d'y trouver du plaisir, il y gardait un visage triste qu'il ne pouvait cacher. On voit donc, et c'est un trait fâcheux de son caractère, que Paul-Louis ne savait pas résister aux sollicitations de ses amis ; il ne pouvait défendre contre eux ni ses goûts ni sa liberté, lui qui avait su pourtant imposer à son père le respect de ses études. C'est que l'amitié eut toujours sur lui des droits exceptionnels. Elles ont fait le charme de sa vie, les liaisons qu'il entretint avec Dalayrac et Chlewaski à Toulouse, avec l'abbé Marini à Rome, avec le poète Lamberti à Milan, et un peu partout, avec des chefs ou des camarades, comme le maréchal Gouvion-Saint-Cyr et le général Haxo, qui lui resta fidèle jusqu'à la fin.

Il semble que ce soit l'amitié qui ait pris dans son cœur la place réservée à l'amour ; car nous ne trouvons pas chez lui de passion durable ; il n'a pas eu de vie romanesque, et il semble que même avec les femmes il ait été plus porté à la camaraderie qu'à la tendresse. Il cherche à les amuser bien plutôt qu'à s'en faire aimer, et à jouir de leur esprit plutôt que de leur cœur. « Babil de femmes ». Voilà ce dont il raffole ; de là tant d'heures délicieuses passées en des compagnies féminines ; de là aussi cet échange de lettres enjouées et spirituelles avec Mme Pigalle sa cousine, avec la princesse de Salm-Dyck et avec Mme Dionigi : ce sont ces femmes qu'il regarde comme ses Muses. Elles contribuent, en effet, à l'inspirer, mais l'affection qu'il leur porte n'a rien de sensuel ; il n'y entre même pas une sentimentalité trop vive qui pourrait en altérer la pureté.

Courier avait fait à Thionville un bien doux apprentissage du métier militaire. Il avait pu craindre, à plusieurs reprises, d'être envoyé aux frontières où l'on se battait avec fureur. Plus que les dangers de la guerre, il redoutait les souffrances des campements en plein hiver : car sa complexion était restée délicate, malgré les exercices qu'il avait faits, au cours de sa jeunesse, pour se fortifier. Heureusement, ce cauchemar des bivouacs lui fut évité. Ce ne fut qu'au printemps de 1794 qu'il dut quitter sa garnison pour être employé, en première ligne, à l'armée de la Moselle. Nous le trouvons à Blies-Castel dès le début d'avril. Mais il n'est pas encore très exposé, car il commande un parc pour la réparation des armes, et il est chargé de centraliser les états de situation de la division Chapsal, placée à côté de lui.

Après l'occupation de Trèves, qui eut lieu le 9 août 1794, Courier fut appelé au grand parc de l'armée et s'établit avec ses canonniers dans un vaste monastère. Mais cette confortable installation fut de peu de durée, et notre officier dut camper sous la tente pendant le terrible hiver de 1794-1795. Il souffrit cruellement et s'en souvint longtemps. Quinze ans plus tard, il écrivait : « J'ai passé un hiver sur les bords du Rhin ; j'y pensai geler à vingt ans ; je ne fus jamais si près d'une cristallisation complète ».

Une lettre, qu'il adresse de Blies-Castel à son camarade Allix, nous le montre assez préoccupé des devoirs de sa profession. Sans doute, il ne pourra inscrire aucune action d'éclat sur ses états de service, mais un lieutenant d'artillerie, chargé surtout de commander des parcs et de faire réparer des armes, ne devait guère trouver l'occasion de s'illustrer. Ainsi, jusqu'à présent, nous ne voyons aucun blâme à lui adresser. Des journalistes ont beaucoup raillé la vie militaire de Courier, et on a cru de bon ton de lui donner des leçons d'héroïsme. Mais on oublie trop qu'il ne se comporta jamais comme un lâche, et que, si plus tard il est devenu mauvais officier, c'est à la suite des déceptions sans nombre qu'il éprouva en Calabre, où il dut faire, sans espoir d'avancement, « la plus vilaine de toutes les guerres ».

Toutefois, dans sa carrière de soldat, il est sujet à des lubies qui indisposent contre lui les esprits sensés et les hommes épris de l'exactitude et de la discipline.

Le voici d'ailleurs arrivé à l'époque de sa faute la plus grave contre le devoir du soldat. Ne le jugeons pas d'après le code militaire actuel. Songeons plutôt au désordre, à l'anarchie morale d'une époque où tant d'officiers français servaient contre la France à l'armée de Condé.

Promu capitaine en mai ou juin 1795, Paul-Louis céda subitement à un caprice inexplicable : il quitta son poste devant Mayence, et sans prévenir personne, sans solliciter aucun congé, il partit pour la Touraine, où ses parents vivaient tranquillement.

Pourquoi cette fugue qui a été si sévèrement reprochée à l'officier ? Aurait-il eu peur ? Non, il n'était pas un lâche. Mais il ne considérait pas le service militaire comme une chose sacrée. La grande affaire de sa vie, dès cette époque, c'étaient les études grecques, qui n'excluaient pas encore l'amour de la langue latine. Il servait dans l'armée, comme il disait, pour « se mettre à l'abri de la misère », c'est-à-dire pour gagner honorablement sa vie. Mais jamais homme ne consentit moins à se rendre esclave d'une occupation quelconque, dût-elle lui donner la fortune ou la gloire.

Il partit donc de Mayence, parce qu'il lui prit fantaisie d'aller visiter ses bons parents sur les bords de la Loire.

Par malheur, la faute qu'il commit se trouve aggravée, aux yeux de la postérité, par la maladroite explication que crurent devoir en donner ceux qui, en 1828, ont réuni par des notices explicatives de biographie les lettres de Courier, en vue de les publier.

« A la fin de juin 1795, dit le commentaire publié par Sautelet, Courier se trouvait au quartier général de l'armée campée devant Mayence, lorsqu'il reçut la nouvelle de la mort de son père. Cet événement inattendu fit sur lui une impression si vive, qu'oubliant tout, et ne pensant qu'à la douleur de sa mère, il résolut d'aller se réunir à elle et partit aussitôt sans prévenir personne..... »

Cette explication, quel qu'en soit l'auteur responsable, est un pur mensonge. Certains détails de ce récit pourraient d'ailleurs servir à le réfuter. Ainsi, l'on nous raconte que ce fils désolé, égaré par la douleur, s'attarde près de Trèves à visiter une abbaye qu'il avait précédemment occupée avec ses soldats. Puis arrivé à Paris, au lieu de courir à la diligence de la Messagerie nationale, qui le transportera en Touraine, il recouvre la raison et se met prudemment en quête de protecteurs pour se faire pardonner son incartade, et en détourner les conséquences possibles.

Rappelons qu'en juin 1795 M. Jean-Paul Courier continuait à vaquer à ses occupations de propriétaire rural (1), rien ne prouve même qu'il eut été souffrant à cette époque. Il ne mourut que huit mois plus tard le 11 février 1796.

Cette fugue de l'armée eut d'ailleurs pour effet d'octroyer au jeune capitaine d'agréables vacances en Touraine dans le plus beau mois de l'année. Ses protecteurs de Paris avaient si bien arrangé ses affaires qu'il ne fut nullement inquiété.

Il était déjà rendu auprès des siens le 6 messidor. Ce jour-là, il se présenta devant le conseil municipal de Cinq-Mars auquel il exhiba sa nomination en qualité d'inspecteur des forges dans les départements de l'Ariège et du Tarn. Ce document, signé par le citoyen Pille, commissaire exécutif à

(1) Le 29 messidor an III il faisait une vente de l'herbe de ses prairies à Ganay et Tessier pour la somme de deux mille six cents livres. Etude de Mᵉ Thibault, notaire à Cinq-Mars.

la guerre, est daté du 26 prairial an III. Ainsi Courier avait dû quitter Mayence dès le début de prairial (1). Or, à cette date, il était déjà capitaine.

Il put séjourner quelque temps chez ses parents, couvert par la commission dont il était porteur. Ce n'est qu'au mois de septembre qu'il alla rejoindre son poste à Alby, où il était chargé de recevoir et de contrôler les boulets fournis à l'artillerie.

Toutefois la vie monotone de la petite ville le disposa au travail et, à peine installé, il reprit ses études favorites : il traduisit alors le *Pro Ligario* de Cicéron.

C'est d'Alby qu'il apprit la mort de son père ; or il ne semble pas qu'il soit allé consoler sa mère. Ce qui prouve bien toute la frivolité de l'excuse dont il s'est servi, plus tard, pour justifier son départ précipité de Mayence en 1795. Les regrets que dut lui causer la mort du vieillard paraissent d'ailleurs avoir été de courte durée : il était jeune et, quoique réfléchi et grave, peu disposé aux mortifications. D'ailleurs la France entière, sortie du cauchemar de la Terreur, commençait à ressentir une véritable fièvre de plaisirs. La jeunesse austère de Paul-Louis ne le garantit pas de la contagion, et envoyé en résidence à Toulouse, dans le mois de floréal an IV, il se laissa emporter à son tour, par le tourbillon d'une vie de fêtes et de galanteries.

Pendant qu'il s'adonne aux plaisirs, et se lance dans le monde élégant qu'il n'avait guère fréquenté jusqu'à ce jour, l'austère Mme Courier, sa mère, continue à mener une existence bien retirée et bien monotone dans son rustique logis de la Véronique, où, par bonheur, elle ne vivait pas seule, le vieil ami de la famille M. Lejeune ayant continué à habiter près d'elle.

(1) Et non pas à la fin de juin 1795, comme le dit la notice qui accompagne les lettres. Il résulte de tout cela que Courier était capitaine longtemps avant le 11 messidor, date qu'il a inscrite dans ses états de service trouvés par nous au Ministère de la guerre, et publiés dans la *Jeunesse de P.-L. Courier*, page 208.

Elle jouissait d'une rente viagère ; d'où la nécessité pour elle de se faire délivrer, à certaines dates, des certificats de vie et de résidence, afin de toucher chacun des quartiers de sa rente. A chacun de ces certificats est joint un signalement : dans le premier qui lui soit délivré après la mort de son mari, le 29 germinal an IV, son aspect est ainsi décrit : taille de 4 pieds 9 pouces, cheveux et sourcils gris, visage ovale, front élevé, yeux gris, nez aquilin, bouche moyenne, menton rond.

La vie à la Véronique était celle de tout petits rentiers : les produits de la closerie et de ses dépendances n'étaient pas considérables : les prés ne donnaient guère.

Au revenu de la Véronique s'ajoutait celui de la Filonnière qui lui-même était insignifiant. Mme Courier avait, dans ce domaine, deux fermiers, les sieurs André Moreau et Georges Marin. Le premier payait 400 livres de ferme : soumis à l'emprunt forcé de l'an IV, il acquitta la somme à laquelle on l'avait taxé ; mais, ayant été compris sur le second rôle pour une somme modique de 40 livres, il ne put la payer et se soumit à une enquête.

L'autre fermier, Georges Marin, compris sur les rôles de l'emprunt forcé pour une somme de cent livres en numéraire, déclare n'avoir « pour toute ressource que le produit d'une petite ferme d'un très mauvais rapport, pour le faire exister lui, sa femme et deux enfants en bas âge ». « Ce qui prouve, ajoute-t-il, son peu d'aisance, c'est qu'il redoit, à la citoyenne Courier, l'année de sa ferme échue à la Toussaint dernière » (1).

Ainsi la veuve ne touchait ses fermages que d'une façon irrégulière et ils étaient au plus bas prix. De là un train de vie si modeste ; de là ces préceptes d'économie prêchés à Paul-Louis dès son enfance et souvent réitérés.

(1) Archives de la mairie de Luynes. Pétitions aux citoyens composant l'administration municipale. La détresse des deux pétitionnaires fut reconnue, et on les dispensa de payer.

Lui-même voyant ses parents traîner une vie médiocre avec le perpétuel souci de leurs petites rentes qui ne rentraient pas ou qui rentraient mal, se croyait véritablement pauvre. C'est pourquoi devenu lieutenant et gagnant sa vie, il écrivait encore en 1794 : « Si je puis me mettre à l'abri de la misère, c'est tout ce qu'il me faut. »

Mme Courier était une femme instruite, dévouée, pleine de bonnes qualités et de généreux sentiments : toutes ses économies étaient employées à faire de beaux cadeaux à son fils auquel elle envoyait, soit des livres suivant le vœu qu'il lui avait exprimé, soit de riches et belles étoffes, qu'elle savait choisir comme fille d'un ancien tailleur. C'est ainsi qu'elle lui adressa à Toulouse un coupon de drap gris de perle, qui venait de Paris, et avec lequel il se fit faire une belle redingote pour paraître dans la société élégante de quelques ci-devant nobles qui commençaient à rouvrir leurs salons (1).

Mais pour faire de beaux cadeaux au jeune officier, la bonne dame en était réduite tout le long de l'année à régler sa maison suivant les principes d'une sévère économie. Elle devait, comme son défunt époux, rechercher tous les petits profits.

C'est ainsi que nous la voyons procéder, au début de l'an VI, à la vente de tous les vieux habits qui encombraient sa maison (2) ; garde-robe bien démodée du vieux bonhomme Courier, ou vêtements hors d'usage du jeune Paul-Louis. On vendit aux voisins « la veste de toile blanche » que revêtait le défunt bourgeois pour surveiller ses vendangeurs sur les hauteurs ensoleillées du Clos-Buré, et la « mauvaise redingote de drap gris », dans laquelle il s'enveloppait l'hiver, lorsqu'il arpentait à pas pressés la levée de la Loire, sous le regard narquois des paysans qui le disaient

(1) Dalayrac. *Un an de la vie de Paul-Louis Courier.*

(2) Vente d'effets par la citoyenne Courier. Etude de Me Thibault, notaire à Cinq-Mars.

fou, et aussi le bel « habit de drap brun », qu'il mettait dans les grandes occasions. On vendit aussi les hardes portées dans son enfance par le futur pamphlétaire. Toute cette défroque atteignit aux enchères le prix de 115 livres et dix-huit sols. Mais il fallut payer deux livres au Bureau de Langeais pour l'enregistrement de la vente.

On voit que l'officier d'artillerie trouvait dans sa famille de bonnes leçons d'économie : sa mère le déchargeait d'ailleurs du soin de diriger les propriétés qui constituaient la partie principale de son patrimoine. Lorsqu'il le pouvait, il venait passer quelques semaines avec la bonne dame, et c'est alors que le jeune Choisnard fit sa connaissance et reçut ses leçons.

Mais il allait perdre l'excellente mère qui l'avait élevé avec tant de sollicitude, et qui gérait encore ses propriétés en administrateur prudent et avisé. Quoique peu âgée, Mme Courier s'éteignit à la Véronique, le 11 vendémiaire an X. L'acte de décès fut dressé le même jour, à la mairie de Cinq-Mars, sur la déclaration du voisin Jean Chivert et du familier de la défunte M. Lejeune. Ce vieux Parisien, qui était venu rejoindre en Touraine ses bons amis Courier, les avait donc vus mourir l'un et l'autre. Dès lors, rien ne l'attachait plus à Cinq-Mars : il alla vivre à Saumur.

CHAPITRE III

JOYEUSES ÉQUIPÉES DE COURIER A TOULOUSE ET EN ITALIE

Son retour en France. — Ses débuts littéraires.

D'Alby, le jeune capitaine fut appelé à Toulouse où il n'allait pas tarder à se créer d'agréables relations. Le jour même de son arrivée, en dînant chez un traiteur, il fit la connaissance d'un jeune homme nommé Dalayrac, qui n'avait que deux ans de moins que lui. Ce Dalayrac, qui était originaire de Cordes, dans le Tarn, ne tarda pas à devenir son ami intime. Il s'est chargé, dans un article du *National*, publié en juillet 1835, de nous donner sous ce titre : la *Jeunesse de Courier*, de piquants détails sur le séjour que fit à Toulouse le capitaine d'artillerie (1).

Tout ce que raconte dans quelques pages le biographe de Paul-Louis est très vraisemblable, et si conforme au caractère de notre auteur et à ce que, par ailleurs, nous avons appris de ses goûts, que nous ne faisons aucune difficulté pour l'accepter.

Après lui avoir indiqué un logement, sur la place Desparadoux, dont Courier prend possession le jour même, Dalayrac va faire le lendemain une visite à son nouvel ami. Il le

(1) Feuilleton extrait du *National* et publié par un autre journal de Paris, au commencement de juillet 1835. Bibliothèque municipale de Tours n° 4572. Cet extrait du *National* a été publié séparément avec quelques lettres de Courier, dont trois sont adressées à Dalayrac. Charles-Marie Mazars d'Alayrac, né en 1774, était étudiant en droit à Toulouse lorsqu'il se lia d'amitié avec Paul-Louis. Ses parents habitaient le château de Lestar, près de Cordes, dans le Tarn.

trouve « occupé à déballer des livres qu'il faisait toujours voyager avec lui. Il y en avait de grecs, de latins, de français. »

Parmi ces derniers, le visiteur remarque les œuvres de Pascal, celles de Montaigne, de la Fontaine et de Rabelais. Sa mémoire ne l'a certainement pas trahi ; ce sont bien là, avec Molière, les auteurs de prédilection de Courier ; ce sont ceux qu'il cite sans cesse, ceux dont il s'est nourri et dont les expressions se retrouvent naturellement sous sa plume. Il s'écrie, en les montrant : « Voilà mes vieux amis, mes compagnons, mes guides ; c'est avec eux que je me délasse des fatigues de la guerre. »

Dalayrac met alors dans sa bouche un petit discours où il se peint au vif et se rend pleine justice, en même temps qu'il avoue ses véritables goûts et déclare son intention de consacrer désormais ses loisirs à traduire Longus en prose française. Il est à noter qu'on croit entendre Courier lui-même, dont on reconnaît le ton à la fois caustique, satirique et enjoué. Ce Dalayrac devait être doué d'une excellente mémoire.

« Je suis peu fait pour le métier des armes : les longues marches, la fraîcheur des bivouacs, le tumulte et l'oisiveté des camps fatiguent la tête ; la vue d'un champ de bataille soulève mon cœur — Liberté ! Dieu le veut ! Vive la République ! sont des paroles magiques à l'aide desquelles les ambitieux de tous les temps ont soulevé les peuples et bouleversé les empires. — Grâce à ma bonne étoile, je suis sorti sain et sauf de la mêlée. Que les tambours battent maintenant la diane, le rappel, la générale ou la charge, je m'en moque, cela ne me regarde plus. J'inspecte les forges ; je fais préparer des armes à ceux qui doivent combattre. Je vais, dans mes loisirs, sacrifier aux Muses ; je vais redire en prose française les amours naïves de Daphnis et de Chloé. Puisse Longus retrouver (1) en moi un traducteur digne de lui ! »

Dans ces lignes, on voit Courier tout entier : sa santé délicate, son horreur du bruit et de l'oisiveté, le scepticisme précoce avec lequel il raille les entraîneurs d'hommes de tous les temps, qui savent, dans l'intérêt de leur ambition, remuer les foules par des mots magiques, son égoïsme naïf et presque inconscient, mais énorme, grâce auquel il peut penser avec indifférence à ceux qui vont se faire tuer pour la patrie, tandis qu'il est à l'abri du danger, enfin la volupté du dilettante et du ciseleur de phrases.

Nous apprenons, par cette déclaration, que le dessein de traduire du grec de Longus les amours de Daphnis et de Chloé est dès lors arrêté dans son esprit. Bien des années s'écouleront encore avant qu'il lui soit possible de mettre la dernière main à ce travail, mais du moins il y pense et peut-être y consacre déjà une partie de son temps.

C'était la matinée qui était occupée par ce sérieux labeur, et par quelques autres qui durent faire tort plus d'une fois à la correspondance administrative de l'Inspecteur des forges. Tout studieux qu'il était, Paul-Louis ne s'enfermait pas la journée entière dans sa chambre. Il se promenait beaucoup, seul ou avec des amis, et se dirigeait habituellement du côté du canal ombragé par de magnifiques peupliers, sous lesquels il se plaisait à rêver. C'est là qu'au cours de doctes entretiens, où toute l'antiquité classique eut sa place, il entraîna bien des fois un savant polonais, M. Chlewaski dont il avait fait rencontre chez un libraire.

Dix ans plus tard, les instants passés en compagnie de ce lettré dans ce site charmant lui paraissent compter parmi les plus doux de sa vie (2). C'est qu'aux agréments de la nature se joignaient les séductions d'une conversation érudite et variée. Paul-Louis avait rencontré un homme qui

(1) Courier dit *retrouver*, faisant allusion à la traduction qu'Amyot avait déjà tentée de *Daphnis et Chloé*. A noter dès cette époque le projet de traduire Longus, que Courier ne mit à exécution qu'au début de l'année 1810.

(2) A M. Chlewaski à Toulouse. Tarente, le 8 juin 1806.

partageait ses goûts et dont l'amitié le flattait. Tout jeune encore, passionné pour l'érudition plutôt que véritable érudit, il s'honorait fort d'une intimité si cordiale avec un homme vraisemblablement plus âgé, qu'il regardait comme un véritable savant. Après son départ de Toulouse, il entretint soigneusement des relations épistolaires avec Chlewaski ; il est piquant de voir combien son apathie naturelle et son laisser-aller cèdent, dans ces lettres, au désir de plaire et de séduire. Il se met en frais d'esprit et d'érudition, abuse des citations françaises et latines, parle grec au besoin, copie des inscriptions, discute sur les arts et les monuments de Rome et s'élève parfois à l'éloquence. De leur côté, les lettres de Chlewaski lui font tant d'honneur qu'il a plaisir à se vanter que tout cela lui est adressé.

Tous les amis de Courier n'avaient pas droit à une considération aussi flatteuse. Il y avait parmi eux nombre de jeunes gens qui ne furent que de joyeux compagnons de plaisir. Car le plaisir fut la grande affaire du moment en ces années 1796 et 1797, qui succédaient aux jours sombres de la Révolution. Les spectacles, les bals, les aventures galantes remplissaient l'existence de la jeunesse, à Toulouse, comme à Paris ; or, pour aimer le grec et être érudit, Paul-Louis n'en avait pas le cœur moins jeune.

« Un soir, nous dit Dalayrac, qu'il assistait à la première représentation de *la Fille mal gardée*, ballet-pantomine, son cœur fut vivement ému par les grâces légères et les pirouettes de Mlle Simonette, charmante danseuse. Il s'empressa d'aller dans les coulisses la féliciter de son succès, et il fut accueilli avec un sourire si gracieux que la tête lui en tourna et qu'il prit le lendemain un maître à danser, pour se rendre ainsi plus digne d'approcher de cette belle. Depuis cette époque, il eut pour la danse une véritable passion. Je le trouvais souvent en nage vaquant à cet exercice. »

On se souvient des « mortifications » qu'il avait éprouvées

à Thionville pour n'avoir pas su danser ; et des leçons prises sans résultat, et d'une espèce de honte mal placée qu'il ressentait à ce sujet. Quoi d'étonnant que l'amour-propre, stimulé par le désir de plaire, lui ait inspiré cette fois assez d'énergie et de persévérance pour apprendre définitivement et pouvoir enseigner à son tour un art si fort en honneur dans la joyeuse société du Directoire ? Il s'y consacra avec ardeur ; chaque matin il quittait ses occupations pour recevoir les leçons de maître Larrieu qui, au son d'une « pochette », lui faisait battre des entrechats. Le spectacle était « comique », assure Dalayrac.

Quant à la liaison banale qui avait provoqué cette recrudescence d'amour pour la danse, elle dura plusieurs mois ; elle entraîna Courier à des folies, « et comme il avait l'habitude, nous dit son ami, d'écrire en grec ses dépenses secrètes, j'eus l'occasion de remarquer que son livre-journal s'était enrichi, à cette époque, de plusieurs articles en langue d'Homère ».

Le désir de plaire développe le goût de la toilette ; transformé en muscadin, notre officier d'artillerie connut de frivoles préoccupations d'élégance. « Ayant reçu de Paris un coupon de drap gris de perle, d'une extrême finesse, il voulut en faire faire une redingote ; mais, se méfiant avec juste raison de la probité de son tailleur, il jugea prudent de mettre d'abord son étoffe dans des balances, pour en connaître le poids, puis il fit venir maître Manceau, homme à grande réputation, et lui dit : « Il me faut, le plus promptement possible, une redingote bien longue, bien large, bien doublée de même, qui me donne un air étoffé. Taillez en plein drap, mais ayez soin de me rapporter toutes les rognures ; car j'aime beaucoup les rognures, souvenez-vous-en ».

Trois jours après, Courier reçut sa redingote. Elle allait à merveille. Mais, par malheur, soumise à l'épreuve de la balance, elle se trouva trop légère.

« Il s'empresse d'aller chez Manceau se plaindre et rencontre justement notre homme dans sa boutique essayant à son fils, âgé d'environ six ans, une carmagnole de drap gris de perle. « Voilà, s'écria Courier, l'étoffe qui me manque, je la retrouve sur les épaules de votre enfant. Vous êtes pris en flagrant délit, vous ne pouvez le nier ».

« Manceau crut prudent de ne pas contester un fait de la dernière évidence et dit à Courier : « Oui, mon capitaine, j'ai détourné le superflu de votre drap pour en habiller mon fils unique, celui qui doit me succéder un jour dans l'honorable profession de tailleur. N'allez pas, Monsieur, faire pleurer ce cher enfant avec votre air de sévérité ; déridez votre front ; et toi, mon petit Isidore, lève ta casquette, fais serviteur à Monsieur le Capitaine, et dis-lui : *Mon capitaine, je vous remercie de la carmagnole que vous voulez bien me donner ; je la conserverai précieusement en mémoire de vous.* » L'enfant répétait mot à mot la harangue que lui soufflait son père ; et Courier, désarmé par cette espèce de parade, se mit à rire et pardonna. J'étais présent à cette scène. »

De cette histoire plaisante, nous retenons surtout un trait, c'est la bizarrerie du caractère de Courier visant à l'*originalité* dans ses moindres actions et pesant son drap avant de le confier au tailleur. Toutefois, ce qui parut à Dalayrac excentricité de jeune homme, était plutôt encore, à notre avis, minutieuse précaution d'avarice inspirée sans doute à Paul-Louis par le souvenir des exemples paternels. En tout cas, sa défiance, d'ailleurs justifiée, était bien digne de Jean-Paul Courier, lequel se comporta toute sa vie en homme qui craint d'être volé.

Dalayrac et Courier allèrent ensemble « augmenter le nombre des convives » d'une certaine demoiselle Cateau, vieille fille tenant table d'hôte. « C'est là qu'une douzaine de jeunes gens doués d'un riche appétit se réunissaient matin et soir, c'est là que chacun racontait les nouvelles du jour, ses bonnes fortunes de la veille, ses espérances pour le lendemain ; temps heureux où les plaisirs vifs, les rires bruyants, les confidences intimes et une bienveillance réciproque nous faisaient savourer les charmes de l'amitié. »

Paul-Louis n'y était pas insensible, bien qu'il soit de mode aujourd'hui de le représenter comme un être insociable et hargneux. A cette époque de sa vie, et plus tard en Italie, il eut de nombreux amis et sut se les attacher. Mais il ne les prenait pas au hasard ; il se laissait guider dans ses choix par la distinction de l'esprit et des manières. C'est ainsi qu'à la table d'hôte de Mlle Cateau il se lia particulièrement avec un jeune homme qui se faisait appeler Lonce et qui voyageant, disait-il, pour des affaires de commerce très importantes, était, en réalité, un émigré qui s'était permis de rentrer en France sans autorisation préalable.

Dans cet émigré, Paul-Louis avait reconnu un jeune homme de son éducation et de son monde. N'oublions pas que le fils de l'ancien seigneur de Méré et du Breuil devait être regardé à Tours, en 1815, comme un « épuré », c'est-à-dire comme un noble exempt de toute compromission avec la Révolution et l'Empire. Il avait vécu pendant toute son enfance comme ces jeunes gentilshommes dont les châteaux étaient voisins de ceux de son père ; il les avait peu fréquentés sans doute, mais enfin ses traditions de famille, sa fortune, ses études le rapprochaient d'eux bien plus que des sans-culottes.

Voilà pourquoi Courier, qui s'était lié d'instinct avec Lonce, chez qui il trouvait communion d'idées et de goûts, ne dut pas être fort surpris lorsque son ami le vint trouver et lui tint ce discours : « Mon cher Courier, nous sommes liés d'une manière trop intime pour que je vous cache plus longtemps mon véritable nom et la position critique dans laquelle je me trouve. Je m'appelle Rissan, ma famille habite les environs de Bordeaux ; j'ai émigré fort jeune et je suis rentré clandestinement en France depuis quelques mois. Mon père vient de m'écrire pour m'engager à quitter Toulouse, où mes jours ne sont pas en sûreté, et veut que j'aille en Suisse attendre des temps plus heureux ; il m'envoie de l'argent pour faire ce voyage. Que me conseillez-vous ? »

« De garder l'argent, c'est un bon ami surtout en temps de Révolution, dit Courier. Ensuite, pour tranquilliser Monsieur votre père sur le sort de son cher fils, il vous faudra voyager fictivement dans les Treize-Cantons, sans quitter néanmoins les bords de la Garonne ; je me charge de vous fournir une description des sites pittoresques que vous serez censé avoir visités, des escarpements épouvantables, des neiges éternelles, des avalanches, des glaciers, des torrents, des abîmes, des ours ; et puis des prairies émaillées de fleurs, des eaux limpides, des cascades, des troupeaux bondissants et des bergères ravissantes ; tout cela sera délicieux. Allons, écrivez à Monsieur votre père que vous allez vous mettre en route ; vous lui donnerez plus tard une adresse pour vous faire passer des fonds par Toulouse ; vous les recevrez ici vous-même sans escompte ». Lonce ne put résister à des conseils si puissants et si conformes à ses désirs, et il resta. Nous travaillâmes tous les trois à sa correspondance avec son père, qui devint une chose extrêmement plaisante et qui nous amusa beaucoup.

« Au bout de quelques mois, Lonce vint nous trouver mystérieusement, et nous dit d'un air triste : « Mes amis, il faut nous quitter ; la police me surveille ; j'en ai été prévenu et pour éviter de tomber en ses mains, je suis décidé à aller coucher ce soir hors des barrières ; et demain je prendrai, à la pointe du jour, la diligence de Bayonne, pour passer ensuite en Espagne. M. de M... doit me confier à M. Faune, précepteur de ses enfants, qui me conduira chez un honnête jardinier du faubourg Saint-Cyprien ».

« Quoi M. Faune, répliqua Courier, doit vous servir de

guide et de protecteur ? Je ne connais pas d'homme plus peureux que lui : vieillard sans force et sans courage, son cerveau creux ne renferme que quelques sentences latines qu'il répète à tout propos. C'est nous qui veillerons sur une tête si chère ; c'est nous qui vous escorterons, qui vous défendrons, s'il le faut ». En effet, à l'entrée de la nuit, nous nous acheminâmes vers le faubourg Saint-Cyprien. Courier ouvrait la marche en habit d'uniforme et l'épée au côté ; je venais ensuite avec Lonce, et M. Faune formait à lui seul l'arrière-garde. Nous arrivâmes sans mauvaise rencontre. Le jardinier nous attendait sur le seuil de la porte ; il nous introduisit dans une petite chambre qu'il avait fait préparer pour nous. M. Faune qui, pendant tout le trajet, avait cru voir des gendarmes prêts à nous saisir, plus tranquille maintenant, s'écria en se tournant vers Lonce :

Heu ! fuge crudeles terras, fuge littus avarum !

« Et moi, répliqua Courier, j'aime mieux vous adresser ces paroles :

Nunc vino pellite curas,

Ce qui veut dire en bon français qu'il faut faire un punch et boire pendant toute la nuit. » En effet, il envoya chercher des citrons, du rhum et du sucre, et nous vîmes bientôt devant nous un grand bol couronné par une flamme bleuâtre. M. Faune, grand amateur des liquides spiritueux, but tellement de celui-ci que sa tête en tourna : *Bonum vinum laetificat cor hominis*, disait-il ;

Nunc est bibendum, nunc pede libero
Pulsanda tellus,

ajoutait-il, et il dansait ; puis il monta sur une chaise pour nous débiter un sermon de son cru ; il sortit sa perruque, et, la tenant entre ses mains, comme un prédicateur tient son bonnet carré, il agita sa tête chauve dans tous les sens, jusqu'à ce que, perdant l'équilibre, il fallût le porter dans un fauteuil. Nous lui offrîmes encore un verre de punch, qu'il refusa en nous disant : *Sat prata biberunt ;* et il s'endormit, puis il rêva sans doute à la prise de Troie, car nous l'entendîmes s'écrier d'une voix sépulcrale :

Invadunt urbem somno vinoque sepultam.

« Nous fîmes pour l'éveiller usage de plusieurs camouflets qui lui faisaient faire des grimaces épouvantables, ce qui nous amusait beaucoup ! (1)

« Cependant le bruit lointain de la diligence se fit entendre et nous avertit que l'heure de notre séparation était arrivée. Nous embrassâmes bien tendrement notre ami Lonce ; nous le conduisîmes jusqu'à la voiture ; nous lui serrâmes encore une fois bien tendrement la main, et il partit ; et nous, nous regagnâmes, tristes et silencieux, les murs de Toulouse, le cœur navré de la perte que nous venions de faire.

« Courier en sa qualité d'inspecteur des fourrages (2) (*sic*) fut chargé par son administration de faire un rapport sur les mines de houille de Crameaux (*sic*) et sur une fonderie de boulets de canon établie depuis peu à Alby. Il vint alors dans le département du Tarn et passa une quinzaine de jours chez moi, dans une maison de campagne (3) auprès de la ville de Cordes. Nous allions ensemble à la chasse, à la pêche, visitant nos voisins et faisant le soir une partie de trictrac. Peu de temps après, il partit de Bagnères (*sic*), puis revint à Toulouse où j'allai le joindre. Il logeait alors chez Mme Picart, près de la porte Montaulieu.

« Courier avait une manie fort commune à cette époque parmi les jeunes gens, c'était celle de vouloir passer pour un homme à bonnes fortunes. Cette manie, ou pour mieux

(1) Rappelons que Courier, Lonce et Dalayrac étaient à l'âge où l'on n'est guère difficile en matière de divertissements.

(2) Lire : des forges.

(3) C'est le château de Lestar, qui existe encore à 1 kilomètre de Cordes.

dire ce travers, le rendit victime d'une aventure fâcheuse qui fut la cause de son départ précipité de Toulouse, et qui changea ainsi brusquement le cours de ses destinées.

« Mme de M... s'était fixée momentanément à Toulouse avec son mari et sa nombreuse famille. Elle recevait tous les soirs une petite société dans laquelle nous allions habituellement avec Courier, et, comme Mme de M... avait des demoiselles charmantes, on y dansait quelquefois. Paul-Louis adressait ses hommages à Mlle Agathe, l'une d'elles. Un jour, dans le feu de ses déclarations, il lui dit : « Vous me verrez quelque nuit pénétrer dans votre chambre comme un sylphe. — J'en mourrais de frayeur, lui répondit-elle ». Cependant, le soir même, Courier au lieu de se retirer avec le reste de la société, se glissa furtivement dans la chambre à coucher de Mlle Agathe.

« Cette jeune personne, après avoir fait, selon sa coutume, sa prière en commun avec la famille, regagnait seule et sans défiance son appartement, lorsque, en y entrant, elle aperçoit un homme caché dans la ruelle de son lit, elle pousse un cri d'effroi, appelle au secours ! au voleur ! Elle veut fuir ; Courier s'élance, se fait connaître, et veut la retenir. Mlle Agathe le repousse et le précipite vers son père qui, attiré par le bruit, arrivait armé d'un fusil à deux coups. Il était suivi de ses domestiques portant des bâtons, et de M. Faune le précepteur des enfants, dont nous avons déjà parlé, qui, dans ce danger pressant, faisant arme de tout, s'était saisi d'une broche qu'il tenait comme un soldat tient son fusil lorsqu'il croise la baïonnette. M. de M..., qui a reconnu Courier, fixe sur lui des yeux étincelants de colère, lui adresse de violents reproches ; Courier s'humilie, baisse la tête, s'avoue coupable, dit que ses intentions sont pures, quoique sa démarche soit inconsidérée, qu'il n'a qu'un but louable, et que tout s'expliquera plus tard. En parlant ainsi, il cherche à battre en retraite. M. de M... ne voulant pas prolonger cette scène pénible, laisse le passage libre à

Courier, qui en profite et renverse, en passant, M. Faune, qui s'écrie douloureusement : *O tempora, o mores !*

« Le lendemain, étant allé de bonne heure voir Courier et prendre congé de lui, parce que j'allais partir pour l'Albigeois, il me raconta cette malheureuse aventure. « Ces sortes d'affaires, me dit-il, se terminent ordinairement par un mariage ou un coup d'épée ; mais comme aucun de ces deux dénouements ne me convient, je vais prendre des chevaux de poste pour en chercher un troisième. Je suis trop jeune encore pour courber la tête sous le joug pesant du mariage, et je ne m'exposerai jamais à tremper mes mains dans le sang d'un bon père de famille, que j'ai offensé par une conduite inconsidérée ; ainsi donc, mon cher ami, il ne me reste plus qu'à faire mes paquets et à m'éloigner de ces lieux. Quand vous reviendrez à Toulouse, vous ne m'y retrouverez plus ». En effet, quelques jours après, il partit sans congé pour Paris. »

Tel est l'intéressant récit que Dalayrac nous a laissé des frasques de Courier à Toulouse.

Après un court séjour à Rennes, dans l'état-major d'une armée que l'on destinait à tenter une descente en Angleterre, Paul-Louis eut la joie d'être appelé à l'armée de Rome où le général Berthier, venait, sur l'ordre du Directoire, de proclamer la République.

A cette époque de sa vie, il est si éloigné de la misanthropie dans laquelle il devait tomber plus tard, que tout lui est prétexte à relations cordiales, et à réjouissances.

On a vu quelle joyeuse vie il menait à Toulouse : à Paris, où il passa avant de se rendre à Rennes, il retrouva sa gracieuse cousine Mme Pigalle dont le mari était administrateur des étapes et transports militaires. Logé chez elle, il vit une société toute secouée par la fièvre de plaisirs qui agitait Paris et la France enfin délivrés des terreurs de la guillotine.

Ce n'étaient que bals, parties galantes, mascarades, auxquelles se mêla le jeune officier. Il ne reconnaissait plus ce

Paris qu'il avait quitté, trois ans plus tôt, en proie aux rigueurs du tribunal révolutionnaire.

« J'ai vécu, écrivait-il, depuis quinze jours que je suis arrivé, dans un monde dont on ne peut se faire une idée. Tout est changé. Je ne reconnais plus rien. Après tout je me suis amusé... »

Envoyé à l'armée de Rome, il ne quitta pas la France sans passer de nouveau quelques jours à Paris, où il se replongea dans le tourbillon de plaisirs dont la maison des Pigalle était le centre.

Ce premier voyage en Italie fut un enchantement pour notre jeune helléniste. Il traversa, comme dans un rêve, Lyon, le Mont-Cenis, Milan et s'arrêta enfin à Rome encore tout étourdi de se voir lancé si loin de son pays natal.

Par l'ordre du Directoire, on essayait d'organiser la République romaine. Mais le peuple, habitué à la paresse et à la débauche, se souciait peu de la liberté que les Français venaient lui offrir. La populace fanatisée par les moines, se montrait plus que jamais attachée au culte superstitieux de ses madones parées de dentelles et de bijoux.

Pendant ce temps l'aristocratie romaine donnait des fêtes où se montraient les parvenus de l'administration française. On cherchait à s'étourdir et à jouir de l'heure présente. Courier jeté tout à coup au milieu de cette étrange société franco-italienne sut, en peu de jours, la voir et la comprendre avec assez de pénétration pour en tracer un tableau saisissant dans une lettre adressée à un ami de Toulouse, le savant Chlewaski, que nous allons citer. On verra qu'il se plaisait peu au milieu de ce monde corrompu et qu'il préféra consacrer ses loisirs à visiter musées et bibliothèques, et à étudier la science des Inscriptions, alors pour lui toute nouvelle.

« Je voudrais, au reste, pouvoir vous donner une idée de ces cercles, ou être sûr que ce tableau vous intéresserait. Mais vous en parler sérieusement, cela vous ennuierait, et pour vous le peindre en ridicule, c'est trop dégoûtant. Quelques grands seigneurs d'Italie qui prêtent leurs maisons, et qui font, pour bien vivre avec les Français, des bassesses souvent inutiles, sont des gens ou mécontents des gouvernements que nous avons détruits, ou forcés par les circonstances à paraître aimer le chaos qui les remplace, ou assez ennemis de leur propre pays pour nous aider à le déchirer, et se jeter sur les lambeaux que nous leur abandonnons. Tels sont à Milan les Serbelloni, ici les Borghèse et les Santa-Croce. La princesse de ce nom, *formosissima mulier*, femme connue de tous ceux qui ont voulu la connaître, et beaucoup au-dessous de sa réputation, du moins quant à l'esprit, a lancé son fils dans les troupes françaises. Il s'est fait blesser, et le voilà digne d'être adjudant général. Les deux Borghèse, qui ont acheté moins cher des honneurs à peu près pareils, sont deux polissons incapables d'être jamais des laquais supportables, aussi maladroits que plats et grossiers dans les flatteries qu'ils prodiguent à des gens qui les méprisent.

« Le reste ne vaut pas l'honneur d'être nommé.

« J'ai pourtant trouvé ici une connaissance fort agréable, et cela sans recommandation, chose difficile pour un Français. Un jour que j'étais allé voir seul ce qui reste du Musée et de la bibliothèque du Vatican, j'y trouvai l'abbé Marini, autrefois archiviste ou garde des Archives de la chambre apostolique, homme assez savant dans les langues anciennes, mais surtout fort versé dans la science des inscriptions, dont il a publié des ouvrages estimés. Son nom, que j'entendis prononcer, me faisait soupçonner ce qu'il pouvait être (car j'avais vu ses ouvrages cités dans je ne sais quelle préface latine d'un auteur allemand), je me décidai à l'aborder. Il se trouva heureusement qu'il parlait assez français. Il me répondit avec honnêteté ; et, après une conversation de quelques minutes, me conduisit chez lui, où je trouvai une bibliothèque excellente, dont je dispose à présent, un cabinet d'antiquités, force tableaux, dessins, estampes, cartes, etc. Je suis aujourd'hui de ses intimes, et comme dit Sénèque, *primæ admissionis*, ce qui contribue surtout à me rendre agréable le séjour de Rome.

« Il m'a prêté, outre ses livres, je veux dire ceux qu'il a composés, auxquels je n'entends pas grand'chose, d'autres dont j'avais besoin pour me remettre un peu de la fatigue des *conversazioni* franco-italiennes, et m'a conté différentes choses assez curieuses de plusieurs personnages célèbres qu'il a vus de près. Car il a été fort considéré de plusieurs ministres, cardinaux et autres puissants d'alors, et même il passe pour avoir eu quelque crédit auprès des deux derniers papes. Je regrette de ne pouvoir ou de n'oser mettre ici tout ce qu'il m'a dit de l'abbé Maury, qu'il a bien connu et jugé. Mais *forsan et hæc olim meminisse juvabit*, si le ciel accorde à mes prières de vous revoir quelque jour.

« En attendant, soyez témoin des premiers pas que je fais, guidé par lui, dans les ténèbres des anciennes inscriptions, où, bien loin de porter la lumière, j'obscurcis ce qui paraissait clair, ou pour mieux dire, je m'aperçois que ceux qui pensaient m'éclairer ne voient goutte eux-mêmes. Regardez, s'il vous plaît, l'inscription que j'encadre ici comme un véritable et studieux antiquaire que je suis :

AP. CLAVDIVS. AP. F. AP. N. AP. PRN. PVLCHER. Q. QVAE. PR.

« Elle se trouve à la villa Borghèse sur un beau vase d'albâtre. Les abréviations qu'elle renferme m'étant toutes connues, hors une, par les suscriptions en usage dans les lettres de Cicéron, je crus que celle que j'ignorais me serait facilement expliquée par mon oracle abbé Marini ; mais quand je la lui présentai, copiée bien exactement, *il demeura stupide* comme le Cinna de Corneille. Cependant, après quelques réflexions, il courut à ses livres et me montra la même inscription écrite tout différemment dans Winckelmann et d'autres auteurs qui l'ont publiée. La différence consiste en ce que, après le mot *Pulcher*, ils écrivent en toutes lettres *quœsitor*, et expliquent ainsi le tout : Appius, Claudius, Appii filius, Appii Nepos, Appii Pronepos, Pulcher Quœstor, Quœsitor Prœtor. Voilà ce qu'ils ont imaginé pour se tirer, sans qu'il y parût, de l'embarras où les jetait ce Q. Ce Q met à la torture l'esprit de mon abbé.

« J'ai su lui préparer des travaux et des veilles.

« Il cherche, il rêve, il feuillette ses livres, *dentibus infrendens*. Ne puis-je pas m'appliquer ce que disait Cicéron (*conturbavi grœcam gentem*), ayant proposé, et même je crois aux antiquaires de son temps, quelque nœud qu'ils ne pouvaient *soudre*. Pour moi, *je vous l'avoue avec quelque pudeur*, j'ai assez pris goût à cette science, qui est une espèce de divination, et, en style sentimental, je pourrais vous dire que je me plais parmi les tombeaux.

« Dites à ceux qui veulent voir Rome qu'ils se hâtent ; car chaque jour le fer du soldat et la serre des agents français flétrissent ses beautés naturelles et la dépouillent de sa parure. Permis à vous, Monsieur, qui êtes accoutumé au langage naturel et noble de l'antiquité, de trouver ces expressions trop fleuries où même trop fardées ; mais je n'en sais pas d'assez tristes pour vous peindre l'état de délabrement, de misère et d'opprobre où est tombée cette pauvre Rome que vous avez vue si pompeuse, et de laquelle à présent on détruit jusqu'aux ruines. On s'y rendait autrefois, comme vous savez, de tous les pays du monde. Combien d'étrangers, qui n'y étaient venus que pour un hiver, y ont passé toute leur vie ! Maintenant il n'y reste que ceux qui n'ont pu fuir, ou qui, le poignard à la main, cherchent encore, dans les haillons d'un peuple mourant de faim, quelque pièce échappée à tant d'extorsions et de rapines. Les détails ne finiraient pas, et d'ailleurs, dans plus d'un sens, il ne faut pas tout vous dire. Mais par le coin du tableau dont je vous crayonne un trait, vous jugerez aisément du reste.

« Le pain n'est plus au rang des choses qui se vendent ici. Chacun garde pour soi ce qu'il en peut avoir au péril de sa vie. Vous savez le mot *panem et circenses :* ils se passent aujourd'hui de tous les deux et de bien d'autres choses. Tout homme qui n'est ni commissaire, ni général, ni valet ou courtisan des uns ou des autres, ne peut manger un œuf. Toutes les denrées les plus nécessaires à la vie sont également inaccessibles aux Romains, tandis que plusieurs Français, non des plus huppés, tiennent table ouverte à tous venants. Allez ! nous vengeons bien *l'univers vaincu !*

« Les monuments de Rome ne sont guère mieux traités que le peuple. La colonne Trajane est cependant à peu près telle que vous l'avez vue, et nos curieux, qui n'estiment que ce qu'on peut emporter et vendre, n'y font heureusement aucune attention. D'ailleurs, les bas-reliefs dont elle est ornée sont hors de la portée du sabre, et pourront par conséquent être conservés. Il n'en est pas de même des sculptures de la villa Borghèse et de la villa Pamphili, qui présentent de tous côtés des figures semblables au Deiphobus de Virgile. Je pleure encore un joli Hermès enfant, que j'avais vu dans son entier, vêtu et encapuchonné d'une peau de lion, et portant sur son épaule une petite massue. C'était, comme vous voyez, un Cupidon dérobant les armes d'Hercule, morceau d'un travail exquis, et grec, si je ne me trompe. Il n'en reste que la base, sur laquelle j'ai écrit avec un crayon : *Lugete, Veneres Cupidinesque*, et les morceaux dispersés qui feraient mourir de douleur Mengs et Winckelmann, s'ils avaient eu le malheur de vivre assez longtemps pour voir ce spectacle.

« Tout ce qui était aux Chartreux, à la villa Albani, chez les Farnèse, les Onesti, au Muséum Clémentin, au Capitole, est emporté, pillé, perdu ou vendu. Les Anglais en ont eu leur part, et des commissaires français, soupçonnés de ce commerce, sont arrêtés ici. Mais cette affaire n'aura pas de suite. Des soldats, qui sont entrés dans la bibliothèque du Vatican, ont détruit, entre autres raretés, le fameux Térence du Bembo, manuscrit des plus estimés, pour avoir quelques dorures dont il était orné. Vénus de la villa Borghèse a été blessée à la main par quelques descendants de Diomède, l'Hermaphrodite (*immane nefas !*) a un pied brisé. »

Cependant de Rome, Courier fut appelé à Civitá-Vecchia où, dès son arrivée, on lui donna une mission délicate. Cette ville, insurgée contre le gouvernement de la république romaine, se défendait vaillamment. On chargea Courier d'aller faire aux révoltés une dernière sommation de se rendre. Un officier de dragons et un trompette l'accompagnaient. Les trois hommes à cheval étaient arrivés à peu de distance de la porte, lorsque notre capitaine s'aperçut qu'un rouleau de louis qu'il portait dans sa poche y avait fait trou et ne s'y trouvait plus. Il mit pied à terre pour le chercher. Pendant ce temps, il entendit le bruit d'une décharge de fusils, et vit accourir à lui le trompette tout seul ; l'officier avait été tué. Fâcheuse aventure pour Courier ; car enfin, en cherchant son argent on peut l'accuser d'avoir eu recours à un stratagème trop ingénieux pour se dispenser d'approcher à portée des coups de fusil ! Croit-on qu'un Marbot eut, dans un pareil moment, songé à retrouver son argent ?

La situation de la république romaine devint si critique que les troupes durent capituler, après avoir longtemps tenu tête aux insurgés et aux brigands. Elles obtinrent les honneurs de la guerre ; aucun officier ne rendit son épée. Mais pendant que l'armée française était embarquée et transportée à Marseille sur des vaisseaux anglais, Courier, trop heureux de prolonger ses études à la bibliothèque vaticane, voulut se laisser oublier dans Rome. Et il aurait exécuté ce projet, s'il n'eût compris bientôt le danger qu'il allait courir, seul officier français, dans une ville occupée par des bandes indisciplinées de Napolitains, de Russes et de paysans insurgés. Comme il sortait fort tard de la bibliothèque vaticane, un misérable tira sur lui un coup de fusil. La balle ne l'atteignit pas, mais tua une femme qui passait. Courier profita du tumulte pour regagner son logement. Guéri du désir de rester à Rome, il se fit, le lendemain, accompagner par un noble italien, son ami, au château Saint-Ange où s'étaient retirés les derniers Français ayant appartenu aux troupes d'occupation.

Il débarquait à Marseille le 27 octobre 1799, atteint d'un crachement de sang qui mit sa vie en danger. Il dut à sa maladie d'obtenir un long congé, qui lui permit de rester à Paris pendant deux années entières. Ce temps fut employé à merveille pour ses études grecques. Cessant d'être un élève modèle, il devient un maître, au contact de savants éminents comme Dansse de Villoison, Boissonnade, Sainte-Croix et Clavier. Ce dernier était alors juge à la cour de justice criminelle de la Seine : une amitié durable l'unit dès lors à Paul-Louis qui partagea ses travaux, corrigea ses livres et finit, pour son malheur, par épouser sa fille.

En ces premières années du Consulat, notre helléniste menait donc la vie non d'un soldat, mais d'un philologue ou d'un homme de lettres.

Après un court séjour à Strasbourg, où on l'envoyait rejoindre son régiment, le 7e d'artillerie à pied, qu'il avait perdu de vue depuis six ans, Courier revint à Paris, en congé de semestre. A Strasbourg il avait pris contact avec de grands philologues, d'une culture toute germanique, Brunck, Kock, Oberlin et Schweighaeuser. C'est en rendant compte, dans le *Magasin encyclopédique*, de l'édition d'*Athénée*, de Schweighaeuser, que Courier fit ses débuts, qui lui valurent dès lors d'être classé parmi les hellénistes.

Au nombre des amis que ses travaux surent dès ce

moment lui acquérir, il faut ranger une spirituelle, et d'ailleurs ravissante, femme de lettres, Constance de Théis, qui venait de divorcer d'avec son premier mari, un savant chirurgien, pour s'unir à un prince lointain M. de Salm-Dyck, châtelain des bords de la Roër. Désireux de lui dédier quelque ouvrage, Paul-Louis s'inspire des auteurs grecs ; car le goût tout classique de la princesse allait exclusivement à la beauté antique et grecque. Homère est donc mis à contribution pour une histoire de *Ménélas*, allant à Troie chercher sa femme, la belle Hélène. Au cours de descriptions poétiques, se déroule un récit malicieux où Courier évoque avec grâce les situations les plus scabreuses et peint de jolies scènes érotiques dignes de l'Anthologie.

Par malheur, l'ouvrage resta inachevé, et ne put être offert à la belle qui en avait inspiré le sujet. Courier, peu imaginatif, avait laissé vite refroidir son inspiration. Il se dédommagea en dédiant à Mme de Salm une imitation très libre de l'*Eloge d'Hélène* par Isocrate. Imprimé à Paris, en mars 1803, ce petit opuscule est le premier ouvrage publié par le futur pamphlétaire.

Mais, dès cette année, il composait et laissait en portefeuille un vrai pamphlet contre Bonaparte et contre ses favoris, ce sont les *Conseils à un Colonel*, où il raille avec amertume les protégés du Premier Consul, les Berthier, les Duroc, tous ceux dont le 18 brumaire a fait des « Dieux mortels ». Le grand homme lui-même est bien malmené. N'a-t-il pas dit que les talents mènent à tout ? « Mais il devait ajouter, observe Courier, pourvu qu'on trouve à épouser la vieille maîtresse d'un homme en place et une occasion de tirer le canon dans les rues de la capitale. Car, sans cela, où ses talents le menaient-ils ? »

Bref, le futur adversaire de la Restauration apparaît, en 1803, comme anti-bonapartiste. Et pourtant, il aspirait à faire une campagne sous les yeux du Petit caporal : mais la fortune devait lui refuser cet honneur.

Coïncidence piquante, à l'heure même où il déblatérait dans ses *Conseils à un Colonel* contre les favoris du maître, il s'adressait à eux pour obtenir de l'avancement. Marmont et Duroc le firent nommer chef d'escadron au 1er régiment d'artillerie à cheval en garnison à Plaisance. Il allait donc goûter la joie de revoir cette Italie, où il avait passé de si bonnes heures en 1799, cette Italie qui hantait sa pensée et dont il rêvait de faire comme sa seconde patrie.

CHAPITRE IV

LE CHEF D'ESCADRON
LE SOLDAT ET L'ÉPISTOLIER

Plaisance, où Courier rejoignit son nouveau régiment, le 1er d'artillerie à cheval, était alors une sous-préfecture du département français du Taro. C'était une ville morte, dépourvue de musée et de bibliothèque.

Le colonel était d'Anthouard, qui joignait, à des qualités militaires de premier ordre, de la finesse, du savoir-faire et de l'esprit.

Il existait, pour des raisons de service, une profonde rivalité entre lui et son collègue Demanelle, le colonel du 2e d'artillerie à pied, qui tenait aussi garnison à Plaisance. Or Demanelle avait été, à Châlons, le condisciple de Paul-Louis et il l'accueillit à bras ouverts. Logé près de lui au palais Mandelli, partageant sa table, Courier devint son ami inséparable et subit son ascendant et son influence, ce qui déplut à d'Anthouard.

Un autre commensal du palais Mandelli était le major Griois, qui avait précédé Courier et Demanelle sur les bancs de l'école de Châlons. Il nous a laissé, dans ses *Mémoires*, de curieux renseignements sur les militaires de la garnison. Tout en rendant justice aux rares facultés de notre officier helléniste, il le peint inégal, bizarre, tantôt enjoué et spirituel, tantôt sombre et amer. A la table commune du palais Mandelli, il paraît que nul ne brillait plus que lui et que parfois sa conversation offrait « une suite de saillies spirituelles et piquantes ». Mais souvent des reparties pleines de sarcasmes et d'ironie « rendaient méconnaissable l'homme que l'on avait trouvé si aimable la veille ». L'originalité de son esprit se retrouvait dans ses goûts, ses habitudes, ses manières. « Sa mise, quelquefois trop recherchée, était ordinairement plus que négligée et allait jusqu'à la malpropreté, et sa chambre présentait le spectacle du plus sale désordre. Quelques bottes de paille répandues sur le plancher et une couverture étaient son lit ordinaire ».

Cette simplicité toute spartiate a offusqué Griois : elle ne nous surprend pas, quand nous nous rappelons la sévérité avec laquelle Paul-Louis fut élevé par un père avare, qui ne lui laissa jamais prendre le goût du luxe, et lui inspira la croyance qu'il devait travailler « pour vivre et se mettre à l'abri de la misère (1). » Revoyons un instant cet intérieur si modeste de la Véronique avec ses « chambres en roc » où vivait la famille du futur pamphlétaire. Au sortir de cette austère enfance, jeté au milieu des camps républicains, il a contracté des mœurs rudes de soldat et de plébéien. Toujours il a dédaigné le confortable qu'on recherche dans les meubles, les appartements, les équipages. Ses voluptés étaient surtout d'ordre intellectuel : le plaisir des livres, le charme de la rêverie, le spectacle de la nature, sans oublier les délices de la conversation avec des amis.

Courier, mauvais courtisan, ne tarda pas à déplaire au colonel d'Anthouard ; non seulement il fréquentait trop exclusivement Demanelle, mais il ne montrait aucun empressement à s'initier aux manœuvres de cavalerie.

L'adjudant-major Noël, chargé de lui en apprendre la théorie, ne put « lui en faire entrer dans la tête les premiers éléments ». Manquant de docilité et incapable de revenir de ses préjugés, il ne voulut jamais admettre que l'artillerie fût un corps de cavalerie. C'était faire preuve d'une singulière étroitesse de vue que de ne pas comprendre les services nou-

(1) Lettre de Courier à sa mère du 25 février 1794.

veaux qu'on pouvait attendre de l'artillerie montée. Les événements se sont chargés de lui donner tort : dans les guerres de Napoléon l'artillerie est allée se rapprochant de plus en plus de la cavalerie, et par suite son action est devenue plus décisive en étant plus rapide.

Si Paul-Louis ne put apprendre la théorie des manœuvres de cavalerie, ce n'est pas qu'il eût de l'aversion pour l'exercice du cheval. A l'exemple de Xénophon, qu'il se disposait à traduire du grec, il goûtait fort l'équitation. Les notes savantes dont il a enrichi les traités *de la Cavalerie et de l'Equitation* nous montrent en lui un écuyer consommé et fort attentif à ce qui concerne l'élevage, le dressage, les soins à donner aux chevaux. Griois lui rend d'ailleurs cette justice qu'il « maniait fort bien ses chevaux », quoiqu'il se servît, au lieu de selle et de bride, « d'une simple chabraque et d'un bridon (1). Il se comportait par là en véritable disciple des Grecs anciens qui montaient sans étriers : mais, aux yeux de ses camarades peu familiarisés avec Xénophon, c'est une nouvelle excentricité et une sorte d'incorrection. D'Anthouard en jugea bien ainsi ; mais ce qui l'irrita le plus, ce fut la prétention, affichée par l'helléniste, de se contenter, pour ses exercices d'équitation, des chevaux de l'escadron ou de ceux que d'autres officiers consentiraient à lui prêter. Courier, malgré l'ordre formel de son chef, refusa d'acheter même un seul cheval, et personne ne douta que ce ne fût l'effet d'une « économie qui allait jusqu'à l'avarice ». Pour le moment d'Anthouard ne put sévir, mais Courier vit son chef se refroidir à son égard et il était d'ailleurs trop intelligent pour ne pas sentir que l'autre le jugeait un mauvais officier.

Un matin du mois de mai, d'Anthouard assembla les officiers de son régiment et « sans préambule ni péroraison », il leur demanda, suivant les ordres qu'il avait reçus, de

(1) « Il montait sans étriers et courait ainsi dans les rues de Naples, sur les dalles qui forment le pavé. » Note des *Lettres inédites*.

faire connaître s'ils désiraient un empereur ou la république. Courier, qui raconte cette scène, en rend la physionomie exacte, selon le témoignage de Noël. Le colonel exposa la situation sans essayer aucune pression sur ses subordonnés. Sa « harangue » se ramenait donc à peu près à ceci : « Un empereur ou la république, lequel est le plus de votre goût? comme on dit rôti ou bouilli, potage ou soupe, que voulez-vous ? »

Les paroles de d'Anthouard furent suivies d'un silence général, chacun comprenant la gravité de ce qu'il allait dire ou faire, et beaucoup craignant surtout de se compromettre. Enfin, un lieutenant nommé Maire (1) eut le courage de se lever et de déclarer qu'il ne voulait pas d'Empereur. « A la bonne heure », dit d'Anthouard, après que Maire se fut expliqué. Cependant nouveau silence. « On recommence à s'observer les uns les autres comme des gens qui se voient pour la première fois. » C'est alors qu'avec une bonhomie qui n'excluait ni la malice ni la prudence, Paul-Louis en personne prend enfin la parole et tient à ses camarades ce petit discours : « Messieurs, il me semble, sauf correction, que ceci ne nous regarde pas. La nation veut un empereur, est-ce à nous d'en délibérer ? »

Il eut un plein succès, car il mettait tout le monde à l'aise par ce judicieux propos. Son raisonnement parut si *ad hoc* qu'il « entraîna l'assemblée », il fut cause que chaque officier, sauf Maire, signa sans fausse honte, donnant ainsi son adhésion à l'acte par quoi fut consacrée l'abolition de ce qui restait encore de la république.

L'ingénieuse boutade de Courier aurait pu lui créer de beaux titres à l'avancement, s'il eût été, par la suite, meil-

(1) Nous avons trouvé la signature du lieutenant Maire parmi celles des membres du Conseil d'administration du 1er à cheval, dans un document du 11 mars 1806. (Dépôt de la guerre. Sect. Hist.) Né en 1773, lieutenant en 1800, capitaine en 1806, Maire avait été détaché à l'Ecole d'équitation de Versailles, dont les élèves étaient hostiles au gouvernement consulaire. Cet officier donna d'ailleurs sa démission en 1810. Voir la belle *Introduction des Mémoires de Griois*, par M. Chuquet, page XXX.

leur courtisan. Mais loin d'encenser l'Empire, il ne cessa de railler, secrètement il est vrai, les nouvelles institutions, la nouvelle noblesse, les façons du jour et la personne même de ce soldat qui, selon le mot de Lamartine, « ne s'était retrempé dans la Révolution que pour y puiser la force de la détruire (1) ».

D'ailleurs, il jugea l'usurpation de Bonaparte avec moins d'indignation que de pitié et y vit surtout « un égarement de vanité » (2) : « Pauvre homme, s'écrie-t-il, ses idées sont au-dessous de sa fortune. Je m'en doutai quand je le vis donner sa petite sœur à Borghèse, et croire que Borghèse lui faisait trop d'honneur ».

Au sortir de cette réunion, célèbre grâce à notre auteur, le lieutenant Maire expliquait sa pensée : il croyait Bonaparte « fait pour quelque chose de mieux ». C'était aussi la pensée de plusieurs officiers (3) et de Courier lui-même qui ne peut s'empêcher d'opposer à la médiocrité de l'acte du Premier Consul la fière attitude de César : « Aussi c'était un autre homme. Il ne prit point de titres usés, mais il fit de son nom même un titre supérieur à celui de roi ».

L'auteur de cette remarque avait évidemment peu de goût pour la dictature nouvelle : mais l'idée ne lui vint pas un seul instant de quitter le service, parce que Bonaparte s'était fait empereur. Pourquoi rompre d'ailleurs ? Il avait bien fait ses plus dures campagnes sous la république, qu'il n'avait jamais aimée. Il restera donc dans l'armée, et son caractère quoique indépendant et frondeur s'accommodera fort bien de cette situation ; car il critiquera tout à son aise le régime

(1) Graziella.

(2) Mot d'Armand Carrel. *Essai.*

(3) Le colonel Noël observe, dans ses *Souvenirs militaires,* qu'il y avait des frondeurs dans le 1er d'artillerie à cheval comme dans toute l'arme. Certains officiers se demandaient avec inquiétude pourquoi Bonaparte prenait un titre nouveau ; et ils estimaient que c'était pour « briser tous les freins » et exercer un pouvoir despotique. Balzac, de son côté, parle des « opinions libérales et presque républicaines que professait l'artillerie » et des craintes inspirées à l'empereur par une réunion d'hommes savants accoutumés à réfléchir. *Histoire des Treize.*

qu'il sert, mais sans se compromettre, sans faire de tapage, et, grâce à la livrée militaire qu'il porte, il pourra promener sa flânerie intelligente à travers l'Italie en armes et les Calabres insurgées.

Courier se montre donc, en 1804, indifférent à la forme du gouvernement. Uniquement intéressé par ses études grecques, qu'il poursuit, il n'a pas d'idéal politique et il accepte le fait accompli. Il se laisse vivre (1) et est content de son sort : on peut dire que les deux années qui suivent la proclamation de l'Empire ont été les meilleures de son existence. L'irritation naît chez lui en 1806 lorsqu'il voit de près, dans le royaume de Naples, l'organisation de la nouvelle dynastie, les usages de cour rétablis, l'adulation monarchique qui commence autour du roi Joseph, et les généraux eux-mêmes entourés d'une clientèle « d'importants » et de flatteurs. Ce qui, plus que tout, l'exaspère, c'est la nouvelle noblesse (lui qui a été élevé dans l'horreur de la noblesse !), et l'orgueil et les façons brutales de ces barons de l'Empire, fils de vilains plus grossiers que leurs pères en sabots. Puis les déceptions, les froissements d'amour-propre s'ajoutant peu à peu, il enviendra à détester ce régime, cette féodalité militaire où il ne verra qu'une parodie odieuse. Mais ses amis seuls seront dans le secret d'une hostilité qui ne s'afficha jamais.

Nombreux étaient autour de Paul-Louis ceux de ses camarades qui, en 1804, n'avaient pas plus que lui d'opinions politiques bien arrêtées : car l'on en comptait peu, même dans l'artillerie, qui eussent, comme le lieutenant Maire, un parti pris contre la dictature. On laissa donc se faire le nouveau coup d'état, peu s'en faut, sans protester. Certains colonels pleins de zèle et d'ambition s'abstinrent même de réunir leurs officiers. Ils se bornèrent, comme Demanelle, à envoyer « les signatures avec l'enthousiasme, le dévoue-

(1) « Je m'abandonne à la fortune » écrit-il, le 24 mai 1805, à M. Lejeune.

ment à la personne, etc. (1) ». C'était le moyen le plus sûr d'éviter la note discordante de quelques isolés.

Au régiment, aux tables d'officiers, on parlait peu du grand événement du jour : mais les Italiens, moins dociles ou moins optimistes, ne se firent pas faute de le commenter les uns avec malice, les autres avec violence. Parmi ces derniers, se trouvait le comte Mandelli chez qui logeait Demanelle. Ce grand seigneur était, paraît-il, « un des plus singuliers originaux (2) » qu'on pût renconter en Italie.

Il est aisé de comprendre le mépris d'un noble de Plaisance pour un petit officier corse. Aussi, Courier en entendit de belles ce jour-là lorsqu'il rencontra le comte : « En voilà des sauts, en voilà des envolées ! Un enseigne, un chevrier de Corse qui saute empereur ! Ah grand Dieu, quelle affaire ! Si bien donc, Commandant, que, à ce que je vois, un Corse a châtré les Français ».

Les officiers prirent la chose plus gaiement et continuèrent à profiter des distractions, des aventures amoureuses, des rendez-vous galants que leur offrait libéralement le séjour de Plaisance. On peut croire que Courier ne fut pas trop en reste avec Griois et Demanelle qui usaient sans discrétion de ces plaisirs (3).

Non moins heureux dans sa carrière, il ne tarda pas à recevoir sa part des faveurs prodiguées à l'armée par le nouveau régime dans le but de la gagner ou de la séduire.

Jourdan, promu maréchal, vint à Plaisance et attacha sur la poitrine de Courier la croix de la Légion d'honneur. Il la reçut, sans enthousiasme il est vrai, mais non sans une satisfaction secrète (4). Fidèle à son attitude de scepti-

(1) Courier. Lettre de mai 1804.

(2) Griois, *op. cit.*

(3) Relire dans Griois le piquant chapitre relatif à Plaisance. On pourrait dire de ses *Mémoires* que c'est une histoire galante de l'occupation française en Italie.

(4) A un vieil ami de sa famille, auquel il vante ses avantages, Courier annonce qu'il a reçu le ruban rouge. Retiré du service, il ne manquera jamais, dans les actes notariés, de se faire qualifier membre de la Légion d'honneur.

cisme, il écrit à Dansse de Villoison : « Nous portons les sottises qu'on porte. Pour moi, j'ai été élevé dans un grand mépris de ces choses-là. Je ne saurais les respecter, c'est la faute de mon père. » Mais son indifférence pour « ces nouveaux brimborions » ne surpasse pas celle de ses camarades. Le général Gouvion Saint-Cyr nous apprend, en effet, qu'à l'armée de Naples, où servait Courier quand il écrivit ces lignes, les officiers ne se souciaient guère de leurs décorations. Ils évitaient de les porter, et, chose singulière, il fallut les prodiguer pour les faire rechercher. Notre chef d'escadron vit surtout, à côté du ruban rouge, un traitement qui allait s'ajouter à sa solde. Quelques semaines plus tard, sur l'ordre de son colonel, il partait pour Tarente où le régiment détachait deux compagnies, dont il devait prendre le commandement. Il dut alors acheter trois excellents chevaux, et voyageant à petites journées, il fit, escorté d'un seul domestique militaire, la plus belle promenade que puisse rêver un artiste ou un lettré.

Après s'être arrêté huit jours à Parme, où il travailla sur les manuscrits de Xénophon qu'il devait collationner pour traduire les traités de la *Cavalerie et de l'Equitation* de cet auteur grec, il continua son voyage par Reggio d'Emilie, Bologne, qui excita son admiration, et où il trouva à copier de curieuses inscriptions. Mais, la saison s'avançant, il put craindre d'être arrêté par les torrents au passage des Abruzzes ; il se hâta donc, et pénétra enfin dans le royaume de Naples, alors livré au fanatisme et au brigandage des bandes indisciplinées qui formaient le parti du Roi des Deux Siciles et de la Reine Caroline, sœur de Marie-Antoinette.

Ces indignes souverains ne se maintenaient d'ailleurs que grâce à l'appui de la flotte anglaise. En donnant le commandement du corps d'occupation au général Gouvion Saint-Cyr, Napoléon avait placé en face d'eux un surveillant habile et prudent, capable de négocier autant que de faire la guerre.

Ce général, fin lettré et savant officier, sut apprécier tout de suite la rare distinction d'esprit de Paul-Louis Courier. Il le nomma chef d'état major de l'artillerie de son armée, ce qui le rapprochait de lui, et il le traita, non en subordonné, mais en ami (1). C'était flatter la secrète vanité de notre érudit dont, il faut l'avouer, les occupations littéraires avaient été, jusqu'à ce jour, trop peu goûtées de ses chefs.

Ce fut l'époque la plus heureuse de sa vie militaire. Toutes les lettres qu'il écrit alors respirent la bonne humeur et la joie. S'adressant à son vieil ami Dalayrac, qu'il n'avait pas revu depuis son départ précipité de Toulouse, à la suite de la sotte équipée que l'on sait, il apprécie son sort présent en ces termes : « Je m'abandonne à la fortune, content qu'elle ne me mette jamais trop haut ni trop bas. Ma position actuelle n'est pas désagréable ; je suis bien payé, peu occupé. Je ne désire rien de mieux. »

Il ajoute avec une philosophie souriante et spirituelle : « La peste règne aux environs. Mais je suis si sec que je la défie de trouver prise sur moi. Les Italiens jaloux nous poignardent quelquefois, mais je suis trop laid pour leur faire ombrage. Les brigands nous dépouillent, mais je prends de justes mesures pour n'avoir jamais d'argent (2). »

En dehors des avantages matériels, dont il parle dans cette lettre, la principale cause de satisfaction vient pour Courier des agréments du pays qu'il habite et où il a tout à souhait, l'art, l'antique, la nature. Quel plaisir pour un lettré comme lui que de parcourir à pied ou à cheval, toujours en flânant, des contrées où à chaque pas s'éveillent en vous des souvenirs classiques ! Sa passion pour les inscriptions et les autres vestiges du passé était heureusement servie par ses fonctions de chef d'état major qui lui permet-

(1) Le général en chef est un homme de mérite, savant, le plus savant dans l'art de massacrer que peut-être il y ait, bon homme au demeurant, qui me traite en ami. » Lettre de Courier à M. Dansse de Villoison, 8 mars 1805.

(2) Cette lettre à Dalayrac, qui est du 24 mars 1805, ne figure pas dans l'édition Sautelet au recueil des *Lettres inédites*. Elle est donc fort peu connue ; c'est pourquoi nous n'avons pas craint de prolonger la citation.

taient de visiter des villes comme Brindes, Tarente, Gallipoli, Canosa, où l'on ne pouvait fouiller que l'on ne déterrât des tombeaux, des vases bien conservés. Tel était l'avantage du « harnais » qu'il portait au cours d'excursions que l'on doit regarder comme de véritables promenades archéologiques (1).

Quelques mois après son arrivée à Barletta, Courier fut invité, le 10 ventôse an XIII, à fournir un état de ses services. Il s'en acquitta tant bien que mal, comme le prouve la pièce que nous publions ci-après et que nous avons retrouvée dans son dossier aux archives administratives du ministère de la Guerre. On reconnaîtra, en y jetant un coup d'œil, les habitudes de négligence et de désordre de notre officier qui, n'ayant, ainsi qu'il le déclare, conservé aucun papier, ne peut marquer les dates précises de ses services. C'est ainsi qu'il ne peut dire où il a servi comme Capitaine en premier ; d'autre part, on ne trouve point trace, dans cet état, de son séjour à Toulouse et à Alby comme capitaine en second. Il faut noter d'ailleurs que la colonne réservée aux « actions d'éclat » est entièrement vide. Quelques années plus tard, Courier écrivait au ministre qui lui demandait un nouvel état : « Je n'ai ni blessures ni actions d'éclat à citer. Mes services ne sont rien et ne méritent aucune attention ». Le pensait-il sincèrement ? Quoiqu'il en soit, il n'a rien à inscrire dans le tableau que voici (*Voir page suivante*).

Cependant le corps d'occupation commandé par Gouvion Saint-Cyr fut dirigé sur la Haute-Italie, où il eut mission de bloquer Venise pendant que Napoléon, maître de l'Autriche, allait écraser les Austro-Russes à Austerlitz.

Jamais partie de plaisir ne fut plus gaie pour Courier que cette courte expédition. Son général d'artillerie, Salvat, qu'il accompagnait, était flanqué d'une charmante vénitienne auprès de laquelle Paul-Louis faisait office d'interprète.

(1) « Ici, j'étudie mieux que je n'ai jamais fait et du matin au soir ». A. Dansse de Villoisin.

Services successifs de M. Courier (Louis-Paul) chef d'escadron au 1er régiment d'artillerie a cheval né a Paris, Département de la Seine le 4 janvier 1773 (*sic*).

Grades	Corps	Dates des promotions	Durée des services dans chaque grade			Années	Armées	Campagnes Généraux en chef	Actions d'éclat
			Ans	Mois	Jours				
Elève sous-lieutenant.	Ecole de Châlons.	6 oct, 1792.		7	24	»	»	»	
Lieutenant en 2e.	7e rég[t] d'artillerie à pied	1er juin 1793.	2	»	2	1793 et an II.	Moselle.	Schaubourg, août 93. Vend. II. Hoche, brum.-ventôse II. René Moreaux. Moreau, prairial-messidor II.	
							du Rhin devant Mayence.	Kléber, fin de l'an II. Pichegru, commencement de l'an III.	
Capitaine en 2e.	7e rég[t] (id.).	11 messidor. an III.	6	10	»	VI	d'Angleterre sur les côtes de Bretagne.		
						VI	d'Italie contre Naples.	Championnet, pluviôse an VII. Macdonald, ventôse an VII.	
Capitaine en 1er.	7e rég[t] (id.).	11 floréal an X.	1	4	20		»	»	
Chef d'escadron.	1er rég[t] d'art. à cheval.	1er vendr[re] an XII.	1	5	10	XII	Naples.	Gouvion Saint-Cyr, germinal à thermidor an XIII.	
Observations.	Cet officier n'ayant conservé aucun papier, ne peut marquer les dates précises de ses services à l'armée.							Barletta, le 10 ventôse an I. XIII Courier.	

Il échangeait avec la belle mille propos fous et à bâtons rompus : il la poursuivit même jusque dans sa chambre, en lui disant « sans fleur de langage », le prix qu'il mettait à sa retraite, et il obtint qu'elle capitulât, ce qu'elle fit sans gêne en l'invitant à se hâter : « *dunque fa presto !* »

Après cette courte campagne, Courier fit partie de l'expédition de Calabre, avec une armée réorganisée et placée sous les ordres de Masséna, commandant en chef.

Paul-Louis était attaché au corps de Reynier, général qui lui parut « bon homme », et disposé à le traiter « non en protecteur, mais en ami ». Au cours de cette campagne célèbre, il allait par malheur changer d'opinion sur l'ami qu'il s'était donné et sur l'agrément de la vie militaire. La lettre suivante, pleine de bonne humeur, fait connaître ses sentiments à cette époque :

A M. Chlewaski.

A Toulouse.

Tarente, le 8 juin 1806.

« Monsieur, j'apprends que vous êtes encore à Toulouse, et je m'en félicite dans l'espoir de vous y revoir quelque jour ; car j'irai à Toulouse, si je retourne en France. Deux amis, dans le même pays, m'attireront par une force que rien ne pourra balancer. Mais en attendant, j'espère que vous voudrez bien m'écrire, et renouveler un commerce trop longtemps interrompu ; commerce dont tout le profit, à vous dire vrai, sera pour moi ; car vous vivez en sage et cultivez les arts ; sachant unir, selon le précepte, l'utile avec l'agréable, toutes vos pensées sont comme infuses de l'un et de l'autre. Mais moi, qui mène depuis longtemps la vie de don Quichotte, je n'ai pas même comme lui des intervalles lucides ; mes idées sont toujours plus ou moins obscurcies par la fumée de mes canons ; vous, observateur tranquille, vous saisissez et notez tout ; tandis que je suis emporté dans un tourbillon qui me laisse à peine discerner les objets. Vous me parlerez de vos travaux, de vos amusements littéraires, de vos efforts unis à ceux d'une société savante pour hâter les progrès des lumières, et ralentir la chute du goût. Moi, de quoi pourrai-je vous entretenir : de folies, tantôt barbares, tantôt ridicules, auxquelles je prends part sans savoir pourquoi ; tristes farces, qui ne sauraient vous faire qu'horreur et pitié, et dans lesquelles je figure comme acteur du dernier ordre.

« Toutefois, il n'est rien dont on ne puisse faire un bon usage ; ainsi, professant l'art de massacrer, comme l'appelle La Fontaine, j'en tire parti pour une meilleure fin, et d'un état en apparence ennemi de toute étude, je fais la source principale de mon instruction en plus d'un genre. C'est à la faveur de mon harnais que j'ai parcouru l'Italie, et notamment ces provinces-ci, où l'on ne pouvait voyager qu'avec une armée. Je dois à ces courses des observations, des connaissances, des idées que je n'eusse jamais acquises autrement ; et, ne fût-ce que pour la langue, aurais-je perdu mon temps, en apprenant un idiome composé des plus beaux sons que j'aie jamais entendu articuler ! Il me manque à présent d'avoir vu la Sicile ; mais j'espère y passer bientôt, et aller même au-delà, car ma curiosité, entée sur l'ambition des conquérants, devient insatiable comme elle. Ou plutôt c'est une sorte de libertinage qui, satisfait sur un objet, vole aussitôt vers un autre. J'étais épris de la Calabre ; et, quand tout le monde fuyait cette expédition, moi seul j'ai demandé à en être. Maintenant je lorgne la Sicile, je ne rêve que les prairies d'Enna et les marbres d'Agrigente ; car il faut vous dire que je suis antiquaire, non des plus habiles, mais pourtant de ceux qu'on attrape le moins. Je n'achète rien, j'imite le comte de Haga, che tutto vede, poco compra e meno paga. Cette épigramme ou cette rime fut faite par les Romains, le plus malin peuple du monde, contre le roi de Suède, qui passait chez eux sous le nom de comte de Haga. Je n'emporterai de l'Italie que des souvenirs et quelques inscriptions.

« C'est tout ce que l'on trouve ici. Tarente a disparu, il n'en reste que le nom, et l'on ne saurait même où elle fut, sans les marmites dont les débris, à quelque distance de la ville actuelle, indiquent la place de l'ancienne. Vous rappelez-vous à Rome Monte Testaccio (qui vaut bien Montmartre), formé en entier de ces morceaux de vases de terre, qu'on appelait en latin *testa*, ce que je puis vous certifier, ayant été dessus et dessous. Eh bien ! monsieur, on voit ici, non pas un Monte Testaccio, mais un rivage composé des mêmes éléments, un terrain fort étendu, sous lequel en fouillant on rencontre, au lieu de tuf, des fragments de poteries, dont la plage est toute rouge. La côte qui s'éboule en découvre des lits immenses ; j'y ai trouvé une jolie lampe ; rien n'empêche que ce ne soit celle de Pythagore. Mais dites-moi, de grâce, qu'était-ce donc que ces villes dont les pots cassés formaient des montagnes ? *Ex ungue leonem.* Je juge des anciens par leurs cruches, et ne vois chez nous rien d'approchant.

« Prenez garde cependant qu'on ne connaissait point alors nos tonneaux. Les cruches en tenaient lieu ; partout où vos traducteurs disent un tonneau, entendez une cruche. C'était une cruche qu'habitait Diogène, et le cuvier de La Fontaine est une cruche dans Apulée. Dans les villes comme Rome et Tarente, il s'en faisait chaque jour un dégât prodigieux ; et leurs débris, entassés avec les autres immondices, ont sans doute produit ces amas que nous voyons. Que vous semble, monsieur, de mon érudition ? Vous seriez-vous imaginé qu'il y eût tant de cruches autrefois. Et que le nombre en fût diminué ?

« Je vois tous les jours le Galèse, qui n'a rien de plus merveilleux que notre rivière des Gobelins, et mérite bien moins l'épithète de noir, que lui donne Virgile :

Qua niger humectat flaventia culta Galesus.

« Il fallait dire plutôt :

Qua piger humectans arentia culta Galesus.

« Au reste, les moissons sur ses bords ne sont plus blondes, mais blanches ; car c'est du coton qu'on y recueille. Le *dulce pellitis ovibus Galesi* est devenu tout aussi faux ; car on n'y voit pas un mouton. Je crois que le nom de ce fleuve a fait sa fortune chez les poètes, qui ne se piquent pas d'exactitude, et pour un nom harmonieux donneraient bien d'autres soufflets à la vérité. Il est probable que Blanduse, à quelques milles d'ici, doit aux mêmes titres sa célébrité, et, sans le témoignage de Tite-Live, je serais tenté de croire que le grand mérite de Tempé fut d'enrichir les vers de syllabes sonores. On a remarqué, il y a longtemps, que les poètes vantent partout Sophocle, rarement Euripide, dont le nom n'entrait guère dans les vers sans rompre la mesure. Telle est leur bonne foi entre eux ; pour flatter l'oreille et gagner ce juge superbe, comme ils l'appellent, rien ne leur coûte ; ainsi, quand Horace nous dit qu'il faut à tout héros, pour devenir immortel, un poète, il devrait ajouter et un nom poétique ; car, à moins de cela, on n'est inscrit qu'en prose au temple de Mémoire. Et c'est le seul tort qu'ait eu Childebrand.

« Lorsque vous m'écrirez, monsieur, dites-moi, s'il vous plaît, une chose : allez-vous prendre l'air, le soir, dans cette saison-ci, par exemple, sous ces peupliers au bord du canal ? Ah ! quelles promenades j'ai faites en cet endroit-là ! quelles rêveries quand j'y étais seul ! et avec vous quels entretiens ! d'autant plus heureux alors que je sentais mon bonheur. Les temps sont bien changés, pour moi du moins. Mais quoi ! nul bien ne peut durer toujours, c'est beaucoup d'avoir le souvenir de pareils instants, et l'espoir de les voir renaître. Un jour et peut-être plus tôt que nous ne le croyons, vous et moi nous nous retrouverons ensemble au pied de ces pauvres Phaétuses. Saluez-les un peu de ma part, et donnez-moi bientôt, je vous en prie, de leurs nouvelles et des vôtres. »

Lorsque commencèrent les corvées, les missions dangereuses, les lourdes responsabilités et les épreuves de toute sorte, il faisait du service auprès de Reynier, hors de son arme. « Pour être quelque chose, écrit-il, je suis officier d'état major, aide de camp, tout ce qu'on veut : toujours à l'avant-garde, crevant mes chevaux et me chargeant de toutes les commissions dont les autres ne se soucient pas. »

Pour lui trouver une occupation, on l'envoya à Tarente où il devait prendre les pièces de grosse artillerie nécessaires pour armer les côtes de la Calabre. Accompagné du capitaine Monval et de quelques canonniers, il alla s'embarquer à Crotone, sur une felouque chargée d'oranges. Cette traversée faillit lui coûter la vie : une furieuse tempête s'étant élevée, les oranges furent jetées à la mer ; le patron qui, avec un seul matelot, formait tout l'équipage, pleurait et se recommandait à la madone, tandis que les Français, tourmentés par le mal de mer, étaient comme indifférents au péril qui les menaçait.

Au retour, Courier qui ramenait un chargement de douze gros canons, fut encore plus malheureux. Il ne put tromper la surveillance des Anglais et se vit donner la chasse par un brick qui le gagna de vitesse. Se trouvant dans l'impossibilité de sauver son bâtiment, il ordonna au capitaine de le couler et se jeta dans une chaloupe avec l'équipage. « Mais, avant de gagner la terre, il eut le déplaisir de voir les Anglais s'emparer du navire abandonné. »

Echappés aux périls de la mer, nos malheureux Français tombent aux mains des bandits calabrais dont la contrée de Corigliano était infestée. Dépouillés et déshabillés, ils allaient être mis à mort quand le syndic du village parvint à les sauver. La prudence conseillait cet acte d'humanité au syndic ; car les représailles des Français étaient terribles contre les populations qui leur avaient égorgé des soldats, et ce n'était que justice.

Arrivés presque nus à Cosenza, Courier et ses hommes y trouvèrent une garnison française ; on leur donna des habits et des chevaux et une petite escorte de quatre soldats. Mais, en traversant le massif montagneux de la Sila, ils firent encore rencontre des brigands. Ils forcèrent le passage, mais ils perdirent trois des leurs.

Après tant d'épreuves, le chef d'escadron allait subir une déception plus cruelle encore. Quand il se présenta devant le général Reynier, qu'il croyait toujours son ami, il vit combien ses dispositions à son égard étaient changées. « Ah ! ah ! s'écria le général, c'est donc vous qui faites prendre nos canons ! » Etourdi par cette apostrophe, le malheureux Courier ne sut que répondre. Mais enfin retrouvant l'usage de la parole, il épancha sa bile et dit tout ce qu'il avait sur le cœur. Reynier se calma un peu et conclut en ordonnant à son subordonné de repartir sans délai pour Tarente, afin d'en ramener de nouvelles pièces de siège. La commission était belle ! Pourtant il n'y avait point à hésiter : après s'être reposé quelques heures, Courier repartait. Dans une lettre écrite à ce moment, il résumait ainsi sa dernière aventure : « J'arrive de Tarente et j'y retourne : bonheur ou malheur, je ne sais lequel. » Quel singulier pressentiment lui dictait cette phrase ? En réalité, ce départ si désagréable lui sauva la vie, car l'armée de Reynier, qu'il laissait à l'extrémité de la Calabre, allait y être presque anéantie le 4 juillet 1806, à la bataille de Maida ou de Santa-Eufemia. De l'artillerie, il ne resta presque rien, et Courier aurait eu bien peu de chances d'échapper au massacre, s'il eut pris part à cette affaire si malheureuse. Reynier, attaqué par les Anglais, perdit deux mille hommes avec ses bagages et son trésor. Coupé de ses communications, il dut fuir, dans la direction de Crotone, en longeant les côtes (1).

Courier ne connut qu'un mois plus tard les péripéties de cette terrible retraite succédant au désastre de Santa-Eufe-

(1) On peut lire le récit de cette bataille et de la déplorable retraite des Français, dans notre livre. *La Jeunesse de P. L. Courier*, pages 242, seq.

mia. Cependant il fut si impressioné par le récit que lui en firent ses camarades qu'il entreprit de les décrire à la façon de Xénophon. Toujours en quête d'un sujet qui lui permît d'exercer sa plume, il crut l'avoir trouvé : sujet limité, c'était pour lui la grande affaire, car il se proposait de déployer beaucoup d'art sur une courte matière.

A vrai dire, le récit du désastre des Français, qu'il composa alors, et qu'il envoya à son ami Sainte-Croix n'était pas un début. Depuis sa première arrivée en Italie, il recherchait le plaisir d'écrire à ses amis des lettres très soignées, pour conserver le souvenir des événements auxquels il avait assisté (1), et pour donner carrière à son talent naissant. Déjà, en 1799, il avait adressé à Chlewaski une sorte de journal sur l'occupation de Rome par les Français. De Reggio, en 1806, une aimable Parisienne reçut le plus joli cahier qu'il fût possible de rédiger sur la Calabre occupée, avec une esquisse des scènes guerrières qui s'y passaient. Ces essais nous montrent Courier en possession d'un cadre plus large que la lettre proprement dite, et où il pourra glisser des tableaux plus fouillés et plus approfondis.

L'originalité de ce morceau sur la bataille de Santa-Eufemia consiste principalement dans l'éloge des Anglais qui venaient de nous infliger une cruelle défaite. Cette apologie de nos pires ennemis, à l'époque du blocus continental, est bien de nature à surprendre. On peut y voir une preuve de l'esprit paradoxal de l'auteur : nous aimons mieux en prendre prétexte pour louer son impartialité.

Toutefois, dans l'éloge des Anglais, on voit transparaître de sévères critiques adressées à l'armée française : leur générosité pour les vaincus et les blessés fait ressortir notre cruelle indifférence à l'égard de tous ceux qui restent étendus, morts ou mourants, sur les champs de bataille. En outre, nos généraux sont comparés par Courier à ces lieutenants

(1) Sainte-Beuve a observé le premier que ces lettres sont les vrais *Mémoires* de Courier.

de César ou d'Antoine, dont parle Virgile, qui pillèrent Rome et l'Italie pour s'enrichir et vieillir dans la mollesse et les voluptés. Mais ce n'est pas au hasard que l'auteur de ce récit lance des invectives contre des généraux français accusés de pillage. Les archives historiques du ministère de la guerre contiennent des rapports très formels sur les prévarications reprochées à Masséna (1). Joseph, le frère de Napoléon, installé sur le trône de Naples, recevait sans cesse des plaintes, soit des officiers, soit des habitants, sur la cupidité de ce maréchal et sur celle du général Verdier, son lieutenant. Courier se fait donc l'interprète de l'opinion publique, et en incriminant ses chefs, il ne se laisse pas aller bassement à la médisance et au dénigrement. Il est historien sincère, mais peut-être trop sincère.

En somme, dans l'espèce d'essai historique que lui a inspiré le désastre des Français en Calabre, il a su voir juste et il apprécie sans bienveillance, mais avec équité, « les bipèdes sans plumes » dont dépendent les événements. Le style dénote déjà un habile écrivain ; il offre à la fois de la fermeté et du pittoresque.

Or, nous insistons sur les mérites de ce morceau, car, par une chance bien rare, il nous est arrivé tel que Courier l'avait adressé, le 2 octobre 1806, à Sainte-Croix, c'est-à-dire sans que l'auteur ait pu lui faire subir la moindre retouche, puisque, enfoui dans les papiers de Sainte-Croix, il n'a été exhumé que depuis une trentaine d'années (2).

D'autres lettres, au contraire, ont été retouchées par l'auteur peu de mois avant sa mort : devenu célèbre sous la Restauration, il a voulu rendre ces œuvres de jeunesse plus dignes de sa gloire nouvelle, ou plus conformes à l'attitude

(1) « Les habitants de Naples disent publiquement que le maréchal ne s'occupe maintenant qu'à ramasser des trésors. » Rapport du chef d'escadron Desnoyers au maréchal Berthier.

(2) M. Omont l'a publié dans la *Revue d'histoire littéraire*, et nous-même dans la *Revue Bleue* du 17 mars 1906, et plus tard dans *la Jeunesse de P.-L. Courier*.

de pamphlétaire et de « vigneron » qu'il avait adoptée.

Mais, soignées ou non, toutes les lettres écrites d'Italie étaient chères à Courier ; car elles étaient destinées à lui rappeler plus tard des souvenirs charmants de vie aventureuse et à évoquer dans son esprit des sites pittoresques et des scènes dramatiques. Après avoir rejoint les débris de son corps d'armée en déroute, il connut encore bien des épreuves. Il faillit être enlevé par des brigands, à Ajello ; son canonnier l'ordonnance fut tué. Lui-même perdit, avec son portemanteau, ce qu'il appelait son bréviaire, c'est-à-dire une *Iliade* de petit format, qui était un souvenir de l'abbé Barthélemy. Au milieu de ces vicissitudes, il mène une vie gaie et insouciante ; car il aime les aventures, à la façon des hommes de lettres. Il trouve d'ailleurs, presque partout, bon souper, bon gîte et le reste.

Mais il ne peut s'empêcher de flétrir le genre de guerre qu'on lui fait faire aux insurgés ; cette chasse aux brigands finit par le rebuter. Pendant qu'il s'expose à périr obscurément au fond de quelque ravin de la Calabre, d'autres officiers voient la grande guerre et s'illustrent sous les yeux du plus grand capitaine des temps modernes. Il demande donc à passer en Allemagne, où Napoléon allait écraser la monarchie prussienne par une foudroyante campagne. Mais hélas ! l'armée où servait Courier avait été battue et les officiers ne pouvaient espérer ni faveurs ni avancement : il fut donc éconduit.

Tout ce qu'il obtint, ce fut de passer à Naples où il eut la consolation de fréquenter des érudits et des bibliothèques. Alors il put mettre la dernière main à sa traduction des deux traités de Xénophon sur *la Cavalerie et l'Equitation.* Cet ouvrage, dédié à Sainte-Croix, est un de ses titres les plus sérieux à l'estime des savants.

En collationnant sept manuscrits différents étudiés à Paris, à Rome et à Florence, il avait établi un texte correct, supérieur à ceux qu'on lisait alors. Une traduction, à la fois élégante et fort précise, accompagne le grec et a pour objet d'aplanir toutes les difficultés, car il se trouve dans ces traités techniques de Xénophon beaucoup de choses qu'un soldat et un cavalier, comme Paul-Louis, pouvait expliquer à des savants.

Dans sa version, il vise à rendre une certaine naïveté propre à l'auteur grec, et, pour y parvenir, il appelle à son secours tout ce qu'il peut rencontrer d'analogue dans nos auteurs français.

Son commentaire n'est pas seulement historique et technique, mais aussi littéraire : il rapproche certaines tournures de son auteur de phrases recueillies dans Pascal et dans La Fontaine, deux écrivains qu'il avait pratiqués jusqu'au fond des Calabres. Sous l'érudit et sous l'helléniste perce toujours le lettré ; ce qui le séduit, ce qu'il recherche, c'est le beau sous la forme classique et antique.

La traduction des traités de Xénophon sur la cavalerie a une très haute valeur qui a été signalée par l'helléniste Letronne, dans le *Journal des savants*, cahier de juillet 1818.

Notre savant officier ne devait pas s'en tenir à ce beau travail : en 1809, il ébauche en quelques semaines une traduction libre et abrégée de la vie de Périclès par Plutarque. Puis il traduit *Daphnis et Chloé* du sophiste Longus en un français vieilli, imité de Jacques Amyot. Cette œuvre, très originale dans la forme, lui confère, on le sait, une grande réputation. Enfin, revenu en France, Courier donnera une excellente version de l'*Ane* de Lucius de Patras accompagnée de notes critiques. Letronne décernera à ce travail des éloges mérités et par l'ingéniosité du traducteur, et par la connaissance du grec, dont fait preuve le savant.

Devenu tout à fait célèbre par ses pamphlets politiques, Paul-Louis entreprendra encore de traduire Hérodote ; et, à cette occasion, il publiera une remarquable préface où il expose ses idées sur la façon de rendre en notre langue ce vieil auteur grec.

Cette fois il ne recueille pas l'approbation de tous les hellénistes ; approuvé par Victor Cousin, il voit son système critiqué par Letronne. C'est que Courier trouve ridicule cette idée qu'il faut faire parler Hérodote en « français, comme il parlerait s'il était de l'Académie des Inscriptions et Belles-Lettres ». Son système est tout différent et peut se définir ainsi : s'en tenir rigoureusement au sens de l'original dûment interprété, et, une fois ce sens bien entendu, le rendre le plus fidèlement possible. Rien de plus juste semble-t-il ; c'est la méthode même qui est approuvée de nos jours pour toutes les traductions. Mais, au temps de Courier, c'était une innovation, et Letronne ne fut pas capable de l'apprécier à sa juste valeur. Toutefois il fait valoir contre notre helléniste des raisons et arguments qui méritent d'être reproduits. Voici comment il s'exprime dans le *Journal des savants* de mars 1823 :

« La préface de Courier (Prospectus d'une nouvelle traduction d'Hérodote), pleine d'originalité et d'esprit, est écrite de ce style que l'auteur affectionne, où l'emploi des anciennes tournures et des vieilles expressions répand beaucoup de charme. Elle aurait vraisemblablement séduit les lecteurs et leur aurait fait concevoir le plus vif désir de se procurer la traduction entière de l'historien, si M. Courier n'en avait, selon nous, un peu affaibli l'effet, en y joignant un fragment de cette traduction.

« Ceux qui compareront ce fragment au texte seront frappés de la fidélité de la traduction, mais y retrouveront-ils le style d'Hérodote que M. Courier a cru pouvoir représenter ?... Sans doute la langue de cet historien n'est pas précisément celle que les Grecs ont écrite à l'époque d'Alexandre, et il est vraisemblable que le style d'Hérodote, au temps de Polybe ou de Lucien, devait produire sur les lecteurs un effet analogue à celui que produit sur nous le style de La Fontaine, ou même d'auteurs plus anciens. Ainsi l'idée de donner à une traduction d'Hérodote ce caractère de naïveté et d'archaïsme que cet historien devait avoir aux yeux des Grecs est en elle-même ingénieuse et spirituelle. Est-elle exécutable? Nous hésitons à le croire, même après l'essai de M. Courier, ou surtout après cet essai ; car personne n'était plus capable d'y réussir, si le succès était possible. Qui possède mieux que lui le sentiment profond de la langue grecque et la connaissance parfaite de toutes les ressources de notre vieux langage? Et cependant sa traduction est d'un style vieux sans être toujours naïf ».

Cette page solide et raisonnable de Letronne condamne la méthode de Courier traducteur.

Comme science du grec, personne ne songe à le critiquer, et sa prétention est certes bien fondée de vouloir se mettre du petit nombre de ceux qui savent du grec, c'est-à-dire cinq ou six en Europe. Ses lectures grecques sont très étendues, l'étude des manuscrits, ou critique verbale, est, chez lui, remarquable pour son époque. Il serait donc injuste de ne voir en lui qu'un *dilettante* de l'érudition.

Mais, aux yeux d'un helléniste moderne, sa connaissance du grec n'est pas suffisamment éclairée par celle de l'histoire. Il aime tout en bloc et paraît mettre un peu sur le même plan tous les écrivains de l'Hellade, depuis Hérodote jusqu'à Longus.

Ce jugement pourrait paraître à Courier bien cruel, s'il nous lisait ; nous le maintiendrons cependant, en donnant pour preuve qu'il a précisément traduit dans le même style, vieilli à la gauloise, et Longus sophiste de très basse époque, et Hérodote historien du Ve siècle avant J.-C.

Si sa théorie est bonne pour le second, elle ne vaut rien pour le premier de ces auteurs.

Le style d'Hérodote, dit très bien Courier, a la naïveté enfantine des vieux conteurs. Par là, on saisit ses rapports avec nos chroniqueurs du Moyen-Age ou nos conteurs du 16e siècle. « Il n'y a peut-être pas une phrase d'Hérodote, sans excepter la plus gracieuse et la plus belle, qui ne se trouve en quelque endroit de nos vieux romanciers ou de nos premiers historiens ».

Voilà ce qui autorise Courier à le rendre avec des tournures de Froissart, à employer « une diction naïve, franche, populaire » comme celle de la Fontaine. Mais ce qui est fort sage appliqué à Hérodote, n'a plus de justification, et n'est pas fondé en raison lorsqu'il s'agit des amours pastorales de *Daphnis et Chloé*. Ici, en effet, plus de vraie naïveté. Quelque charme que ce roman grec emprunte au cadre féérique de l'île de Lesbos et au sujet, il n'est, au fond, qu'une œuvre artificielle et factice. Loin de s'attacher toujours à la peinture vraie des mœurs champêtres, Longus cède au désir d'éveiller chez le lecteur des curiosités suspectes et des pensées libertines. Ce n'est donc pas en un style naïf et archaïque que l'on devait copier ce tableau érotique et un peu mièvre. Ainsi Courier s'est donné à lui-même un démenti. Nous comprenons sa haine des traductions en style solennel et ampoulé .« Cette rage d'ennoblir, dont il parle, ce jargon, ce ton de cour » qu'on trouve chez Dacier ou l'abbé d'Olivet, nous écœurent autant que lui. Mais sa *Chloé*, tout exquise qu'elle sorte de ses mains, ne constitue-t-elle pas, au point de vue historique, un véritable anachronisme ?

On dira, à l'avantage de Courier, que ce n'est plus une traduction, mais une œuvre d'art où il s'inspire de l'antiquité, quelque chose comme une peinture dans le style du Poussin.

Toutes ces réserves faites, il est juste de reconnaître que notre traducteur approche autant que possible de la perfection que comporte ce genre de travail. Sachons-lui gré surtout de l'horreur qu'il a professée pour ces traductions en style noble, usitées avant lui, qu'on a appelées les belles infidèles.

Après avoir mis la dernière main à sa traduction des deux livres de Xénophon, Courier, pour se délasser de ces austères études, écrivit à sa cousine, la rieuse et bonne Mme Pigalle, l'épître la plus spirituelle et la plus piquante qui brille dans le recueil de ses *cent lettres*. C'est le conte célèbre qui commence en ces termes : « Un jour, je voyageais en Calabre ; c'est un pays de méchantes gens... » Tout le monde a lu cette anecdote dont le cadre, trop réel, a été observé de près par Courier ; quant au fond de l'histoire, s'il n'a été inventé à plaisir, il peut avoir été suggéré à Paul-Louis par quelque aventure qui lui sera arrivée dans ses courses à travers le pays insurgé.

Il ne pouvait certes emporter de son séjour en Calabre un plus charmant souvenir que des récits de ce genre : il devait les retoucher plus tard et les amener au point de perfection où nous les trouvons.

Tandis que Courier développe ainsi ses talents littéraires, il prend de plus en plus en haine son métier de soldat. Non seulement il se refuse à voir les côtés grandioses de la guerre et de la vie militaire, mais il commence à devenir un officier aigri et récalcitrant. Pendant son séjour à Naples, il fut chargé d'une mission dans la Pouille : il s'agissait d'une réquisition de mulets pour l'artillerie. Triste occupation pour un lettré comme lui ! d'ailleurs il s'en acquitta avec si peu de zèle qu'à son retour à Naples le général Dedon lui adressa de dures réprimandes, puis, comme il se défendait avec insolence, lui infligea les arrêts de rigueur. Ici, éclate l'esprit capricieux du pamphlétaire, véritable enfant gâté, qui trop peu discipliné sous le Directoire, pendant ses premières campagnes, n'allait pas tarder à devenir une sorte de révolté incapable de plier aux lois du service militaire. De sa prison, il écrivit au général une lettre violente qui se termine par cette menace « Je saurai rendre la lâcheté de votre conduite aussi publique dans cette affaire qu'elle l'a déjà été ailleurs (1). » Vingt copies de cette diatribe furent distribuées dans l'armée.

(1) Dans l'armée, on accusait le général Dedon d'avoir manqué de courage pendant le siège de Gaëte.

Libéré des arrêts, au bout de quelques jours, Courier reçut l'ordre de se rendre à Vérone. Mais il s'attarda pendant quatre mois encore à flâner soit à Naples soit à Résina, au pied du Vésuve. Il ne pouvait, on le voit, s'arracher à la séduction de ce pays enchanteur, qu'il a si bien décrit, mais qu'il ne devait plus revoir. Enfin, au début de décembre, il fallut partir ; encore s'arrêta-t-il quinze jours à Rome, où il trouvait, groupé autour d'une femme de lettres Mme Dionigi, un petit cercle d'amis dont il sera question dans la suite de son histoire : M. d'Agincourt le continuateur de Winckelmann, et Monsignor Marini, garde des Archives de la chambre apostolique. Mme Dionigi avait une fille charmante, Mlle Henriette, poétesse et membre de l'académie des Arcades, qui a peut-être inspiré à Mme de Staël son personnage de Corinne. Courier éprouvait pour la mère et la fille une vraie passion, mais surtout d'ordre littéraire : leurs lettres le ravissaient et, éloigné d'elles, il ne cessait de rêver au plaisir de les revoir. « C'est, dit-il, mon plus beau château en Espagne et le plus cher de mes rêves ». Appelé d'urgence à Vérone, il dut pourtant se séparer de ces dames et de leurs amis.

CHAPITRE V

L'AVENTURE DE VIENNE ET L'AFFAIRE DE LA TACHE D'ENCRE

Poursuivant son voyage, Courier arriva le 15 décembre à Florence. Lui qui connaissait si bien le sud de l'Italie, il voyait pour la première fois la capitale de la Toscane. Le froid était vif : habitué, depuis trois hivers, au climat de Naples et des Calabres, il fut si péniblement impressionné par la rigueur de la température que, renonçant à visiter la ville, il courut s'enfermer à la bibliothèque de San-Lorenzo, installée dans le cloître voisin de l'église du même nom.

Il avait une lettre de recommandation de l'abbé Marini pour le conservateur de la Laurentienne. Ce conservateur n'était autre que Francesco del Furia, avec lequel Courier allait se trouver aux prises dans la retentissante affaire de la tache d'encre faite par lui sur un manuscrit de Longus. Que la guerre ait éclaté entre ces deux lettrés, il n'y a rien de surprenant, car il serait difficile d'imaginer deux hommes plus différents, au physique comme au moral, que ceux qui se trouvent ainsi mis en présence l'un de l'autre dans ce cloître bâti par Michel-Ange. Paul-Louis Courier, alors âgé de trente-six ans, était grand, maigre et élancé. Il avait le front haut ; des yeux vifs et pétillants de malice éclairaient son visage que défiguraient et des rides profondes et la grandeur excessive de la bouche et les marques de la petite vérole qu'il avait eue dans son enfance.

Petit, trapu et court d'encolure, del Furia avait un gros visage joufflu, une tête énorme qui s'attachait directement sur ses larges épaules ; ses gros yeux proéminents étaient d'une myopie telle qu'elle semblait s'accompagner de strabisme (1).

Au point de vue intellectuel et moral, l'opposition est aussi nette : l'un, rêveur, indépendant, impatient de toute contrainte, quitte l'armée pour suivre ses goûts, pour aller où il lui plaît, sans avoir à se mettre en règle avec l'autorité militaire.

L'autre, régulier, ponctuel, s'acquitte avec exactitude, pendant plus de cinquante ans, de ses nombreux devoirs de professeur, d'académicien *della Crusca* et de bibliothécaire. Appliqué et docile, il fut, dans la force du terme, un bon fonctionnaire. D'ailleurs, il ne fit de sa vie montre d'aucune initiative ni d'aucune indépendance de caractère. Il ne fut même pas l'artisan de son heureuse fortune, car depuis l'enfance il se laissa guider par son protecteur l'abbé Bandini, qui le poussa du séminaire au fauteuil de conservateur.

Un pareil homme devait être toujours de l'avis du parti régnant ; et, en effet, nous voyons que del Furia servit avec un égal empressement tous les maîtres qui gouvernèrent sa patrie. Après l'abolition du royaume d'Etrurie et la chute du prince de Parme, auquel il devait ses emplois, il accueillit sans hésiter le régime nouveau que l'Empereur et Roi imposait à la Toscane convertie en départements français, et adressa sa demande au Préfet de Florence pour être admis dans l'Université impériale (2). Depuis 1814, il servit Ferdinand III avec autant de zèle que ses prédécesseurs.

Courier tout au contraire. Spectateur indifférent des grandes scènes de la Révolution, d'un « sans-culottisme » plus que tiède pendant la Terreur, républicain et anti-mili-

(1) Ce portrait peu flatteur est emprunté au biographe de del Furia F. L. Polidori.

(2) Firenze, Archivio di Stato. Prefetura del Arno 452. Un décret de la Junte de Toscane du 9 décembre 1808, inséré au *Bulletin des Lois*, invitait les Professeurs qui désiraient être admis dans l'Université à faire leur déclaration avant le 1er janvier 1809.

tariste sous l'Empire, libéral et démocrate sous la Restauration, il devait être par tempérament l'adversaire du pouvoir.

S'il est vrai que l'antipathie naisse de la différence absolue des caractères, Courier et del Furia ne devaient pas tarder à devenir ennemis jurés ; or jamais ne se manifesta entre deux types une opposition plus marquée que celle de ces deux hommes qui après avoir, pendant quelques mois, entretenu des relations courtoises et même cordiales, allaient donner au public lettré de France et d'Italie le spectacle de leur querelle épique.

A Florence, Courier retrouva un savant d'origine suédoise nommé Akerblad, qui vivait en Italie en dilettante épris de l'antiquité et de ses chefs-d'œuvre (1) Dès lors, ces deux hommes qui, à la différence de Furia, ne faisaient pas du grec par métier, mais en amateurs d'élite, se comprirent et restèrent unis par une sympathie qui provenait de leur goût commun pour l'érudition.

Akerblad ne pouvait mieux faire à Courier les honneurs de Florence qu'en le conduisant à la *Badia*, bibliothèque de moines jusqu'alors presque inaccessible. En une heure, notre officier put y voir « de quoi ravir en extase tous les hellénistes du monde ». Il admira, entre autres raretés, un Plutarque où se trouvait une vie d'Epaminondas qui manque dans les imprimés. Mais surtout, pendant qu'Akerblad consultait le catalogue, il avisait un manuscrit de petit format in-octavo, à peu près carré, dont l'écriture très fine, décolorée par le temps, semblait illisible (2). En l'examinant de plus près, il y découvrit, parmi beaucoup d'autres matières, les quatre livres de *Daphnis et Chloé* du sophiste Longus, et crut même s'apercevoir que la lacune qu'on remarque au premier livre de toutes les éditions, n'existait pas dans ce manuscrit.

(1) Ces deux hellénistes s'étaient connus à Paris, au temps du Consulat.
(2) « Il faut être sorcier pour le lire. » Lettre à M. Clavier, 16 octobre 1809.

Pour faire la preuve de sa découverte, Courier aurait eu besoin de livres et de loisir ; pressé de quitter Florence, il y renonça et même n'y pensa plus. Dès ce moment, à n'en pas douter, del Furia lui apprit qu'il travaillait depuis longtemps sur ce même manuscrit de la *Badia* (1), lequel contient les Fables d'Ésope dont il préparait une édition. Mais, par un trait de prudence, qui le caractérise, l'officier amateur de grec se garda bien de révéler à del Furia la trouvaille qu'il venait de faire et dont il n'avait pas pour l'instant les moyens de s'approprier tout le mérite. Il ne souffla mot de Longus, ne se souciant guère de faciliter à autrui une découverte qu'il se proposait de garder pour lui et d'exploiter plus tard.

Ces quelques semaines passées à Florence avec ses nouveaux amis avaient augmenté le retard de l'officier et aggravé sa faute. Aussi trouva-t-il, en arrivant à Vérone, vers la fin de janvier 1808, un ordre du ministre de la guerre qui prescrivait de le mettre aux arrêts et de retenir une partie de ses appointements. Cette mesure de rigueur était assez justifiée par une fugue qui avait duré près de six mois ! Il subit sa peine d'une façon fort douce, logé dans une chambre de lieutenant avec la liberté de faire, à son gré, des promenades aux environs de la ville.

Au bout d'un mois, il fut envoyé à Livourne, avec le titre de sous-directeur d'artillerie. De cette ville mercantile et indocte, il jetait des regards d'envie sur Florence, la cité des arts et des lettres, où tant de précieux manuscrits excitaient sa curiosité. Il entretenait d'ailleurs, par lettres, des relations fort cordiales avec del Furia et Akerblad : parfois il s'échappait pour aller retrouver ses amis florentins et visiter avec eux des manuscrits rares. C'était l'époque où le gouvernement français saisissait de force ceux que possédaient les moines et les faisait transporter à la bibliothèque lauren-

(1) La Bibliothèque des moines de la Badia était inaccessible au public, mais, à la faveur de protections, del Furia et son sous-bibliothécaire l'abbé Bencini avaient pu s'y glisser.

tienne. Courier apprit ainsi que le précieux manuscrit de Longus, sur lequel il fondait tant d'espérances, était entré dans ce célèbre dépôt, où il pourrait désormais le compulser à son aise.

Mais le dégoût de sa profession augmentant chaque jour, il se décide, un beau matin, à « régaler de sa démission » le ministre de la guerre. Dès lors, il était libre « à peu près comme un cheval qui a rompu son lien ». Rien ne l'empêchait plus de courir en France, où « le diable s'était mis dans ses affaires » ; mais par un trait de caractère qui le peint au vif du moment qu'il peut partir, il n'est plus si pressé de se mettre en route, et il décide d'attendre « que la neige soit un peu fondue sur les Alpes ». Sans songer non plus à courir à Florence, pour y copier le fragment inédit de Longus dont il a découvert l'existence, il flâne à Milan auprès de son ami Lamberti, fin lettré, humaniste distingué et éditeur d'Homère.

Enfin, au mois d'avril 1809, Courier était à Paris, au moment où Napoléon partait pour diriger la campagne qui se termina à Wagram. A la nouvelle d'Eckmühl et des premiers succès, notre officier de Calabre, rebuté si longtemps par la médiocrité de la carrière qui s'offrait à lui, imagina de reprendre du service, pour aller se distinguer sous les yeux de l'Empereur. Il obtint l'autorisation de se rendre aussitôt au quartier général de l'armée d'Allemagne, en attendant la décision du maître. Le 15 juin, il arrivait à Vienne, au lendemain de la grande tuerie inutile d'Essling, quand Napoléon, pour réparer cet échec, faisait appel à toutes les ressources de l'art de la guerre et de son propre génie.

Bien reçu par le général Lariboisière, commandant en chef l'artillerie, Courier fut réintégré au 4e corps, et passa dans l'île Lobau, où tout se préparait pour la bataille. Mais, déjà revenu de son enthousiasme, il hésita à faire l'acquisition d'un cheval, qui lui était nécessaire pour suivre l'état major, auquel il était attaché ; si bien que le 5 juillet, lorsque l'armée passa sur la rive gauche du Danube, il resta en arrière sans aucun espoir de gagner son poste de combat. Atteint de paludisme, il alla se coucher dans une cabane située près des bords du fleuve ; confondu parmi les blessés, il fut évacué sur Vienne.

Le malheur ou bien la faute était irréparable. Courier venait de perdre sa dernière chance d'arriver jamais à un grade important. Ayant manqué une aussi belle affaire que la bataille de Wagram, il décida aussitôt de regarder comme nulle et non avenue sa réintégration dans les cadres de l'armée, et il prit le parti, sans doute assez téméraire, de quitter non seulement le 4e corps, mais Vienne et la Grande Armée. Il alla se cacher en Suisse pour se faire oublier, ayant sans doute quelque embarras de sa faute, mais ne s'avouant pas la gravité de ses torts.

Il comprenait certainement qu'on ne manquerait pas de lui reprocher d'avoir ainsi abandonné son poste devant l'ennemi et que cette fugue pourrait, sous le règne de Napoléon, lui coûter plus cher que sa désertion de Mayence en 1795. Mais, peu accessible aux remords, il se mettait à l'aise avec ses amis de France et d'Italie en expliquant à sa manière son retour précipité d'Allemagne : « Je n'allais à l'armée, écrit-il à Akerblad, que pour voir ce que c'était. Je me suis passé cette fantaisie et je puis dire, comme Athalie : « J'ai voulu voir, j'ai vu ». Un peu plus tard, il dira encore : « Je ne me repens point d'avoir été à Vienne, quoique ce fût une folie ; mais cette folie m'a bien tourné. J'ai vu de près l'oripeau et les *mamamouchis* (1) ; cela en valait la peine, et je ne les ai vus que le temps qu'il fallait pour m'en divertir ». Ainsi, loin de regretter sa conduite si inconséquente et si coupable, il est fier « d'avoir vu », quoiqu'il n'ait guère assisté qu'au passage du Danube par les troupes qui allaient, le lendemain, gagner la victoire de Wagram.

(1) L'oripeau, c'est Napoléon : les mamamouchis, ce sont les maréchaux et les grands dignitaires.

Comme le séjour en France pouvait être assez dangereux pour un militaire qui avait quitté son armée dans de telles conditions, Courier après avoir cherché dans un chalet pittoresque, au bord du lac de Lucerne, un asile et un abri contre la rage de la canicule, se décida à regagner l'Italie. Il se flattait d'ailleurs, tout comme fera Stendhal, d'être devenu Italien, et c'est à Rome et à Florence qu'il comptait ses amis les plus chers, les Akerblad, les d'Agincourt et la bonne Mme Dionigi. Il forma le rêve d'aller les retrouver. C'est pourquoi, l'automne arrivé, quand déjà « les hirondelles s'assemblaient pour partir » il se mit en route, à pied, accompagné d'un guide, qui portait son léger bagage. Il franchit la chaîne du Saint-Gothard, en suivant des sentiers de chèvres, fut deux jours dans les neiges, et mourant de froid, ne dégela qu'à Bellinzona. Puis par Lugano, il parvint à Milan.

Il retrouvait enfin l'Italie, ses amis, ses bibliothèques préférées et ses études de prédilection. Dès lors, toutes ses obligations militaires étant abolies, il allait pouvoir consacrer tout son temps au grec. L'érudition, c'est-à-dire la science qui a pour objet d'expliquer et de rétablir les textes anciens, n'était-ce pas là son véritable métier et, pour ainsi dire, le but même de son existence ? Voilà pourquoi, devenu absolument libre après sa fugue de l'armée, il ne songe plus qu'à reprendre ses études grecques. Déjà, dans sa studieuse retraite près du lac de Lucerne, il avait composé une traduction libre de la *Vie de Périclès* par Plutarque, un de ses auteurs préférés. Arrivé à Milan, il se rappelle le manuscrit de Longus qu'il avait examiné, en courant, deux années plus tôt, et où il avait remarqué dans son entier le premier livre de *Daphnis et Chloé*, mutilé dans toutes les éditions. Il s'agissait de copier le supplément inédit, inconnu aux aux savants ; ce serait une véritable gloire dont Courier était friand bien plus que de la gloire militaire. Or, il était si sûr de n'être pas trompé dans son espérance que, de Milan, il vendait à Clavier la peau de l'ours et lui promettait de lui offrir, dans son intégrité, le joli roman. « Si je pouvais vous l'offrir complet, je croirais mon nom assez recommandé aux Grecs présents et futurs. »

C'est avec cet espoir qu'il partit pour Florence. A Bologne il fit rencontre de M. Renouard, savant libraire de Paris, qui s'intéressait aussi à Longus. Arrivés ensemble dans la capitale de la Toscane, le 4 novembre 1809, ils allèrent trouver à son domicile del Furia, conservateur de la bibliothèque Laurentienne. Courier commença par lui présenter son compagnon de voyage comme un lettré. Ce serait grand dommage, déclara-t-il, d'une manière flatteuse pour les Florentins, si, passant par l'Athènes de l'Italie, M. Renouard n'avait visité et vénéré un sanctuaire aussi fameux de la docte antiquité.

On se rendit donc à la Laurentienne. A peine y fut-on arrivé, que Courier demanda le manuscrit de Longus et fit part à del Furia de son dessein de publier le texte de *Daphnis et Chloé*. Quand le vénérable volume fut sous ses yeux, il le confronta avec un imprimé et fit voir à ses deux compagnons qu'il contenait un long morceau inédit. A cette découverte, del Furia fut si interloqué qu'il « demeura stupide ». Mais bientôt il devint furieux et ses yeux lancèrent des éclairs de rage. « Si des yeux il eut pu mordre, j'aurais mal passé mon temps », affirme Paul-Louis.

Cette même scène est ainsi contée par le bibliothécaire florentin : « Nous portâmes aussitôt nos regards avides sur le passage qui dans l'édition est incomplet et nous trouvâmes, avec un extrême plaisir, que le texte de l'auteur n'offrait dans ce manuscrit aucune lacune ».

Sans doute, ils le constatèrent ensemble ; mais le véritable auteur de la trouvaille est bien celui qui venait de Wagram, en Autriche, pour montrer à del Furia un long morceau inédit que celui-ci n'avait pas aperçu, depuis tant d'années qu'il étudiait ce manuscrit avec ses gros yeux de myope (1). Un premier point est donc acquis : la découverte sensationnelle est bien l'œuvre de Courier et del Furia altère la vérité lorsqu'il dit : *cette découverte commune*, dans le factum qu'il publia bientôt après sous forme de lettre à un de ses amis avec le titre de *Lettera della scoperta e subitanea perdita....*

Sur ce qui suit, il est plus aisé de mettre d'accord les deux parties. L'ancien officier d'artillerie s'empressa de copier le supplément de Longus avec l'aide de del Furia et de Bencini, ou, plus exactement, ce furent ces messieurs, habitués aux caractères si fins et si peu lisibles du manuscrit, qui lui dictèrent tout ce qu'ils en purent déchiffrer (2). Quand il se trouvait des mots qui leur échappaient, Courier laissait des espaces en blanc. Lorsque ce travail fut fini, il prit à son tour le volume et, guidé par le sens, lut ou devina les mots que ses deux collaborateurs n'avaient pu comprendre. C'étaient alors ces derniers qui tenaient la plume et qui comblaient les blancs laissés par Courier. Ce mélange des écritures des trois hellénistes devait avoir l'avantage imprévu de constater l'authenticité de la copie ; avantage précieux pour Paul-Louis le jour où sa tache d'encre, ayant fait disparaître une petite partie de ce supplément reconquis, eut rendu impossible le contrôle du texte. Le service rendu en cette occasion au traducteur de Longus fut considérable et del Furia est fondé à faire valoir l'utilité de sa collaboration, quand il constate que, de son propre aveu, l'helléniste aurait eu peine à venir à bout de cette tâche en quarante jours.

Or, dès le 11 novembre, Renouard s'empressa d'annoncer, dans la *Gazette universelle de Florence*, la découverte faite

(1) Il avait extrait du même manuscrit les Fables d'Esope qu'il venait de publier.

(2) Les caractères du ms. sont d'une extrême ténuité ; en outre, ils ont pris avec le temps une teinte jaunâtre qui se confond presque avec la couleur du parchemin, si bien qu'en quelques endroits ils sont à peine visibles.

par Courier, et l'édition que lui-même se proposait d'en donner. De Furia, on ne soufflait mot, ce qui est indigne de la part de l'homme distingué que fut Renouard, aussi bien que de l'érudit que nous aimons dans Courier ; évidemment ils n'espéraient point gagner de l'argent avec le fragment inédit ; mais ils ont le grand tort de se donner l'air, par leur précipitation indiscrète, de vouloir profiter d'une aubaine lucrative.

Non seulement, on veut devancer del Furia, mais on pousse l'inconvenance jusqu'à omettre le rôle utile qu'il a joué dans cette affaire ; on lui refuse les remerciements auxquels il a droit pour son concours, et qu'il devait s'attendre à trouver dans cet article. On ne le nomme même pas. Bref on le traite déjà en ennemi. Pourquoi cette attitude ? C'est que le jour même où fut rédigée la note de la *Gazette* avaient éclaté les hostilités.

Depuis quelques jours, Courier ayant terminé la copie du supplément, faisait la collation entière de tout le manuscrit de Longus, afin de remettre à Renouard le texte complet que celui-ci se proposait d'imprimer à Paris. Pour ce nouveau travail, del Furia lui accorda toutes facilités, lui permettant de travailler à la Laurentienne « dalle ore nove fino all'imbrunir della sera », et l'aidant même.

« Nous étions arrivés, dit-il, au 10 novembre, quand prenant moi-même des mains de M. Courier le manuscrit pour le replacer dans mon secrétaire, j'aperçus à l'intérieur une feuille qui, s'en distinguant par sa couleur et sa largeur, paraissait ne pas lui appartenir. J'ouvris et... oh ciel ! Quelle ne fut pas mon épouvante et ma douleur en constatant que cette feuille était attachée à une page du manuscrit, qui, tachée d'une encre abondante et épaisse, y demeurait collée. Cette page était précisément une de celles où se trouvait le supplément. »

Telle est à peu près la façon dont s'exprime del Furia. Quant au style tragique dont il se sert pour décrire sa douleur à la vue de cette horrible tache, nous en faisons grâce au lecteur. Bien qu'il déplore cet accident sur un mode trop élevé, nous comprenons assez son déplaisir pour n'être pas tenté de nous égayer à ses dépens.

Courier interpellé expliqua ainsi ce qui était arrivé : « M'étant servi dans la journée d'une plume (d'oie) pour remuer l'encre dans l'encrier, afin qu'elle fût plus fluide, et ayant ensuite jeté cette plume, ainsi souillée, sur la table où des papiers étaient épars, un de ces papiers s'est taché à son contact et placé ensuite pour servir de marque a probablement communiqué la tache au ms (1) ».

Ces explications sont mauvaises : prises au sérieux, elles dénoteraient chez Courier un lecteur bien étourdi et bien malpropre ; mais elles ne sont pas dignes de foi : del Furia et ses amis ont bien vu les objections qu'on peut opposer à ce moyen de défense : pourquoi, disent-ils, Courier a-t-il remué l'encre avec la plume d'oie en se servant della *piuma* plutôt que della *penna* ? Pourquoi a-t-il placé sur la table cette plume souillée (imbrattata), plutôt que de la jeter ? Quel besoin avait-il de remuer une encre qui, étant dans un encrier fraîchement préparé (di fresco preparato), n'avait pas eu le temps d'épaissir ? Enfin la plume ayant été posée *sur* une feuille de papier et l'ayant souillée, Courier n'a pas pu, en prenant cette feuille, ne pas voir la tache (ce qui ne serait pas arrivé, si la tache avait été par dessous). Toutes ces réponses sont fort sensées ; mais si elles condamnent le coupable, elles ne réparent pas le dommage.

Ce soir-là, pour calmer un peu del Furia, Paul-Louis écrivit sur la malencontreuse feuille la déclaration suivante, destinée à dégager, jusqu'à un certain point, la responsabilité du bibliothécaire :

« Ce morceau de papier, posé par mégarde dans le manuscrit pour servir de marque, s'est trouvé taché d'encre : la

(1) D'après del Furia, Lettera della Scoperta.

faute en est toute à moi, qui ai fait cette étourderie ; en foi de quoi j'ai signé. Courier. Florence, le 10 novembre 1809 ».

Il offrit en outre à del Furia sa copie, que depuis il lui refusa. Celui-ci eut le tort de ne pas l'accepter sur le champ. Mais abattu et désespéré, il se contenta d'observer qu'aucune copie ne pourrait réparer le mal fait au manuscrit.

Cependant la découverte du supplément de Longus était arrivée aux oreilles de la grande-duchesse de Toscane Elisa, sœur de l'Empereur Napoléon. Cette princesse, récemment installée à Florence, dans le palais ducal, avait pour chambellan le signor Puccini qui rangeait sous sa dépendance la bibliothèque Laurentienne et que del Furia avait averti du désastre. Ambitieuse comme une Bonaparte et désireuse de se donner de l'importance, Elisa Bacciochi exprima le désir qu'on lui dédiât la traduction du fragment inédit de *Daphnis et Chloé*. Le préfet de Florence, chargé de transmettre ce vœu à Courier, ne put obtenir que cet indocile consentît à comprendre qu'il équivalait à un ordre, flatteur sans doute, mais sans réplique.

Quelques jours plus tard, Renouard regagnait Paris où Courier promettait de lui adresser « dans la semaine » la copie en grec du précieux supplément, et ensuite la traduction qu'il se proposait d'en faire en style d'Amyot. Mais le libraire parisien venait d'être joué par l'officier helléniste : il ne reçut jamais ni le texte de Longus ni la version en vieux langage.

De son côté, del Furia ne put obtenir la copie du supplément, dont la présence dans le manuscrit aurait pour effet de réparer en quelque sorte le dommage et la dégradation de la page ancienne. Courier, en refusant de se dessaisir de cette copie, semble de bien mauvaise foi ; mais il faut se rappeler qu'elle faisait autorité, grâce aux trois écritures de Furia, de Bencini et de Courier et que c'est précisément ce caractère d'authenticité qui la rendait précieuse. Du moment que la guerre était déclarée entre lui et le bibliothécaire florentin, il était prudent de sa part de ne pas livrer à l'ennemi la preuve de sa découverte, que déjà del Furia commençait à lui contester, en avertissant le public, par les journaux, de n'ajouter aucune foi au supplément de Longus qui allait paraître à Paris.

Ainsi, la malveillance de ses adversaires servait à justifier l'attitude de Paul-Louis. « J'ai refusé, écrit-il, une certaine copie dont M. Furia voulait abuser comme mon ennemi déclaré ; et l'abus qu'il en voulait faire n'était pas de la publier, mais de l'altérer pour jeter du doute sur ce « que j'allais publier ».

Courier était sans doute de bonne foi, lorsqu'il promettait à Renouard de lui confier la publication du texte grec inédit et de la traduction intégrale des *Pastorales de Longus* en style archaïque, mais soudain, en février 1810, il change d'avis et imprime à Florence, chez Piatti, sa version de *Daphnis et Chloé*, tirée à 60 exemplaires numérotés. Renouard frustré, reçut un exemplaire, comme les autres correspondants du traducteur, et ce fut tout. Il dut dévorer son affront, en silence d'abord. Plus tard il fut moins réservé. Sur ces entrefaites, Courier, que rien ne retenait à Florence, part pour Rome, où il collationne un autre manuscrit de Longus, en vue de son édition du texte grec intégral ; puis, la belle saison étant arrivée, il va, pour mieux en jouir, s'installer à Tivoli dans l'air pur des montagnes. Il publie chez Lino Contadini, à Rome, son fragment inédit en grec, à 60 exemplaires comme le *Daphnis et Chloé* de Florence. Ce texte était destiné à être distribué gratuitement à tous ceux qui en feraient la demande.

Enfin, chez le même imprimeur, il tire à 52 exemplaires l'édition du texte complet de Longus. C'était véritablement la « pièce de société » que l'helléniste avait rêvé d'offrir à ses amis : ses profondes études, poursuivies si longtemps au détriment de ses devoirs militaires, trouvaient enfin une flatteuse récompense. Mais sa découverte de Florence, sa tache d'encre volontaire, l'incorrection de son attitude allaient lui susciter des tracas qu'il ne soupçonnait pas encore.

C'était fort à point qu'il avait quitté Florence, au moment où del Furia allait le désigner à la vindicte publique par son fameux factum sous forme de lettre à son ami Valeriani. C'est la célèbre *Lettera della scoperta e subitanea perdita di una parte inedita de' Pastorali di Longo* (1). Prodigieux fut en Italie le retentissement de ce pamphlet, dirigé contre un Français, qu'on accusait d'avoir méchamment détruit un précieux monument de l'antiquité, qui faisait partie du patrimoine de Florence. C'était véritablement l'acte d'accusation destiné à saisir le public et l'autorité du délit commis par Courier.

Au même moment à peu près, Renouard berné par Paul-Louis considérait qu'il n'avait plus à le ménager ; il le dénonçait donc, à son tour, mais sans aigreur, dans une plainte adressée au comte Portalis, directeur général de la librairie. Dès lors, une action administrative fut engagée contre le coupable. Ce fut un triomphe pour del Furia et pour Puccini, le chambellan de la grande-duchesse de Toscane. Cette princesse elle-même, choquée du refus de Courier de lui dédier son œuvre, avait profité du séjour qu'elle fit à Paris, à l'occasion du mariage de l'empereur pour dénoncer comme voleur de grec l'officier démissionnaire. Mais, malgré sa plainte, malgré les doléances pathétiques des Florentins, le coupable ne semblait pas, jusqu'à ce jour, suffisamment désigné aux yeux de l'administration. C'est lorsque Renouard eut parlé à son tour que le directeur de la librairie s'émut et fit procéder à une enquête par le préfet de l'Arno. Celui-ci fit convoquer del Furia qui réitéra sa plainte et accusa Courier d'avoir fait la tache d'encre pour rester seul possesseur du morceau inédit. Une descente

(1) Del Furia ne se contente pas de décrire les taches faites au manuscrit (car il y en a plusieurs) ; il les fait voir en publiant un *fac-simile* de la page souillée d'encre.

de police eut lieu chez le libraire Piatti et amena la saisie des 27 exemplaires qui lui restaient de *Daphnis et Chloé*.

L'enquête se poursuit alors auprès du préfet de Rome, M. de Tournon, qui, sachant Courier à Tivoli, le mande pour lui faire expliquer sa conduite relativement au manuscrit de Longus. Inquiet, mais résolu à se défendre avec énergie, le malheureux helléniste établit nettement son désintéressement dans cette affaire : il donne son grec, loin de faire quelque spéculation. M. de Tournon se contente de ses raisons ; mais Paul-Louis, irrité des persécutions qu'on lui suscite, veut se justifier, devant le public, du crime dont l'accusent les Florentins. Malgré la défense expresse du préfet, malgré les dangers auxquels il s'expose en désobéissant à l'autorité, il parvient à publier la *Lettre à M. Renouard* qui se signale, dans la série de ses pamphlets, comme l'un des plus virulents.

Grand admirateur des *Lettres provinciales*, Courier s'inspire de ce précepte de Pascal : « dans certains cas, la moquerie est une action de justice », c'est pourquoi il dirige contre del Furia et sa bande une foudroyante offensive : mais il réserve aussi quelques traits d'une satire excellente à Renouard. Ce sont des railleries sur sa présomption : pour avoir accompagné Courier dans une bibliothèque, il s'attribue la moitié de la découverte, et il refuse de prendre sa part des coups tout en voulant le profit et l'honneur d'une publication de grec inédit. Certains critiques, qui redoutent chez notre auteur ses opinions libérales et ses attaques contre la noblesse et le clergé, matière ordinaire des pamphlets, sont disposés à préférer la *Lettre à M. Renouard*, même au *Simple Discours*. En d'autres termes, la satire politique chez Courier les effraie, tandis qu'ils louent l'âpreté de ses attaques individuelles ; ou bien, je dirai encore qu'ils aiment le talent de Courier, mais qu'ils ne veulent pas voir ce rude jouteur s'attaquer à la monarchie légitime, objet de leur culte. Nous pensons bien différemment : Paul-Louis prenant à partie del Furia,

Puccini ou même Renouard, est souvent trop amer, trop injurieux ; l'invective dépasse le but. Il en sera de même dans sa lettre à *MM. de l'Académie des Inscriptions.* A-t-on le droit de traîner dans la boue des contemporains, des rivaux, des adversaires même qui, après tout, sont d'honnêtes gens ? La violence des insultes de Courier en colère déconcerte parfois, et parfois afflige. On a beau admirer son esprit, sa malice : son mauvais cœur cause au lecteur une certaine gêne, surtout lorsqu'on songe que c'est pour défendre ses propres intérêts, sa vanité, ses droits d'écrivain ou de propriétaire qu'il mord et déchire à belles dents ceux qui ont eu le malheur de lui faire ombrage.

Au contraire, ces admirables dons du pamphlétaire font merveille lorsqu'il attaque un gouvernement despotique, une classe d'hommes puissante et oppressive, dont la tyrannie n'est pas même défendable à notre époque, tant elle fut contraire à l'esprit moderne et même au simple bon sens.

On ne peut plus défendre sincèrement le régime politique de la Restauration, ni ses juges, ni ses préfets. Courier, en attaquant ces puissances redoutables, ne faisait-il pas preuve de courage ? Son procès et sa prison le prouvent du reste. Voilà pourquoi quand nous en viendrons à raconter sa lutte contre la politique de M. de Villèle, en nous gardant de toute passion personnelle, nous ne pourrons cacher notre admiration pour son courage, qui venge la raison. Courier a su élever la voix lorsqu'il y avait précisément danger à le faire. Il a crié tout haut ce que les autres pensaient tout bas, et, comme un enfant terrible, il a démasqué, à la grande honte du gouvernement, les abus, les tyrannies inavouées, les scandales cachés, le mensonge de la Charte.

Déjà, dans son pamphlet contre del Furia et consorts, il est précieux, encore aujourd'hui, pour la façon dont il confond l'optimisme officiel, au sujet des sentiments professés par les Italiens à notre égard. Il se peint comme victime, de leur part, d'une animosité non particulière, mais générale en sa qualité de Français. C'était une révélation bien pénible pour le personnel impérial ; car Napoléon aimait à se faire déclarer par ses préfets et sa police qu'il était adoré des Italiens comme leur bienfaiteur. Comment soutenir ce mensonge, si la petite feuille imprimée à Rome par l'officier mécontent venait à tomber sous les yeux de l'Empereur ? Quel embarras Courier n'allait-il pas créer au préfet de Rome ? Tout, dans cet écrit, devait déplaire au pouvoir : la haine des Italiens pour les Français dénoncée brutalement, un ton libre et indépendant, de nature à passionner l'opinion, que le gouvernement impérial voulait endormir.

Aussi l'auteur pouvait craindre de dures représailles. Mais il se trouva que M. de Tournon était un lettré, en relations avec la plupart des savants qui estimaient Courier à sa juste valeur, tels que Millin et Boissonade, dont l'attitude et les éloges furent une sauvegarde pour lui (1). Loin de charger l'imprudent pamphlétaire, le préfet de Rome le défendit auprès du Directeur de la Librairie, si bien que l'ordre donné par Portalis de saisir le texte grec de Courier ne fut point exécuté.

Il ne fut donc plus question de sévir contre lui ; mais il dut remettre au préfet de Rome :

1° La première copie qu'il avait faite du passage jusqu'à lui inédit de Longus.

2° Un exemplaire de l'édition complète qu'il venait de publier.

Ces pièces furent alors remises à del Furia avec une solennité qui put le consoler quelque peu de ce que sa victoire avait d'incomplet. D'ailleurs tous les lettrés italiens prirent à cœur de l'aduler en des épîtres enthousiastes, où

(1) Boissonade rendit compte de la traduction de *Daphnis et Chloé* dans le *Journal de l'Empire* du 24 septembre 1810, et accorda un juste tribut d'éloges à l'auteur, sans oser parler de la tache d'encre. Quant à Millin, avec sa haute autorité scientifique, il ne craignit pas, dans un article du *Magasin encyclopédique*, de raconter toute l'histoire, mais sans mettre en doute le moins du monde la bonne foi de P.-L. Courier.

s'exalte l'amour-propre national, cruellement blessé de l'occupation de leur pays par les Français. On comprend d'ailleurs leur colère : Napoléon avait ravi leurs trésors artistiques ; chez eux, il commandait en maître, il imposait à l'Italie le terrible régime du blocus continental. De là tant de haine !

Quant à Courier, nous n'avons aucune envie de justifier sa conduite. Seul, il avait su découvrir le fragment inédit vainement recherché, avant lui, par nombre de savants. Mais craignant que del Furia ne voulût partager avec lui la découverte de ce précieux morceau, il ne songea plus qu'à évincer ce rival. Pour faire l'édition *princeps* à loisir, et à l'exclusion du bibliothécaire florentin, il réalisa le projet enfantin de détruire le texte, dont seul il garda la copie authentique.

Fantaisie coupable assurément ! Puis, par une fantaisie plus originale, il voulut introduire dans le fragment découvert ses propres conjectures, c'est-à-dire certaines leçons qui lui paraissaient meilleures que celles du manuscrit. Celui qui nous révèle ce caprice, c'est le meilleur juge qui fût alors auprès de Courier, son ami Akerblad (1). Malgré tout ce que put lui dire ce savant, consommé dans la science de déchiffrer un manuscrit grec, Paul-Louis s'obstina à « tronquer, allonger et corriger le texte arbitrairement, du moins dans quelques passages ». Akerblad était si fâché de ces « coups de sabre donnés dans le texte de Longus par l'éditeur militaire », qu'il écrivait à del Furia pour lui demander si, la fatale tache étant enlevée par les chimistes de Florence (il ne soupçonnait pas leur incapacité), on ne pourrait pas lui faire part des vraies leçons du manuscrit pour les substituer aux conjectures de Courier (2). Ce qui aurait cruellement vexé ce dernier, s'il avait pu connaître la correspon-

(1) Akerblad que Courier avait tant fréquenté à Florence, avait regagné Rome, sa résidence de prédilection.

(2) Lettre d'Akerblad à del Furia publiée dans la *Jeunesse de P.-L. Courier* aux pièces justificatives.

dance du savant suédois avec del Furia, Akerblad accordait si peu de confiance au texte publié à Rome, qu'il aurait voulu recevoir, par les soins de del Furia, une copie exacte de tout ce qui demeurait lisible dans le manuscrit. Ajoutons que ces corrections arbitraires, qu'il reproche à Paul-Louis, n'ont au fond qu'une mince importance : mais nous devons noter qu'en matière d'érudition, comme dans tout le reste, notre auteur a le tort grave de céder à son caprice plutôt que d'obéir à des règles objectives, celles qui ont guidé les autres savants ; et qu'enfin il aimait mieux suivre sa fantaisie que d'écouter les conseils des hommes les plus compétents.

Tels sont les motifs assez misérables pour lesquels il eut recours à cette ruse, puérile autant que coupable, qui consista à barbouiller d'encre la page essentielle du vénérable bouquin où il venait de faire une découverte si rare et si sensationnelle.

Sans doute, tout se termina pour ainsi dire à l'amiable, et Courier ne fut pas puni de sa faute, mais pendant un moment, il avait éprouvé de terribles inquiétudes, car l'autorité militaire, qui l'avait perdu de vue depuis Wagram, fut avertie par la rumeur qui s'éleva autour de la tache d'encre que le héros de cette aventure retentissante n'était autre qu'un chef d'escadron vainement recherché. Le général Gassendi, chef de l'artillerie au ministère de la guerre, ordonna au général Sorbier de le faire arrêter sans délai. Ce rude soldat détestait Courier, parce qu'il s'était permis de critiquer l'artillerie montée, dont il était le véritable créateur : cependant n'ayant aucun goût pour le rôle de policier, il fit prévenir l'intéressé « d'aviser aux moyens de faire cesser les démarches dont il était l'objet ». Courier écrivit alors à Gassendi et, par son habile plaidoyer, le désarma. Ainsi, il avait eu, pendant un moment, « deux ministres à ses trousses », mais deux ministres assez bienveillants pour se contenter finalement des excuses du coupable.

D'ailleurs, si Courier était vilipendé par les Italiens jaloux, il avait su mettre de son côté la plupart des lecteurs français, séduits par la forme étincelante de sa *Lettre à M. Renouard.* Il nous semble qu'il gagna bien facilement sa cause auprès de tous ceux qui n'entendent rien aux questions de paléographie. Mais, à part ses amis intimes, Clavier, Boissonade et Millin, qui le défendirent dès la première heure, la majorité du monde savant se tourna contre lui. Mme Dionigi passe du côté de del Furia ; sans rompre avec lui, Akerblad le critique et lui donne tort. L'austère de Sacy blâme sévèrement les moqueries et le persiflage par lesquels son pamphlet se recommande aux lecteurs frivoles ; et plus tard il fera échec à sa candidature, lorsque Courier briguera les suffrages de l'Académie des Inscriptions. Letronne congratule del Furia et lui déclare que « la diatribe de Courier ne fait tort qu'à lui seul » et que l'opinion publique le punira de n'avoir conservé aucune dignité, et d'avoir cru que les injures remplacent les raisons, comme « du temps des Milton et des Saumaise ».

Autour de lui, à Rome, Courier ne compte plus les défections ; privé de certaines affections et de relations pleines de charme, il sent poindre en son cœur la mélancolie. C'est alors qu'il écrit à Clavier : « Il y a plaisir avec les livres, quand on n'en fait point, et avec des amis, tant qu'on n'a que faire d'eux ». On voit qu'il incline à la misanthropie : il s'en rend compte et parfois il en rit : « Je suis tenté de croire, comme Rousseau, que tout le genre humain conspire contre moi ».

A cette époque de sa vie, la haine de l'humanité ne saurait se développer chez lui au point d'en faire un véritable Timon. Mais il éprouve une horreur grandissante pour le monde officiel, c'est-à-dire pour la société impériale, dans laquelle il ne veut voir que grossiers parvenus, autoritaires et insolents. Ainsi, sa vieille haine des nobles, héritée de son père, s'avive en se tournant contre les personnages que l'Empire y a substitués : dignitaires de tout ordre, courtisans de toute robe et de tous cordons.

Révolté contre les gens en place, dont l'Empire a fait la fortune, Courier aboutit bientôt à la condamnation du régime. Oui, le despotisme du gouvernement décourage les écrivains et abaisse les caractères. A tout homme qui tient une plume les grands sujets sont interdits ; défense d'exciter les passions qui sont le véritable aliment de l'éloquence, défense aussi de critiquer quoi que ce soit, en prenant le public pour juge. Courier qui n'a de goût ni pour la flatterie ni pour le panégyrique est donc réduit à se taire. On lui a tari sa veine ; il n'aspire plus qu'à vivre tranquille, sans démêlés avec l'autorité.

D'ailleurs, à quoi bon publier, en s'exposant aux foudres du pouvoir ? Trouvera-t-on même des lecteurs capables de s'intéresser aux idées ? « Au vrai, dit-il, je vois que la grande affaire de ce siècle-ci, c'est le débotté et le petit coucher ». Un peuple de courtisans ne s'intéresse qu'à sa fortune : ni les arts, ni les lettres ne le touchent. Il faut donc renoncer à écrire : c'est une occupation vaine, et d'ailleurs trop périlleuse.

Ainsi Courier nous donne, avec beaucoup de clairvoyance, les principales raisons de l'incroyable médiocrité de la littérature impériale. Le despotisme de Napoléon, en voilà surtout la grande cause. A la même époque, Châteaubriand et Mme de Staël étaient persécutés ou suspects : l'une publiait dans l'exil *Corinne* et *l'Allemagne* l'autre, par les allusions sanglantes que contenait son discours de réception à l'Académie, faisait classer dans l'opposition et les *Martyrs* et *le Génie du Christianisme*, et il attendait, dans une attitude de sourde opposition, le moment de se venger qu'allait lui offrir la chute du despote.

La littérature de cette époque appartient à la France, mais non au régime, qui persécuta les véritables écrivains et ne sut encourager que les plus misérables copistes de la *Hen-*

riade ou de l'*Ode* à la J.-Baptiste Rousseau, à savoir les Luce de Lancival, les Brifaut, les Ecouchard-Lebrun, et les Baour-Lormian.

Aigri et découragé, Courier nous offre, à cette époque de sa vie, l'image d'un mécontent qui incline à la misanthropie et au mépris des hommes, mais qui se console en jouissant des beautés de la nature. Nous l'avons vu, en 1810, installé à Tivoli : l'année suivante, dès que l'appel de la belle saison l'eut réveillé de sa langueur voluptueuse de dilettante, il alla chercher près d'Albano, puis à Rocca di Papa, enfin à Frascati, les voluptés qu'un amant de la nature tel que lui savait goûter dans ces lieux à bon droit renommés. Voluptueux à la façon d'Horace, il était moins épris des chefs-d'œuvre de la peinture ou de la statuaire que des joies artistiques éprouvées en face d'un beau site. Alors, c'étaient des extases.

Il voudrait bien faire partager aux amis, auxquels s'adressent ses lettres, le charme de ses promenades au milieu de ce cirque forestier, dont les gradins de verdure escaladent les pentes du *Monte Cavo*, et dont l'arène est figurée par la surface lisse du lac d'Albano. Il eût aimé à décrire ce qui lui causait une volupté si profonde et si sincère. Mais il ne le pouvait guère : ses correspondants, pour la plupart d'austères savants, étaient plus disposés à goûter ses notes critiques sur Plutarque ou Xénophon qu'à louer sa prose poétique. Mme de Salm elle-même, vraie représentante de l'art classique, n'avait point l'âme champêtre ; elle n'eût point admiré les essais de son ami dans le genre descriptif. « Vous n'êtes point femme des champs, remarque-t-il, moins encore des bois; mes ombrages frais, mes ruisseaux limpides vous feraient dormir debout ».

Courier aurait aimé à faire des paysages, et surtout des paysages antiques dans le goût du Poussin ; mais s'il avait à sa disposition le cadre et les accessoires, le sujet du tableau lui manquait, car, chez lui, l'invention est faible.

Il n'est pas poète, c'est-à-dire créateur ; mais il est critique, c'est-à-dire pamphlétaire, et de ses déceptions, du moins de ses dégoûts pour les choses du siècle et de la guerre, allait naître précisément une excellente satire, la *Conversation chez la comtesse d'Albany*.

Cette très grande dame, veuve du *Prétendant* Charles Stuart, voyageant en Italie avec son ami le peintre Fabre, avait entraîné à sa suite Paul-Louis, qui ne cherchait qu'à se distraire de ses ennuis en compagnie des personnes spirituelles et lettrées qu'il pouvait rencontrer. Il fit donc, avec la comtesse d'Albany, un séjour à Naples, en 1812, et pour tenir sa promesse d'écrire une relation de leur voyage, il rédigea, non tout ce qu'il comptait mettre en récits, mais seulement la *Cinquième Conversation* (1). Dans la première partie, Courier se dissimulant derrière le peintre Fabre, établit la supériorité du siècle de Louis XIV sur celui de Napoléon, et cela à tous égards. La seconde partie a pour but de ravaler l'art militaire au-dessous de toutes les formes de l'activité humaine, et même d'arriver à nier qu'il puisse exister un art de la guerre. Le point où aboutit la discussion, le voici : « Quelqu'un aurait gagné la bataille de Rocroy, quand même Monseigneur ne s'y fût pas trouvé ; mais le *Misanthrope*, qui l'eût fait sans Molière ? » Cette thèse, présentée comme étant celle de Fabre, est soutenue au moyen d'arguments que nous connaissons bien, car ils font partie de la provision d'idées que Courier avait amassées, depuis une dizaine d'années, en s'exerçant à écrire contre la guerre, tandis qu'il consacrait partie de son temps à la faire, à son corps défendant.

Après tant de flâneries de Frascati et d'Albano à Naples, Courier ne pouvait pas se dispenser de rentrer en France où il savait, depuis longtemps, qu'il ne serait inquiété ni

(1) Ce fut sans doute la dernière. Quant aux autres, si elles furent rédigées, ce dont je doute, elles ont été perdues. « J'ai tout cela en manuscrit » écrivit Courier, mais les quatre premières conversations ont dû rester à l'état de notes, qu'on n'a pu publier.

comme voleur de grec ni comme déserteur du champ de bataille de Wagram.

Alors, sentant bien qu'un long et beau chapitre de son existence allait finir, il classa soigneusement une centaine de ses lettres écrites d'Italie, à partir de 1804, et rédigea une courte note destinée à servir d'en-tête à ce recueil.

Il partit enfin pour Florence, où, pendant quelques jours, il s'attacha à confondre les hellénistes qui continuaient à lui disputer la découverte du fragment inédit de Longus. Son nom ayant trop longtemps été livré en pâture à la malignité des Italiens, il se défendit comme il savait faire. Après avoir copieusement molesté del Furia et sa séquelle, il se remit en route pour Paris, où il arriva le 3 juillet 1812.

Son beau rêve était fini. Il s'ennuya fort dans la banalité de cette grande ville, qui certes était loin d'offrir les séductions du Paris de notre époque.

D'abord, il logea chez des parents, les Marchand, 12, rue des Bourdonnais. Ce n'était pas qu'il eût pour eux une tendresse bien vive. Il savait que sa conduite en Italie, sa démission, le fâcheux retentissement de l'affaire de la Tache d'encre avaient été jugés sévèrement par ces bourgeois prudents. Des récits malveillants avaient même aggravé ses torts : on insistait sur la grossièreté dont il aurait fait preuve en refusant de mettre sa Chloé sous le patronage de la Grande-Duchesse de Toscane. Courier fut condamné en famille, malgré ses dénégations. Seule, Mme Pigalle avait eu le courage de plaider sa cause ; ce qui lui valut la reconnaissance du « cousin qui rit ». Mais cette charmante cousine habitait Lille, et Courier devait avoir bien rarement le plaisir de la rencontrer à Paris ; il ne devait pas y trouver non plus la princesse de Salm, qui passait l'été dans son château de Dyck, sur les bords de la Roër.

Le vide d'une existence désœuvrée et sans but se fit donc sentir à l'helléniste, aussitôt qu'il fut rentré en France. C'est pourquoi il songe à mettre un peu d'ordre dans ses affaires pour aller à Athènes : car, depuis longtemps, il rêvait d'accomplir ce pèlerinage païen, son « voyage de la Mecque ». « J'en veux rapporter, disait-il, des reliques, soit la lanterne de Diogène, ou bien le miroir d'Aspasie ». Le voilà donc, cette fois, bien décidé à fuir l'ennui d'une vie grise et monotone, pour aller chercher les émotions que la Grèce devait faire naître chez un lettré tel que lui.

Mais les événements, les grands bouleversements de 1814 allaient l'empêcher de suivre son caprice jusqu'au bout : il devait, hélas ! au sortir de ses rêves pythagoriciens, retomber dans la vie banale d'un propriétaire foncier et retrouver l'existence qu'avait menée son père sur les bords de la Loire, à quelques lieues de Tours. Il allait, en un mot, rentrer, comme malgré lui, dans la tradition de sa famille, d'où il avait cru pouvoir s'évader. Occupé désormais de coupes de bois, d'économie rurale, et aussi de procès, il n'échappera à l'affligeante vulgarité de ces occupations qu'en frondant le gouvernement tracassier et oppresseur, et le secret de son génie de pamphlétaire se découvrira enfin et à lui-même et à la France entière.

CHAPITRE VI

LE VIGNERON DE LA CHAVONNIÈRE

Paul-Louis Courier avait vendu en 1803 la gracieuse closerie de la Véronique, où s'était écoulée une bonne partie de son enfance, en face de la Loire majestueuse. Il ne lui restait plus que la terre de la Filonnière, dans la commune de Luynes, domaine bien négligé depuis tant d'années que son propriétaire vivait en Italie, absorbé parfois par ses devoirs militaires, bien plus souvent par la recherche et l'étude des manuscrits grecs, où il puisait la matière de ses savants travaux.

Il fallut que, rentré en France, l'officier démissionnaire se décidât enfin à se rendre à Luynes, où l'appelaient tant d'affaires. Il partit de Paris le 23 octobre 1812, au moment précis où éclatait la conspiration du général Malet. Le 26, à l'arrivée à Blois de la voiture publique, les gendarmes lui demandèrent son passeport. Comme il n'en avait pas, comme il ne pouvait même pas exhiber le « brevet de sa décoration », comme enfin ses explications parurent embarrassées, il fut gardé à vue dans une chambre de l'hôtel d'Angleterre, où s'était arrêtée la diligence. On le prenait pour un conspirateur, car le préfet venait d'apprendre la tentative du général Malet secondée par plusieurs officiers démissionnaires.

Courier put écrire à Paris, et il dut à son camarade Leduc, secrétaire général du Palais, d'être libéré, après avoir passé quatre pénibles journées entre deux gendarmes qui, le jour le couvaient des yeux et qui, « la nuit, avec deux chandelles, l'éclairaient de près pour dormir, crainte qu'on ne l'enlevât par l'air. »

De ses émotions, il reste seulement à l'ancien officier un peu plus d'aversion pour l'autorité, pour le gouvernement, et surtout pour l'Empereur, en qui il voit moins le grand homme que tout le monde admire que « l'inventeur de la haute police » ; mais, pour l'instant, il en est réduit à cacher sa mauvaise humeur.

L'année 1813 est bien vide pour lui : rentré à Paris, il partage son temps entre des travaux d'helléniste et le jeu de paume, pour lequel son ancienne passion s'était réveillée. A part un séjour qu'il fit, pendant l'été, à Saint-Prix, dans la vallée de Montmorency, il logeait toujours chez ses cousins Marchand, qui le flattaient dans l'espoir d'hériter de sa fortune, mais pour lesquels il n'avait guère d'affection.

Au demeurant, peu de relations pour lui : une seule maison amie où il fréquentât, celle de Clavier, le savant helléniste qui avait été son initiateur véritable et son guide dans les travaux d'érudition auxquels il consacrait le meilleur de son temps. Reçu dans l'intimité des Clavier, il jouait avec leurs deux filles ; car il avait toujours adoré les enfants et excellé à les amuser, en les taquinant un peu.

Zaza et Minette faisaient tour à tour des parties de volant avec l'ex-officier, puis c'étaient des rires et des plaisanteries sans fin.

L'aînée, Esther-Etienne-Herminie, celle qu'en famille on appelait Minette, allait avoir dix-neuf ans en 1814, au moment où Courier, vivement affecté des événements politiques, projetait de quitter Paris « pour échapper à l'odieuse nécessité de voir partout chez lui des figures russes et allemandes ». La jeune fille, bien faite, avec des traits réguliers, était fort gracieuse. « Tout en elle, dit M. Louis André, était douceur et charme : la physionomie qu'ombrait une chevelure châtain, le son de la voix, la flamme pénétrante de beaux yeux aux pupilles d'or ». Elle avait vécu dans un monde à la fois distingué et sérieux, parmi des savants et des lettrés amis de son père. Elle dessinait et peignait avec un certain talent : mais si elle goûtait les arts, elle aimait aussi le plaisir et les hommages qu'une jolie femme moissonne dans la société.

Courier, célibataire endurci, s'était fait comme une spécialité de railler les joies conjugales. La lassitude que cause le mariage au bout de peu de jours était un de ses thèmes favoris. Par exemple, vivant en Suisse, près de Lucerne, dans un site merveilleux qu'il décrit, il ajoute : « ce sont là ces tableaux qu'on vient voir de si loin, mais auxquels nous autres Suisses nous ne faisons non plus d'attention qu'un mari aux traits de sa femme après quinze jours de ménage (1) ». Il s'était montré, dans toutes ses campagnes, d'une humeur très volage ; et avait même acquis auprès de ses camarades une réputation suspecte, mais plaisante, à cause de la manière cynique et crue dont il narrait ses bonnes fortunes.

Si ce joyeux vivant semblait à cent lieues de songer au mariage, il est juste d'ajouter que, malgré tout son esprit, il était peu fait pour plaire à une jeune fille. Quarante-deux ans bien sonnés, des cheveux tout gris, un visage comme tatoué par la petite vérole, des lèvres grosses et avancées, une large bouche qui bâillait « comme un coffre », un teint brun et bilieux, tel est le signalement authentique de notre héros. Ajoutons que sa mise était négligée et même « sale ».

Pourtant la jeune Herminie ne paraît point avoir eu de répugnance pour ce quadragénaire : quand il voulait être aimable, son entrain et son esprit faisaient oublier sa laideur ; habituée à rencontrer, dans le salon de sa mère, des savants solennels et ennuyeux, Mlle Clavier sut goûter les saillies piquantes qui égayaient la conversation de cet officier plus lettré que la plupart des érudits.

(1) Lettre du 25 août 1809 à M. et Mme Thomassin.

De son côté, Courier si indépendant, si rebelle à toute espèce de joug, sentit un jour naître en lui un sentiment tendre qui jusqu'alors lui était inconnu. « Tout ce que j'aime est ici », déclara-t il à la mère de la jeune fille. Elle le crut sur parole. Clavier, de son côté, tout en connaissant bien les travers de son ami, avait trop de confiance en son bon cœur pour ne pas l'accepter comme gendre. Paul Louis fut agréé, et pendant huit jours il se montra amoureux comme à vingt-cinq ans. Cette fois, dit-il, son plaisir et son devoir se trouvaient d'accord. Mais les parents chez qui il vivait, les Marchand, lui montrèrent l'imprudence de sa conduite et furent si persuasifs que le malheureux prit le parti de rompre. Huit jours plus tard, nouveau revirement. Courier désolé implore son pardon ; il l'obtient. La rupture avait été courte, mais combien elle dut offenser cette jeune fille qui, avec confiance, avait fait don de sa jeunesse !

Au contrat de mariage, qui fut signé le 19 avril 1814, la future reçut de son père une dot de 60.000 francs et de son fiancé une donation de 30.000 francs, en deniers comptants, ou bien, selon préférence, d'une rente viagère de trois mille francs.

Quelques semaines plus tard, le 12 mai, le mariage était célébré et Courier consommait la faute la plus irréparable de sa vie.

Les débuts mêmes de cette union furent malheureux. Paul-Louis était incapable de sacrifier à une femme son indépendance et son caprice ; aussi quelques semaines de ménage lui donnèrent la nostalgie de la vie errante et aventureuse qu'il avait si longtemps menée. Il y eut des discussions, peut-être des scènes. C'est ce qu'on doit conclure de cette note jointe par les premiers éditeurs aux lettres de Courier :

... « Son caractère indépendant se plia difficilement à l'idée d'être lié pour jamais. Un beau jour, il partit, disait-il, pour la Touraine, et de fait il y fut. Mais de là, revenant sans s'arrêter à Paris, il alla sur les côtes de Normandie. Il y oublia mariage et famille, et, tenté par l'occasion d'un vaisseau frété pour le Portugal, il allait s'embarquer. Le souvenir et les lettres de sa jeune femme l'ayant rappelé, il se contenta d'une course à Rouen, le Havre, Dieppe, Amiens, Honfleur, et enfin, revenu à Paris, il se fit à sa nouvelle situation ».

Cette fugue bizarre, dont la cause véritable nous échappe, ôta peut-être à ce mari trop âgé la dernière chance qui lui restât de trouver le bonheur dans une union mal assortie : de ce jour, Mme Courier, humiliée par des mépris qu'elle ne méritait pas, se détacha de son mari ; pour lui, elle eut des secrets qu'il ne se reconnaissait plus le droit de lui demander.

Il essaya de se faire pardonner, et il semble y être parvenu ; il y eut réconciliation entre les époux.

Herminie se comporta avec générosité ; elle fit preuve de bon sens en comprenant que son mari, trop habitué aux aventures et à la vie errante, ne pouvait, du jour au lendemain, se fixer ; mais pouvait-elle désormais avoir beaucoup de tendresse pour l'homme qui l'avait si sottement offensée ?

Elle paraît avoir accepté courageusement, et sans arrière-pensée, tous ses devoirs d'épouse, mais quelques années plus tard, lorsque ses sens se seront développés, elle ne pourra plus rester fidèle à un époux trop vieux, parfois d'ailleurs grincheux et brusque, qui se montre trop disposé à vivre loin d'elle sans jamais s'ennuyer tout seul, car il a toujours sous la main un auteur grec « qui lui est d'un grand secours pour passer le temps ». Ce mari imprudent ne comprend pas que ce n'est point assez d'aimer sa « Minette » et qu'il faudrait savoir l'aimer, c'est-à-dire la distraire, créer du bonheur autour d'elle.

Pour un homme de sa condition et de son milieu social, Courier avait d'ailleurs de singuliers défauts : toutes les obligations mondaines lui étaient odieuses. Les salons l'ennuyaient à mourir. Il n'était pas homme à tenir table, à jouer, à prendre enfin un rôle dans ce qu'on appelle société. Dieu, disait-il, ne l'avait point fait pour cela. L'amour de l'étude, la recherche de la perfection dans l'art d'écrire, un goût sans cesse renaissant pour les voyages, l'absorbaient tout entier.

A ces attachements, d'ailleurs si honorables, s'ajoute alors une véritable passion pour le gain et pour l'économie, que la vie antérieure de l'officier ne faisait pas prévoir. Il s'était toujours montré extrêmement simple dans sa tenue, comme un véritable savant qui ne s'attache qu'aux choses sérieuses. Mais cette négligence ne semblait pas avoir l'avarice pour cause principale.

A partir de son mariage, il affiche pour l'argent un zèle qui est poussé trop loin, et qui surprend chez un lettré d'aussi pure race. Peut-être regrette-t-il d'avoir négligé ses intérêts pendant les longues années de ses flâneries en France, en Suisse et en Italie. Quoiqu'il en soit, il cherche dès lors à rentrer dans la tradition de son père, le vieux bourgeois rapace qui craignait toujours de se « laisser manger la laine sur le dos » et qui avait sans cesse quelque procès à engager.

On sait que le bonhomme, exilé de Paris, s'était livré, en Touraine, à des spéculations fructueuses, en achetant des propriétés assez négligées qu'il remettait en état et revendait bientôt avec un gros bénéfice. Courier aurait bien voulu suivre cet exemple: mais, pour le moment, il ne possédait que la Filonnière où, pendant sa longue absence, les bois avaient été pillés et par les fermiers et par les voisins.

Il cherchait à acquérir un grand domaine, qui pût lui offrir un placement rémunérateur avec espoir de plus-value sur le fond. Il vint donc en Touraine, en juin 1815, quelques jours avant la bataille de Waterloo, avec l'espoir d'acheter un bien situé à Bourgueil, c'est-à-dire non loin de Saumur. Ce bien lui ayant échappé, il mit à profit son voyage pour régler avec son notaire de Tours,

Me Bidaut, nombre d'affaires restées en souffrance.

La correspondance qu'il entretient pendant ce temps avec Mme Courier semble prouver que la concorde régnait alors entre les deux époux. Le ton en est tendre, affectueux : « Je reçois ta lettre bien bonne et bien longue. Que te dirai-je? il faudrait t'adorer. Ta pauvre santé m'afflige bien... » C'est Paul-Louis qui s'exprime ainsi, celui que ses ennemis politiques se sont plu à représenter comme un mari brutal et acariâtre, incapable de tendresse. Oui, nous concédons qu'il était brusque et d'humeur inégale, mais il fut bon homme au fond et mari très digne d'attachement, tant qu'il n'eut pas contre sa femme les griefs les plus sérieux et les moins pardonnables.

De Tours, il lui décrit dans ses lettres l'état de la Touraine dans cet instant critique où les chouans, les brigands de la Vendée, soulevés contre l'Empereur, approchaient à vive allure, effrayant tous les propriétaires aisés, et faisant fuir des campagnes même des nobles, comme la famille de la Beraudière, qui avaient pourtant servi la même cause royaliste.

Cependant Courier réglait ses affaires, vendait du bois, réclamait d'anciennes créances, « faisait du tapage » à ceux qui ne le payaient pas. Il fit enfin l'acquisition de la belle forêt de Larçay, sur les hauteurs de la rive gauche du Cher, entre Véretz et Saint-Avertin ; bien magnifique, constitué par 250 hectares de bois divisés, pour l'exploitation, en vingt-cinq coupes annuelles. Les « gros du pays » en voulurent fort à cet inconnu d'avoir acheté un domaine qui, selon l'expression du notaire Bidaut, « ne convenait qu'aux gens riches de ce pays-ci ».

A peine l'acte était-il passé que Courier se préoccupait déjà de vendre sa première coupe (1). Ainsi, il entrait de plain pied, et sans hésitation, dans ce métier de marchand

(1) Lettre à M. Courier du 25 décembre 1815.

de bois, qui avait, au demeurant, été celui de ses ancêtres tous « marchands pour la provision de Paris ».

Dès lors, il lui fallait s'installer à proximité de la forêt pour surveiller ses coupes : il visita dès ce moment une ferme nommée la Chavonnière. Elle appartenait à un certain Isambert, mi-bourgeois mi-paysan, qui, en vrai finaud, tenta de l'allécher, tout en déclarant qu'il ne voulait pas vendre. Deux ans s'écouleront avant qu'il ne cède sa maison au futur pamphlétaire, qui devait donner à ce logis rustique une illustration bien imprévue (1).

C'est donc seulement en 1818 que Paul-Louis et sa femme viendront s'installer à la Chavonnière. On parle toujours des beaux cantons des bords de la Loire où s'écoula l'heureuse enfance de notre héros. La Véronique, Luynes, la Filonnière sont dans toutes les mémoires. Mais « les hauts de Véretz, nous dit un Tourangeau bien averti, M. Jacques Rougé, diffèrent de façon étonnante des riants et plantureux coteaux de Cinq-Mars : ils sont plutôt rudes ». J'ajouterai que la nature y est un peu froide et triste. Située au point où le plateau s'incline et descend vers la rivière, la ferme où Courier allait passer ses dernières années jouit d'ailleurs, par delà le Cher, d'une vue étendue, mais non grandiose, sur les coteaux de Montlouis et de Vouvray. Ce qui manque de charme et de poésie, ce sont les abords immédiats de la ferme. La campagne plate et nue est morcelée en petites cultures — morne alternance de terres labourées et de vignes — dit M. André.

Un grand portail donne accès à la Chavonnière : on pénètre alors dans une cour de ferme aux fumiers suintants. « A droite et à gauche de cette cour étaient alignés les communs grossièrement construits, aux toitures peu élevées. D'un côté

(1) Dans quelques-uns des articles publiés par les journaux à l'occasion du centenaire de la mort de Courier, je vois que la ferme de la Chavonnière est qualifiée château. L'erreur est énorme et prouve quelles illusions on se fait au sujet de la fortune de Courier, qui fut toujours assez modeste.

une boulangerie, des toits à porcs, « une moutonnerie », un hangar où s'abritaient charrettes, tombereaux et charrues. En face, une vaste grange, un poulailler, deux écuries, une étable aux vaches, un cellier, une halle de pressoir et çà et là des chambres de domestiques ou des greniers (1). » Au fond de la cour, la maison de maître formée d'un corps de logis assez massif sous sa « haute coiffe d'ardoises ».

« Derrière la maison, un jardin de soixante ares : des figuiers, cerisiers et autres arbres à fruits, quelques arbustes, des carrés de légumes (2) ». En somme, le logis ne comporte qu'un rez de chaussée et des mansardes. Toujours simple dans ses goûts, Paul-Louis avait choisi, pour en faire sa chambre, la mansarde située au-dessus de la cuisine, et y avait disposé un mobilier disparate, commode en bois de noyer, secrétaire et bureau en acajou, vieux fauteuil, table en bois blanc. Quant à sa bibliothèque, elle était installée dans une chambre de valet, au-dessus du cellier. Là il s'était établi « pour le repos ou la sieste, une couche formée de quelques fagots de sarments. La même incohérente fantaisie y caractérise, d'ailleurs, l'ensemble de l'aménagement : près des rayons chargés de livres, des sacs de froment et de graine de sainfoin ont trouvé place, et les débris d'un volet y traînent aussi. Dans ce grenier-bibliothèque, le désordre règne en souverain si absolu que la poussière, tout à son aise, s'est mise à ronger bon nombre de précieux ouvrages (3). »

Quant au rez-de-chaussée de la maison, que Paul-Louis avait abandonné à sa femme, il est plus confortable. On y trouve salon, salle à manger et trois chambres gaies, toutes éclairées par le soleil levant. Mais cet intérieur mi-bourgeois mi-paysan devait sembler bien vulgaire à la jeune

(1) Louis André, *L'Assassinat de Paul-Louis Courier.*

(2) Cette description du jardin est aussi empruntée à M. André, en compagnie duquel je visitai la Chavonnière en 1912.

(3) Louis André, *loc. cit.*

Mme Courier arrachée brusquement aux élégances de Paris.

Elle n'allait pas tarder à s'ennuyer cruellement dans la solitude de cette ferme. Le luxe et la dépense, qui auraient pu embellir sa prison, lui restaient interdits par la sévère économie de son mari. Toutefois, en femme de goût, elle se procura chez Bourdel, tapissier à Tours, quelques meubles, glaces, fauteuils, tentures en tapisserie, rideaux en toile de Jouy, qui corrigèrent assez bien la sévérité trop nue de cet intérieur provincial. Elle eut dès lors un salon, assez cossu pour la campagne, mais point de visiteurs à qui elle pût faire les honneurs de ses beaux fauteuils orange et de sa table à thé en acajou et à dessus de marbre. Point de visites, pas de réceptions, tel était, en effet, le mot d'ordre formel imposé par Courier à sa femme, à laquelle il avait écrit : « Quand nous serons nichés dans nos bois, sur les bords du Cher, il faudra nous y tenir et n'avoir de liaisons, d'amis ni de connaissances qu'à Paris. Tu sais là dessus mon système ». Il est de fait que les exilés de la Chavonnière se contentèrent de recevoir parfois le marquis de Siblas, avec lequel Paul-Louis était très lié, et un jeune officier de santé, nommé Herpin, qui exerçait la médecine à Veretz.

En limitant avec une telle sévérité les fréquentations de sa femme, Paul-Louis semble bien céder à la jalousie, naturelle chez un mari trop âgé, possesseur d'un trésor dont il ne se sent pas entièrement digne. « Vieux et bourru », comme il l'avoue lui-même, non sans imprudence, il n'est point l'époux idéal pour une femme, jeune, ardente, assez romanesque. Il s'en rend si bien compte qu'il craint toujours une trahison conjugale.

Cependant la belle Herminie ne justifia pas tout d'abord les inquiétudes de Paul-Louis : privée d'une société digne d'elle, privée en outre des frivolités charmantes de la vie mondaine, où certaines femmes mettent leur bonheur, elle sut se résigner à son sort. Nous la voyons accepter la direction de la ferme. Pendant les longues absences de son mari, que la publication des pamphlets appelle souvent à Paris, elle confère avec les hommes de loi, huissiers, notaires, ou bien avec les gardes, fagotteurs et journaliers que, chaque matin, on engage pour les travaux urgents du domaine, et qu'il faut surveiller, guider, nourrir.

Mais, quoique animée de bonnes intentions et disposée à seconder fidèlement le maître de la Chavonnière, elle ne trouve pas le bonheur dans ces occupations trop monotones et rebutantes. Les jours de foires ou de marchés, elle revêt son amazone, et, faisant seller son petit cheval rouge, elle se rend où l'appellent ses obligations de fermière, à Cormery, à Montbazon, ou bien à Esvres, ayant toujours par là quelque affaire à traiter.

Elle travaille vaillamment pour mettre en valeur les biens de la communauté. Mais, dans son mari peut-elle voir autre chose qu'un associé ? Elle collabore, avec lui, à la gestion d'une fortune et d'un domaine, mais ne peut se décider à aimer l'homme avec cette tendresse qu'une vierge a vouée à l'époux, choisi par elle en ses jeunes années, et paré, en ses rêves, de mille qualités.

Ses seules distractions consistent à lire les volumes que lui fournit un cabinet de lecture de Tours, et à peindre quelque jolie paysanne « qui pose devant elle les cheveux dénoués et le torse nu (1). »

Courier était tout heureux qu'elle eût bien voulu, cette demoiselle de Paris, accepter son rôle nouveau de fermière : comme elle ne voyait aucun homme de son monde, le vieux mari, au cœur secrètement jaloux, retrouvait le repos. Il n'aurait jamais supposé que parmi ces paysans qu'elle fréquentait exclusivement, elle pût distinguer quelque beau gars, se trouvât-il, au milieu d'eux, quelque « Apollon chez Admète (2) ». Il admirait aussi l'aptitude qu'elle montrait

(1) Louis André, *loc. cit.*

(2) Courier emploie cette expression en décrivant à sa femme le fils d'un de ses fermiers de la Filonnière.

pour les choses rurales et il déclarait : « Heureusement Dieu m'a donné une femme qui vaut mieux que moi pour nos intérêts temporels ».

Devenu « paysan par goût », il était doué de trop de sens critique pour ne pas comprendre son insuffisance en matière agricole. Certes, le zèle ne lui manquait pas ; il apprenait à connaître la bonne graine de trèfle ou de luzerne ; il lisait des brochures et des livres sur l'agriculture, car l'économie rurale lui paraissait une science utile au bonheur des états, plus digne d'être encouragée par le gouvernement que les beaux arts ou que l'Opéra.

Il échangea des lettres avec un avocat de Melle, nommé Bujault, qui s'efforçait alors de faire aimer les travaux des champs, et qui voulait instruire les cultivateurs. Bujault se flatte d'avoir exercé une grande influence sur ce disciple bénévole qu'il aurait, s'il faut l'en croire sur parole, poussé dans la carrière des polémiques de presse. « J'avais, écrit-il, deviné son talent et je l'excitais sans cesse. Depuis ce temps, il fut toujours agité, tourmenté. Il est vrai que la littérature y gagna et qu'il est un modèle de style simple et satirique ».

Courier profitait à coup sûr des conseils de Bujault ; il interrogeait aussi d'autres agronomes, par exemple son camarade Demarçay, de l'école de Châlons, qui lui enseigna le moyen de défricher sans qu'on pût l'en empêcher.

La propriété qu'il dirigeait était fort importante et nécessitait une surveillance de tous les jours. La Chavonnière elle-même ne comptait que 12 hectares 30 ares ; mais Courier y avait joint plus tard l'important domaine de Beauregard ; il eut ainsi au moins 64 hectares de bonnes terres, qu'il faisait cultiver par des domestiques. Il connut alors tous les tracas d'une exploitation directe, sans parler des soucis que lui donna souvent la forêt de Larçay, où les paysans avaient pris l'habitude de s'approvisionner de bois, comme ceux qui pillaient, dans le roman de Balzac, les futaies du général de Montcornet (1).

A la Filonnière, où Paul-Louis avait des fermiers, il pouvait vivre en gentilhomme campagnard, sans occupations trop absorbantes ; mais, à la Chavonnière, où il avait voulu cultiver lui-même, il dut, ainsi que sa femme, partager l'existence des ouvriers agricoles qu'il employait. Triste vie pour un homme de lettres ! A partir de ce moment, le malheureux helléniste est pris dans l'engrenage d'une exploitation rurale. Il était économe : le voilà forcé de devenir avare comme ses voisins.

Tous les paysans sont rapaces ; la vie si âpre et si étroite qu'ils mènent les oblige à ne négliger jamais aucun profit, fût-il infime. Aujourd'hui même, où, par un retour imprévu des choses, les bénéfices de l'agriculture sont copieux, le cultivateur n'en est pas moins obstiné à faire argent de tout. Il ne cédera pas un sou quand il vend ses produits, quitte parfois à gaspiller assez sottement ses énormes profits, en achetant des objets de luxe, dont il n'aurait pas besoin, et dont il ignore l'usage. Il s'inquiète moins de tirer un bon parti de son bénéfice que de réaliser ce bénéfice, qui représente sa conquête, c'est-à-dire sa victoire dans la lutte contre la matière. Nous verrons ainsi Courier marchander âprement, pour accroître son bénéfice, puis gaspiller, et finalement compromettre sa fortune par son manque d'ordre et de véritable économie domestique.

Pourtant, nous avons vu qu'il avait pris très au sérieux son rôle de cultivateur et notamment de vigneron ; se renseignant auprès des habiles d'entre ses voisins, étudiant des traités d'agriculture, il s'efforçait d'améliorer la culture de ses terres, et il se montrait fier de ses innovations au point de les signaler dans la *Gazette du Village*.

« Paul-Louis, sur les hauts de Veretz, fait des choses admirables. C'est le premier homme du monde pour terras-

(1) Balzac. *Les paysans* ; admirable satire des paysans, où Balzac s'est souvenu des déboires éprouvés à Larçay par Courier.

ser un arpent de vigne. Il amène d'un bois non fort loin de là (entendez la forêt de Larçay) cinq cents charges de gazon ou terre de bruyère. Il la laisse mûrir à l'air, de temps en temps la vire, la remue avec cent ou cent cinquante charges de fumier qu'il entremêle parmi. Puis, ouvrant une fosse entre deux rangs de ceps, il y place ce terreau ; sa vigne au bout de deux ans, jeune d'ailleurs, et n'ayant besoin que d'aliments, se trouve en pleine valeur. »

Il essayait donc de faire prévaloir d'excellentes méthodes de culture et de fuir la routine ; mais il ne devait pas faire fortune avec son exploitation agricole. Certes, ses conceptions fort sages auraient pu améliorer ses terres : pour les réaliser, il aurait fallu un esprit de suite qui lui manqua, car, pour cet écrivain de race, la littérature était le principal, la culture des champs un accessoire. Sainte-Beuve observe que chez lui « le talent s'ennuyait à ne point s'exercer ». Tout en ayant l'air de s'occuper de ses vignes et de ses sainfoins, l'exilé de la Chavonnière pensait surtout à rivaliser avec Lysias, Isée, orateurs grecs qu'il possédait à fond ; il songeait à user de leurs procédés de discussion pour traiter avec éclat les questions qui s'offraient à lui, à l'occasion de querelles avec les voisins. Puis, s'élevant à des polémiques contre le gouvernement, il voulut être et il fut « l'homme populaire de toute la France ». lors, qu'il fut connu à Paris, loué dans les journaux, il ne chercha plus dans ses occupations de vigneron qu'une attitude, un rôle à populariser. Dès lors, il aura soin de revêtir sa blouse et ses guêtres de paysan, surtout pour taquiner les ministres de Louis XVIII. Il parlera de lui-même comme d'un véritable villageois et écrira par exemple : « Le pauvre homme étant à labourer un jour, reçut un long papier signé Jaquinot de Pampelune..... Il quitte ses bœufs, sa charrue et s'en vient courant à Paris ». Ailleurs, il s'écriera : « Ah ! si, au lieu de Chambord pour le duc de Bordeaux, on nous parlait de payer sa pension au collège, de bon cœur j'y consentirais, dût-il m'en coûter ma meilleure coupe de sainfoin ! »

C'est un rêve charmant, que Courier semblait avoir réalisé, de vivre aux champs avec un beau talent d'écrivain, de se faire paysan sans cesser d'être homme de lettres et de tirer sa notoriété de ce rôle, accepté par le public comme la réalité même. Au point de vue littéraire c'était une vraie trouvaille.

Il y ajouta même une attitude patriotique et guerrière en s'intitulant « ancien canonnier à cheval ». « Ainsi ce n'était plus par hasard, dit Armand Carrel, mais par amour du pays, qu'il était allé à la frontière en 1793. Ce n'était plus par insouciance qu'il était demeuré dans son humble condition, mais par haine du pouvoir qui corrompt. Soldat par devoir, paysan par goût, écrivain par passe-temps, tel il se donnait et tel il fut pris ».

Mais le côté littéraire, que nous examinerons au chapitre suivant, n'est qu'un aspect, et le plus fuyant, de cette existence. En réalité, le propriétaire de la Chavonnière est en butte à mille soucis. « Qui terre a, guerre a » dit le proverbe.

A peine installé, il dut plaider contre un marchand de bois qui lui avait volé partie d'une coupe. Sa démangeaison d'écrire le poussa à composer là-dessus un mémoire adressé aux juges de Tours. Il n'en perdit pas moins son procès. Puis vint l'affaire Isambert.

C'était son vendeur, qui s'était réservé le droit d'habiter la Chavonnière pendant dix ans. Au cours d'une scène violente, la servante de cet Isambert se porta à des injures, et à des menaces qui effrayèrent Mme Courier. Paul-Louis, prenant le parti de sa femme, refusa l'entrée de la Chavonnière à Isambert et à ses domestiques, qui durent aller loger à l'auberge de Véretz. De là, procès, encore perdu par Courier, qui d'ailleurs était dans son tort.

La ferme retomba dans le calme : mais la paix des campagnes n'est qu'un leurre. Le garde de la forêt de Larçay le sieur Blondeau, que Paul-Louis avait chargé de surveiller de près les fagoteurs et de vendre la bruyère et les feuilles sèches, ne fit qu'irriter les pauvres, les nécessiteux, qui ne se gênaient pas pour couper et emporter du bois à leur convenance. Des vols plus importants furent commis, par l'effet de la rage et de la rancune des paysans dérangés dans leurs habitudes de maraude. Le maire refusa au garde d'autoriser des perquisitions chez les voleurs qui étaient bien connus. Blondeau ayant mal répondu au maire tout puissant, l'autoritaire M. de Beaune, on lui fit son procès et il fut condamné à la prison.

« Adieu mon fagottage, s'écria Courier en apprenant cette nouvelle, et il ajoute : « Ce pays-ci est un enfer ». Ainsi, venu en Touraine pour y jouir du calme, en faisant valoir ses propriétés, il trouvait la guerre à tout bout de champ : « Ma vie est bien changée, écrivait-il ; j'ai perdu à la fois mon repos et ma santé ».

Réfléchissant à ces persécutions de toute sorte, qui l'avaient assailli, il composa sur ses infortunes une sorte de petit scénario, qu'il remit à son ami Stendhal, au début de 1823, en y joignant « les aperçus les plus piquants ». Nous retrouvons dans la correspondance de l'auteur de la *Chartreuse de Parme*, ce canevas ainsi traité :

« Jean-Louis (c'est-à-dire Courier), ancien militaire, a quitté le service à trente-sept ans après avoir fait cinq campagnes. Il s'est retiré à Paris dans une petite chambre, au sixième étage, où il pouvait faire jusqu'à six pas en se promenant d'un angle à l'autre. Par malheur, ayant fait un héritage, eut la triste idée d'acheter des vignes à Saint-Nizier pour 300.000 francs et d'y fixer sa résidence en bâtissant « une tour composée de quatre chambres ».

« A peine établi dans le pays, il est grossièrement insulté par le valet du sous-préfet, puis par un maçon qui réclame plus que son dû. Comme Jean-Louis refuse de se laisser écorcher, et invoque les conventions écrites, ce maçon lui crie : « Ah ! votre marché écrit ! Tenez, je vous conseille de me payer mes 500 francs, ou le procès vous coûtera plus des 80 francs que vous me refusez ».

Jean-Louis. — Sortez à l'instant.

Le maçon. — Ah, vous le prenez sur ce ton ! Sachez que je ne me laisserai jamais maltraiter par un Jean-Louis, un homme qui ne connaît personne, qui ne voit personne. Je vais vous faire citer. (*A part*). Ma sœur est cuisinière chez Monsieur le juge de paix, et je sais qu'il dit que ce M. Jean-Louis est suspect ; il perdra son procès... »

Cette scène, prise sur le vif par Courier lui-même, nous donne une idée des affronts et des insultes auxquelles l'exposait son absence de protecteurs. Il est vrai que la gloire littéraire allait lui venir et qu'à Paris chacun se ferait un honneur de le connaître et de l'appuyer.

Mais tandis que ses pamphlets allaient lui conférer la célébrité à Paris, des tribulations bien plus graves lui étaient réservées en Touraine.

CHAPITRE VII

LES PAMPHLETS POLITIQUES

Courier avait exécré le régime impérial. Le côté héroïque de cette grande époque qui va de 1796 à 1814, d'Arcole et de Lodi aux dernières batailles de la campagne de France lui avait totalement échappé. Dans les armées impériales, comme dans le système politique créé par Bonaparte, on peut affirmer qu'il n'a jamais vu que désordres, excès, parodie de l'ancien régime, bassesses, « bouffonneries » exécrables.

Son humeur, aigrie contre le gouvernement, le rendait tout propre à l'opposition. Mais le régime politique qui succédait à celui de Napoléon lui semblait sage et capable de concilier l'autorité du souverain avec une liberté suffisante pour les citoyens. Il donna, nous dit-il, en plein dans la Charte. Comme sa famille n'avait jamais aimé la république, qui n'évoquait pour lui que des souvenirs odieux et sanglants, il était tout prêt à s'accommoder d'une monarchie constitutionnelle. Mais il n'avait prévu ni la folie des émigrés, ni la fureur des prêtres rentrés de l'exil. La violence des passions déployées autour du trône par ces deux catégories d'énergumènes n'allait pas tarder à l'effrayer et à exciter chez lui-même des passions opposées qui sommeillaient et qui, en s'éveillant, se mêlèrent avec suite dans sa vue pratique des choses et dans sa conduite.

En reprenant contact avec la Touraine, en visitant ses propriétés de Luynes, en 1815 et 1816, il était partout accueilli comme un ami, comme un frère, par les nobles qui avaient connu sa famille. Le père de Courier n'avait-il pas été successivement seigneur de Méré, puis seigneur du Breuil ? L'intimité du fils avec une famille d'émigrés, les la Beraudière, lui ouvrit sans peine les salons royalistes. Il n'eut aucune profession de foi à faire pour être regardé comme « un pur ». On lui savait bon gré de n'avoir jamais aimé ni la république ni l'Empire et d'avoir même quitté le service de l'Usurpateur sans se soucier aucunement de son avancement. Parlant à sa femme d'un bal d' « épurés » qu'on avait donné à Tours, il lui disait : « Si tu t'étais trouvée ici, aurais-tu été assez pure ? Tu es de race un peu suspecte. On t'eût admise à cause de moi, qui suis la pureté même ; car j'ai été pur dans un temps où tout était embrené. C'est une justice qu'on me rend. Mme de la Beraudière ne tarit point là-dessus ». Ce ton railleur prouve bien que les royalistes authentiques auraient eu tort de faire fond sur les convictions de cet éternel sceptique. Si Courier s'est rencontré dans une soirée intime avec le marquis d'Autichamp, ancien écuyer du prince de Condé, s'il a sympathisé avec ce général émigré, qui rentrait de Russie, c'est parce qu'il choisit ses amis et ses relations selon ses goût du moment, sans que la politique l'influence en rien.

En Touraine s'il ne voit que des royalistes, à Paris, au contraire, il fréquente des libéraux, qui lui assurent qu'il se compromet dans la compagnie des ci-devant. Il s'entend traiter de « royaliste », ce qui l'étonne un peu, car il a la conviction de n'être d'aucun parti.

Non, il n'est d'aucun parti ; ou plutôt il est du parti du bon sens, de la sagesse, de la modération, et, avouons-le aussi, du parti des indifférents. Ce qui le prouve bien, c'est cette déclaration, à propos de ceux avec qui il a « politiqué » à perte d'haleine : « Comme ils ont tous raison en un certain sens, je trouve toujours moyen de m'arranger avec eux (1). »

(1) Courier s'exprimait encore ainsi en 1823, après avoir été emprisonné à Sainte-Pélagie, et partout traqué par la police.

Voilà donc un homme, résolument neutre, mais engagé par ses traditions et ses amitiés dans le parti royaliste. Il n'a aucune hostilité contre les Bourbons : sans grande affection pour leur gouvernement, il l'accepte d'un cœur loyal comme « moins mauvais que ceux qui l'ont précédé. »

Eh bien ! la suite de cette étude va montrer ce que le régime de la Restauration a fait de ce modéré. Charles de Rémusat a écrit : « Nous ne savions même pas la Révolution, c'est la Restauration qui nous l'apprit. Avec une rapidité singulière, la première vue de la Restauration fit comprendre, même à ceux qui l'accueillirent sans vive inimitié, pourquoi l'ancien régime avait dû périr, pourquoi la Révolution s'était faite. »

Cette révélation d'un ancien régime inacceptable pour tout homme de bon sens éclata aux yeux de Courier, dès qu'il vit de près, c'est-à-dire en province, les conséquences de la politique nouvelle.

A Luynes dès 1815, il rencontre chez M. de Chavaignes « des chouans, des Vendéens plus extravagants royalistes que tout ce que tu as jamais vu », écrit-il à sa femme. Ce sont de ces gens « qui ne veulent pas qu'un paysan mange, boive et porte une chemise. »

D'autres nobles récemment rentrés, sans être aussi féroces, « sont bien ce qu'on peut voir de plus drôle au monde : des figures à mettre aux Variétés. Ce ne sont que des révérences, compliments, cérémonies, tout tellement caricature, qu'il y a de quoi crever de rire. » Certes, Courier ne dit pas que ces émigrés soient de méchantes gens. Mais de pareils fossiles reparaissant à la lumière du siècle, sortant de leurs cachettes pour faire cortège aux Bourbons, pouvaient-ils voir et juger les événements comme ceux qui, n'ayant cessé de servir la France, avaient lutté pour son indépendance sous la Révolution et l'Empire, comme ceux qui avaient assisté sans effroi à l'éclosion du monde moderne ?

Entre ces derniers et les défenseurs intransigeants du passé allait s'engager une lutte qui aboutirait à la révolution de 1830, c'est-à-dire au triomphe des bourgeois libéraux et à la victoire des idées nouvelles. Paul-Louis le comprit si bien que, malgré tant d'aimables relations avec des nobles, il n'hésita guère à se jeter dans la mêlée pour dénoncer « l'infâme affaire » de Luynes (1).

La fureur ambiante, la lâcheté d'un maire, la cruauté ambitieuse d'un préfet avide de s'élever, avaient fait tomber les foudres de l'autorité sur une malheureuse commune de Touraine. Courier, spectateur indigné de ces exécutions, dut attendre, pour rompre le silence, la dissolution de la Chambre introuvable (2). La Terreur avait duré un an : Car le nom de Terreur doit rester acquis à cette époque cruelle non moins qu'à la période où s'exerça la dictature de Robespierre. Ni Louis XVIII, ni son ministre Decazes n'avaient voulu ces violences contre-révolutionnaires. Elles se déchaînèrent par l'effet des passions enragées des émigrés et du zèle des préfets et magistrats, qui crurent servir le régime, tandis qu'ils le déshonoraient. C'est un titre pour Courier, aux yeux de la postérité, de nous avoir peint avec précision et éloquence un de ces épisodes de la Terreur blanche qui sont trop peu connus. Il semble qu'il y ait eu une conspiration du silence parmi les membres de la bourgeoisie inquiétés ou persécutés à cette époque : on était tellement las des aventures sanglantes où l'ambition de Napoléon avait jeté le pays qu'on accepta de souffrir, avec l'espoir que la France retrouverait bientôt le calme favorable au commerce et à la reprise des affaires.

Renseigné par les gens de Luynes sur les brutalités administratives qui venaient de semer la terreur parmi ces paisibles populations, Courier lança sa Pétition aux deux

(1) Pour le détail des affaires de Luynes voir notre livre : *Paul-Louis Courier et la Restauration*, chez Garnier.

(2) Cette dissolution fut obtenue par Decazes grâce à l'ordonnance du 5 septembre 1816. Les nouvelles élections donnèrent la majorité aux modérés. La France put respirer.

Chambres, admirable début dans le pamphlet politique. Les défenseurs de la Restauration, qui sont légion de nos jours, seraient mal venus à l'accuser d'ambition ou de sectarisme. Royaliste sincère, sinon bien ardent, il élève la voix en faveur des malheureux qui ont été victimes des violences du préfet Bacot. Il reçoit des événements qu'il raconte une impression si vive que son indifférence naturelle en est secouée. Il n'y avait pas, remarque Armand Carrel, d'amour du repos et de préférence studieuse qui pût tenir à un tel spectacle chez un homme aussi sensible.

Imprimée à Paris, chez Bobée, la *Pétition* fut distribuée à la Chambre le 24 décembre 1816. Aucune porte fermée ne put empêcher d'arriver à leur adresse les vérités qu'elle contenait. Decazes en eut aussitôt connaissance, et, tandis que sa police s'empressait de la proscrire, le ministre très impressionné cherchait à savoir ce qu'était l'auteur, s'il avait « voulu seulement faire parler de lui ou en venir à quelque chose de plus sérieux ». Il se renseigna auprès du député de Tours M. Goüin, et auprès du préfet, qui ne put d'ailleurs relever aucune erreur positive dans le *factum* de Courier.

Sans doute, ce dernier a dramatisé les événements par l'art exquis, imité de Lysias, avec lequel il les présente. Mais il offre une peinture si véridique d'une commune opprimée, sous la Terreur blanche, que la France entière crut s'y reconnaître et que le public, d'une voix unanime, lui donna raison.

Ce fin lettré, ce propriétaire appartenant à la classe la plus distinguée sait se travestir en campagnard naïf, ignorant des affaires publiques. C'est un procédé renouvelé des orateurs attiques, qui lui permet en gardant, pour ainsi dire un air d'innocence, de décocher au gouvernement des *ultras* et à la majorité, des traits empoisonnés, dans le goût de celui-ci : « Il y a chez nous plus de charité que de dévotion ». Que devaient penser de cette critique de la religion les membres qui avaient siégé dans la Chambre introuvable ?

D'ailleurs Courier ne se croyait pas, pour avoir commis ce pamphlet, engagé dans une opposition sans merci au régime. Il fut étonné de son succès et il écrivait plus tard : « Je fis seize pages d'un style à peu près comme je vous parle, et je fus pamphlétaire insigne ».

Pour le moment, il ne songe pas à exploiter le retentissement qu'eut la *Pétition* et à chercher la popularité en défendant les villageois opprimés. Eût-il voulu adopter ce rôle, que la maladie l'en eût empêché, car un crachement de sang, survenu en février 1817, le tint longtemps entre la vie et la mort : tout travail intellectuel dut être suspendu. A peine était-il remis, que la mort de Clavier, son beau-père, l'affecta vivement. L'année 1818 fut absorbée par des soucis de toute sorte qui étaient la conséquence de son installation à la Chavonnière ; c'est alors que Paul-Louis aigri, malade, découragé déclarait à sa femme : « Ce pays-ci est un enfer... Ma vie est bien changée, j'ai perdu à la fois mon repos et ma santé ».

Tous ces tracas allaient, en le poussant à bout, réveiller et exciter son génie de pamphlétaire.

Suivons les notices que les premiers éditeurs ont jointes à sa correspondance : « Avec son établissement à la campagne commencèrent les vexations qu'il est au pouvoir d'un maire d'exercer contre ses administrés. Elles furent plus fâcheuses contre lui que contre tout autre, d'abord en raison de son nom et de sa réputation, ensuite parce que, révolté de ces persécutions, il y résistait, et luttait de toutes ses forces ». Son garde Blondeau s'étant mis dans un mauvais cas avec le maire de Véretz, qu'il avait insulté, fut poursuivi devant le tribunal de Blois. Courier composa, pour la défense de son serviteur, un nouveau pamphlet, où il eut soin de se mettre en scène et d'exposer ses propres griefs contre les autorités du département d'Indre et Loire. Par ce biais ingénieux le morceau rentre dans la catégorie des pamphlets politiques :

« ... Me voyant tant d'ennemis, j'eus recours à M. Courier. Je lui dis : Aidez-moi, la chose vous regarde. Parlez, faites agir vos amis. Mais il me répondit : Mes amis s'occupent beaucoup de ce que l'on faisait il y a deux mille ans, peu de ce qu'on fait à présent. S'il est ainsi, lui dis-je, qui me protégera, qui prendra ma défense ? j'ai contre moi tout le monde (1).

« Alors il me répond : Blondeau, que vous êtes simple ! Mettez le feu à mes bois, au lieu de les garder, et vous ne manquerez pas de protecteurs. Vous aurez pour appui tout ce qui pense bien dans le département. L'homme le plus méprisé, le plus vil, le plus abject de la province entière a trouvé des amis, des parents, même parmi les magistrats de Tours, dès qu'il m'a voulu faire quelque mal, et pour avoir chassé ma femme de chez elle, il va recevoir de moi deux mille francs à titre de dommages et intérêts (2). Le fripon qui me vola, l'an passé, la moitié d'une coupe de bois (3), obtient de l'équité des juges un léger encouragement de huit cents francs que je lui paie comme indemnité. Ces gens-ci, aujourd'hui, sous la sauvegarde de toutes les autorités, coupent mes plus beaux arbres, les serrent paisiblement chez eux ; défense de les troubler. Demain ils me plaideront sur le vol qu'ils m'ont fait, et gagneront assurément. Faites comme eux ; vous serez favorisé de même. Si, au lieu de me piller, vous défendez mon bien, vous irez en prison. »

En même temps Courier adressait au ministre sa plainte contre les autorités du département accusées de le persécuter et de lui refuser justice (4). Decazes se laissa présenter Courier et le recommanda au préfet de Tours comme un « érudit célèbre » qui méritait quelques égards de l'administration. De son côté, Guizot lui offrait solennellement la révo-

(1) Pierre Clavier, dit Blondeau, à Messieurs les juges de police correctionnelle à Blois.

(2) On a reconnu Isambert.

(3) Claude Bourgeau, contre lequel Courier rédigea un mémoire.

(4) Placet à Monseigneur le ministre, 30 mars 1819.

cation du maire de Véretz. Ainsi, à Paris chacun se faisait « un honneur et une gloire de le protéger » et sa *Pétition* pour les opprimés de Luynes lui était un titre à la faveur des ministres comme à celle du parti libéral, vers lequel s'orientait alors le gouvernement, depuis la retraite du duc de Richelieu.

Pendant huit jours Courier fut en crédit. On lui promettait même de le nommer à la place du maire de Véretz ; bref il pouvait s'attendre à toutes les réparations ; mais une imprudence qu'il commit alors refroidit singulièrement ses protecteurs.

Trois places étant vacantes à l'Académie des Inscriptions et Belles-Lettres, Courier, poussé par sa femme et ses amis, avait fait les démarches qui devaient légitimement donner à un lettré de sa valeur accès dans cette docte compagnie. La servilité de l'académie le fit écarter : les places disponibles étaient réservées à des gentilshommes bien vus de la cour, ou à des « savants véreux » et intrigants, que Sainte-Beuve a durement stigmatisés, les Jomard et les Dureau de la Malle.

Paul-Louis, qui n'eut pas une voix, fut à bon droit irrité d'une exclusion aussi sotte. Sans doute on a mauvaise grâce, après avoir sollicité une place, de se fâcher, parce qu'on vous la refuse. Le bon goût et le savoir-vivre vous obligent à vous taire. Mais Courier n'est aucunement un homme du monde : il ne se soucie ni de l'être ni de le paraître. C'est un pamphlétaire avant tout et, pour ce rude métier, il n'est pas inutile de s'armer d'un peu de brutalité, voire au besoin de cynisme. Il écrivit donc contre la sotte académie le plus virulent, le plus mordant de ses pamphlets. Jamais la plume de Juvénal ou de Veuillot n'a fait des blessures plus envenimées, jamais on n'a mordu avec plus de rage. Sans doute Courier va trop loin ; il fait peut-être même trop d'honneur à la bassesse et à la servilité d'un corps soi-disant savant qui, partageant la folie de cette époque, aurait voulu ignorer tout ce qui ne portait pas la double estampille de la Cour et de la Congrégation. Mais si un des académiciens traînés dans la boue et bafoués avait osé répondre à Courier, qu'aurait-il pu dire pour justifier les choix qu'on venait de faire, ceux qu'on avait faits précédemment, comme celui de Gail, et surtout comment aurait-il pu expliquer l'exclusion de ces vrais savants Chardon de la Rochette, Thurot, Coraï et Paul-Louis Courier ?

Si excessive que nous semble la satire, l'académie seule est responsable de s'être attiré ce trait empesté :

« Aux vicomtes, aux chevaliers vous mêlez de la roture. L'égalité académique n'en souffre point, pourvu que l'un ne soit pas plus savant que l'autre, et la noblesse n'est pas de rigueur pour entrer à l'académie ; l'ignorance, bien prouvée, suffit ».

Tandis que Courier était présenté à Decazes et voyait les salons ministériels, il avait donné à son imprimeur ce terrible pamphlet : or, à toutes les faveurs qu'on lui promettait il y avait une condition tacite : c'était qu'il voulût bien retirer son factum. Il ne comprit pas. Il poussa même l'inconscience jusqu'à écrire à sa femme : « Ce qui nous aidera puissamment dans toutes nos affaires, c'est la lettre à l'académie, dont le succès paraît certain ». La naïveté de Courier, qui est réelle, se manifeste par ce trait. Il paraît qu'il se creusa la tête « pour deviner par quelle raison, après tant de prévenances et d'accueil qu'il ne demandait point, il avait vu tout de suite les puissants refroidis à son égard ».

La lettre à l'académie gâta tout ; les impertinences dont elle est émaillée lui retirèrent la faveur du ministère, mais elles lui valurent auprès de public un beau succès.

Tous les éloges qu'il en reçut, ceux que Villemain avait donnés à ses travaux d'helléniste, enfin l'accueil flatteur qu'à Paris il avait reçu dans tous les milieux, tout cela grise Courier, et M. Jean Giraud a raison de noter qu'à partir de ce moment il devient un autre homme. « A son laisser-aller frondeur succède une activité passionnée ». C'est alors qu'il adresse de Véretz au journal *Le Censeur* ses merveilleuses lettres sur des sujets d'actualité, où il affirme un talent de pamphlétaire dans toute sa maturité.

Heureuse maladresse en somme que la publication de la *Lettre à l'Académie*, puisqu'elle a eu pour effet de rejeter définitivement dans l'opposition un talent qui, fait pour la satire, ne devait donner sa mesure que par l'éloquence et l'amertume de ses invectives contre le gouvernement, la cour et la société. Les petites vexations locales l'avaient aigri, sans le dégoûter du régime : après l'avortement des promesses que lui firent Guizot, Villemain et le duc Decazes lui-même, notre vigneron tourangeau va ouvrir le feu contre le ministère et contre la majorité royaliste. A défaut de la bienveillance des autorités, il gagnera la faveur du public. Il fallait bien sacrifier l'une pour obtenir l'autre : Courier ne regrette point le choix qu'il avait fait ou que les circonstances lui avaient imposé. Lecteur assidu du *Censeur*, il prit comme directives dans son noviciat politique, (car rappelons-nous que quelques mois avant il était plutôt royaliste que libéral), il adopta, dis-je, comme guides les opinions de son journal.

Ses lettres au *Censeur* sont presque toujours des réponses à quelque article antérieur qui l'a frappé. Par exemple, dans le numéro du 10 janvier 1820, Thierry (1) avait attaqué l'Empire en ces termes : « Il semble que l'homme, dont le corps est relégué loin de nos rivages sur un rocher de l'Atlantique, vive encore en esprit parmi nous ; cet esprit de malheur plane sur nos destinées... Les rois ont recueilli sur le champ de bataille ses inspirations et ses projets. Ils poursuivent les desseins du grand homme comme des lieutenants fidèles. »

Courier, qui a peu d'esprit d'invention, adopte cette idée : le régime des Bourbons copiant les façons du petit caporal, et il en fait un thème satirique. Toute sa haine contre le

(1) Il s'agit du célèbre Augustin Thierry, alors journaliste, et qui cherchait sa voie.

système impérial éclate alors. N'allons pas l'accuser de manquer de générosité envers le vaincu de Waterloo. Voyons plutôt dans ces invectives contre Napoléon le fond de la pensée du pamphlétaire. Ce qu'il déteste avant tout, c'est le despotisme. Or quel souverain l'a porté aux dernières limites ? Napoléon, que Courier regarde moins comme l'inventeur de la guerre moderne que comme le créateur de la haute police. Ce qui rend la Restauration haïssable, c'est surtout ce qu'elle a hérité de l'Empire, c'est-à-dire sa police et sa magistrature composées en grande partie de ceux qui avaient « juré fidélité à Bonaparte, recherché sa faveur, protesté de leur dévouement à sa personne sacrée. » C'est donc Napoléon que Courier rend responsable de la brutalité qui, sous Louis XVIII, préside aux arrestations et aux actes de la justice ; et cela parce que, cinq ans après sa chute, le système impérial est toujours en vigueur. « L'esprit de Bonaparte n'est pas à Sainte-Hélène, il est ici dans les hautes classes ».

Ces attaques prouvent bien que le pamphlétaire n'a aucun parti pris contre les Bourbons, mais beaucoup d'aversion pour la manière forte et brutale qu'a instaurée le 18 brumaire. Il n'est ni républicain, ni antidynastique.

Mais voici des attaques contre la catégorie de citoyens la plus adulée du gouvernement : les prêtres. Courier se révèle soudain un redoutable ennemi du clergé, ou plutôt des moines. Jamais jusqu'alors nous n'avions vu poindre dans ses écrits ce mépris haineux des gens d'église. C'est surtout le célibat des prêtres qu'il réprouve, et il traite cette question avec une hardiesse excessive, d'aucuns diront scandaleuse. « Détestable sottise, qui se pratiquait jadis, de tenir ensemble enfermés, contre tout ordre de nature, des mâles sans femelles et des femelles sans mâles, dans l'oisiveté du cloître où fermentait une corruption qui, se répandant au dehors, de proche en proche, infectait tout. Dieu, sans doute, ne permettra pas que ceux qui, chez nous, veulent rétablir de pareils lieux d'impureté, réussissent dans leurs desseins. Nos péchés, quelque grands qu'ils soient, n'ont pas mérité ce châtiment, notre orgueil cette humiliation. »

Voilà Courier plus jacobin que personne en son temps. Disciple des athées ou libertins du XVIIIe siècle, il ne voit que vices et luxure chez les moines et il oppose la morale naturelle à celle de l'Eglise, et les commandements de Dieu à ceux des prêtres. Ici le pamphlétaire n'est pas seulement brutal, passionné, injuste, mais il se montre étroit et sectaire.

Si nous aimons son courage contre les excès et l'arbitraire du gouvernement, nous condamnons nettement ses fureurs anticléricales. Et notre criterium, pour le juger, n'est autre que le principe philosophique du consentement universel.

En effet, l'humanité actuelle ne tolère plus les gouvernements injustes, les rois gouvernant pour eux-mêmes, contre l'intérêt évident de leurs sujets. Il n'existe plus de souverain tyran, même en Turquie. Mais les moines subsistent dans le monde entier et la loi religieuse guide et guidera toujours la plupart des hommes civilisés. Bien plus, la vie monastique n'est pas près de disparaître.

Le temps a donné tort à Courier sur ce point. S'il revenait au monde, il trouverait le clergé plus florissant qu'en ces premières années de la Restauration et plus universellement considéré. Sa thèse de pamphlétaire est démodée et semble fausse, parce qu'en combattant l'Eglise, il a méconnu une des lois essentielles de la nature humaine : le besoin de croire, de prier, l'élan mystique des âmes vers Dieu.

Mais il est juste de reconnaître que Courier avait tout de même une raison pour attaquer l'Eglise avec cette violence passionnée, c'est que le gouvernement s'intéressait trop à elle, cherchait à favoriser le clergé, à l'enrichir, et contribuait à le rendre oppresseur. C'est ainsi que la politique gâte tout ce qu'elle touche et que les ministres vouent leurs protégés, attachés de cabinet ou courtisans, à l'exécration du public.

La collection des *Lettres au Censeur* nous montre notre auteur arrivé à l'apogée du talent. Signalons surtout la dixième, qui ne put paraître, car de nouvelles lois de réaction violente venaient d'anéantir la liberté relative dont jouissaient les journaux. Dans ce chef-d'œuvre, Courier prend à partie les ministres et les *ultras* soupçonnés de rédiger des *notes secrètes* pour les puissances étrangères qui, depuis 1815, tenaient la France en tutelle. A ces ennemis il montre la classe populaire prête à défendre le sol de la patrie, s'ils songeaient à l'envahir de nouveau.

« Il y a chez nous une classe moins élevée (1), quoique mieux élevée, qui ne meurt pour personne et qui, sans dévouement, fait tout ce qui se fait, bâtit, cultive, fabrique autant qu'il est permis ; lit, médite, calcule, invente, perfectionne les arts, sait tout ce qu'on sait à présent, et sait aussi se battre, si se battre est une science. Il n'est vilain qui n'en ait fait son apprentissage, et qui là-dessus n'en remontre aux descendants des Duguesclin... Ah ! s'ils n'eussent jamais eu le grand homme à leur tête... sans la troupe dorée, les comtes, les ducs, les princes, les officiers de marque..., si la roture en France n'eût jamais dérogé, ni la valeur dégénéré en gentilhommerie, jamais nos femmes n'eussent entendu battre vos tambours.

« Or, ces gens-là et leurs enfants, qui sont grandis depuis Waterloo, ne font pas chez nous si peu de monde, qu'il n'y en ait bien quelques millions n'ayant ni manières de Versailles, ni formes de la Malmaison, et qui, au premier pas que vous ferez sur leurs terres, vous montreront qu'ils se souviennent de leur ancien métier ; car il n'est alliance qui tienne, et si vous venez les piller au nom de la très sainte et très indivisible Trinité, eux, au nom de leurs familles, de leurs champs, de leurs troupeaux, vous tireront des coups de fusil. Ne comptant plus pour les défendre sur le génie de

(1) Que les membres de la noblesse ancienne ou nouvelle, que Courier confond dans le même mépris.

l'empereur, ni sur l'héroïque valeur de son invincible garde, ils prendront le parti de se défendre eux-mêmes ; fâcheuse résolution, comme vous savez bien, qui déroute la tactique, empêche de faire la guerre *par raison démonstrative*, et suffit pour déconcerter les plans d'attaque et de défense le plus savamment combinés. Alors, si vous êtes sages, rappelez-vous l'avis que je vais vous donner. Lorsque vous marcherez en Lorraine, en Alsace, n'approchez pas des haies, évitez les fossés, n'allez-pas le long des vignes ; tenez-vous loin des bois, gardez-vous des buissons, des arbres, des taillis, et méfiez-vous des herbes hautes ; ne passez point trop près des fermes, des hameaux, et faites le tour des villages avec précaution ; car les haies, les fossés, les arbres, les buissons, feront feu sur vous de tous côtés, non feu de file ou de peloton, mais feu qui ajuste, qui tue ; et vous ne trouverez pas, quelque part que vous alliez, une hutte, un poulailler qui n'ait garnison contre vous. Apportez de quoi vivre ; amenez des moutons, des vaches, des cochons, et puis n'oubliez pas de les bien escorter ainsi que vos fourgons. Pain, viande, fourrage et le reste, ayez provision de tout ; car vous ne trouverez rien où vous passerez, si vous passez, et vous coucherez à l'air, quand vous vous coucherez ; car nos maisons, si nous ne pouvons vous en écarter, nous savons qu'il vaut mieux les rebâtir que les racheter ; cela est plus tôt fait, coûte moins. Ne vous rebutez pas, d'ailleurs, si vous trouvez, dans cette façon de guerroyer, quelques inconvénients. Il y a peu de plaisir à conquérir des gens qui ne veulent pas être conquis, et nous en savons des nouvelles. Rien ne dégoûte de ce métier comme d'avoir affaire aux classes inférieures. Mais ne perdez point courage ; car si vous reculiez, s'il vous fallait retourner sans avoir fait la paix ni stipulé d'indemnités, alors, alors, peu d'entre vous iraient conter à leurs enfants ce que c'est que la France en tirailleurs n'ayant ni héros, ni péquins ».

On trouve dans ces éloquentes pages, enflammées de patriotisme, l'éloge des volontaires de 1792, des soldats paysans qui avaient repoussé l'envahisseur, tandis que les brillants Etats majors de Napoléon et de Berthier n'ont abouti qu'à l'envahissement du sol de la France, après dix-huit ans de batailles glorieuses, mais stériles.

Tels sont les débuts de Courier dans le journalisme.

Ces purs chefs-d'œuvre, les *Lettres au rédacteur du Censeur* ont été trop négligés par la critique. Pourquoi ? parce que Sainte-Beuve, devenu bonapartiste, n'a pas goûté ces lettres et que tous les critiques ont emboîté le pas derrière Sainte-Beuve. Or comment Sainte-Beuve pouvait-il apprécier un pamphlétaire qui s'affirmait « le plus anti-bonapartiste possible, ennemi des grands gouvernants, voulant de gouvernement le moins possible, faisant des sorties contre la cour et les gens de cour..., méconnaissant ce qu'il y a eu de grand, d'utile, de nécessaire dans l'établissement des Louis XIV, des Richelieu, des grands directeurs de nations ? »

Certainement Sainte-Beuve pouvait prévoir que Courier, dans son humeur fantasque d'enfant terrible, méconnaîtrait « ce qu'il y eut de grand, d'utile, de nécessaire » dans l'usurpation de « l'homme de Sedan ». Mais nous ne saurions en faire un grief à Paul-Louis.

Lorsque la nouvelle loi sur la presse eut brisé sa plume de journaliste, à l'heure où son talent était à l'apogée, il se mit à publier des pamphlets sous forme de brochures. Son éclatant début avec le *Simple discours de Paul-Louis* à l'occasion de l'acquisition de Chambord consacra sa gloire. Ce château célèbre, œuvre du Primatice, allait être vendu, quand des courtisans zélés ouvrirent une souscription, afin de le racheter pour en faire don au duc de Bordeaux. Comme on voulait faire contribuer à cette libéralité toutes les communes de France, Courier lança un discours adressé au Conseil de sa commune, qui avait pour but de détourner de cet achat. Ce pamphlet fut incriminé, parce que l'auteur déclarait que ce château royal ne pouvait rappeler à « l'enfant du miracle » que les honteuses débauches des rois ses ancêtres. Il partait de là pour faire un tableau répugnant des mœurs des courtisans, des grands seigneurs, qui ont dû, affirmait-il, leur fortune à la prostitution de leurs épouses.

Bien qu'il n'eût attaqué ni le roi ni la famille royale, il fut condamné, le 28 août 1821, à deux mois de prison et trois cents francs d'amende, sous prétexte d'offense à la morale publique.

Cette condamnation légère, mais d'ailleurs injuste, équivalait pour Paul-Louis à un véritable triomphe. Le gouvernement, désormais méprisé, venait de conférer à son adversaire une gloire éclatante. « On me recherche, on veut me voir, écrit-il à sa femme ; je devrais être ivre de louanges et de compliments ; j'en ai reçu hier à foison de toute part ». Béranger disait qu'à sa place il ne donnerait pas ces deux mois de prison pour cent mille francs.

Il composa encore un pamphlet sur sa condamnation, son Jean de Broë, comme il l'appelait du nom de l'avocat général qui avait requis contre lui ; puis il se mit en prison le 10 octobre.

Le régime de Sainte-Pélagie était assez doux ; on s'y trouvait en bonne compagnie avec des hommes de lettres comme Cauchois-Lemaire et Béranger, sans parler des visites du dehors. Courier y reçut le député Manuel, le colonel Fabvier, son ami Viollet-le-Duc ; Stendhal lui fit parvenir son *Histoire de la Peinture en Italie* avec ces mots : hommage au peintre de Jean de Broë. Mais la prison ne vaut rien dans le métier du cultivateur, aussi le vigneron de la Chavonnière s'empressa-t-il, à l'expiration de sa peine, de rentrer à Véretz, où, rendu prudent, il délaissa quelque temps le pamphlet pour les études grecques.

Dans sa prison, il avait corrigé les épreuves d'une nouvelle édition de *Daphnis et Chloé ;* rentré dans ses foyers, il lança un *Prospectus d'une traduction nouvelle d'Hérodote*. La préface de cet opuscule contient des idées fort originales qui furent approuvées par Victor Cousin, mais que combattirent vivement et Villemain et Letronne. Courier ne fut pas de l'avis de ces hellénistes. C'est ainsi qu'il faisait passer au *Constitutionnel* une petite note ainsi conçue : « Parlez un peu dans vos feuilles de ma belle traduction d'Hérodote, fort belle suivant mon opinion ».

Mais, après l'éclatant succès du *Simple discours*, le pamphlétaire n'avait plus le droit de se dérober à ses amis, les membres du parti libéral, qui comptaient bien l'opposer, lors des prochaines élections, aux royalistes de son département. La Fayette, Voyer d'Argenson lui tendent la main et l'appellent au combat. De son côté le préfet le surveille comme un « individu séditieux », ou même comme un « homme taré ». Ainsi le désigne-t-on, dans les rapports de police, par ce qu'il ose accepter la candidature qu'on lui offre à Chinon. On était sous le ministère de Villèle : C'était le beau temps des candidatures officielles. Par une circulaire du premier Président d'Orléans, les magistrats furent engagés à « user sans réserve, comme sans scrupule, de leur ascendant pour faire échouer les projets criminels » de ceux qui souhaitaient de voir élire un député libéral.

Les efforts du gouvernement furent couronnés de succès : mais, tandis que le candidat de M. de Villèle était élu par 222 voix (1), Courier en obtenait 133, ce qui lui permit d'écrire qu'il était le véritable élu, en ajoutant à ses voix réelles celles des électeurs « qui n'osèrent sous les yeux de M. le marquis d'Effiat, écrire un autre nom que le sien ».

Quoiqu'il raille et paraisse accepter de bonne grâce son échec, il ne pardonnera pas au gouvernement sa haine de la justice et sa partialité. Il ne se privera donc pas plus longtemps de « fronder un petit ». Or la politique de M. de Villèle ne cessait de provoquer les libéraux en lâchant la

(1) Le marquis d'Effiat désigné aux suffrages comme président du collège électoral.

bride aux passions de plus en plus forcenées des royalistes et des membres de la Congrégation.

Rien, à cette époque, n'était plus choquant pour les anti-gouvernementaux ou pour les simples indifférents que l'intolérance du clergé, intronisé par le ministère. Plein de rage contre une société issue de la Révolution, il affirme son triomphe par les persécutions les plus tatillones ; pour mieux brider l'Université, on lui impose comme grand maître l'abbé Frayssinous, choisi parmi les prêtres les plus dévoués à la Société de Jésus. Partout, les missionnaires essaient de stimuler le zèle religieux, plantent des croix, et annoncent l'intention de réformer les mœurs des Français et de les obliger à rompre avec un passé odieux.

Quant au clergé séculier, composé surtout de jeunes prêtres formés depuis peu, il manquait d'indulgence et de mesure, parce qu'il était dépourvu d'expérience : c'est un aveu de l'abbé Frayssinous. Ne sachant pas distinguer le mal des apparences du mal, ces jeunes gens refusaient aux villageois toutes distractions et auraient voulu faire de chaque bourg « un sombre couvent de la Trappe ». Ils s'attaquèrent à la danse avec une passion insensée. Sollicités par eux, les préfets prenaient des arrêtés pour proscrire toutes distractions à l'heure des offices.

Dans la commune d'Azay-sur-Cher, limitrophe de celle de Véretz, un jeune desservant mit le pays en révolution par la sévérité de ses mesures : non seulement il interdit la danse, mais il fit fermer auberges et cabarets. L'assemblée de la Saint-Jean se tint peu nombreuse et dispersée ; elle fut inanimée, languissante et triste.

Informé par ses voisins, Courier compose alors le plus spirituel de ses pamphlets et un des moins méchants : il l'intitule *Pétition pour des villageois que l'on empêche de danser*. D'ailleurs rien d'amer dans ces pages ; parlant du clergé, l'auteur se montre bien plus modéré que contre les courtisans ou contre *Messieurs de l'Académie* ; ce qui prouve que, malgré certaines attaques des lettres au *Censeur*, la conception la plus fausse qu'on puisse se faire de lui, c'est de le représenter comme un maniaque aboyant aux soutanes. D'ailleurs s'il blâme l'austérité du desservant d'Azay ennemi de la joie, il lui oppose d'excellents prêtres, véritables pères des fidèles, qui laissent danser jusque devant le presbytère.

Trouvant son pamphlet fort anodin, Courier se flattait de n'être pas poursuivi. Le parquet de la Seine en jugea autrement et l'avocat du roi, le sieur Billot, prononça contre lui un violent réquisitoire, en réclamant une condamnation à treize mois d'emprisonnement. L'accusé fut blâmé par le tribunal pour avoir écrit plusieurs pages « très repréhensibles et dont le but paraît plus repréhensible encore. » Mais on dut le renvoyer des fins de la plainte, les passages incriminés ne constituant pas les délits prévus par la loi.

Jusqu'à la *Pétition* pour les villageois d'Azay, l'opposition de Courier est violente, perfide si l'on veut, mais elle n'est ni anti-dynastique ni anti-monarchique. Il affecte de prendre à la lettre la Charte que le roi a jurée, de croire à la liberté de la presse qu'il a garantie. « J'ai cru bonnement à la Charte, j'ai donné dans la Charte en plein. De ma vie, sans la Charte je n'eusse imaginé de parler au public de ce qui l'intéresse. Robespierre, Barras et le grand Napoléon m'avaient appris à me taire... La Charte vint, on me dit : parlez, vous êtes libre, écrivez, imprimez ; la liberté de la presse et toutes libertés vous sont garanties. »

Dès lors il fait entendre les avertissements d'un ami rude, mais que l'on peut croire sincère. Au lieu de l'écouter, on le traite en factieux ! Certes, Paul-Louis, grand propriétaire foncier, « érudit célèbre, savant paisible », de l'aveu même du duc Decazes, aurait mérité plus d'égards, de la part d'un gouvernement sensé. Mais la Restauration voulait copier la manière forte de Bonaparte. Elle croyait de son devoir de punir sans écouter. Les monarchies se perdent par leur obstination à tout refuser, comme la démocratie par sa facilité à tout promettre.

Aigri par des persécutions brutales et maladroites, le vigneron de la Chavonnière va se fâcher pour tout de bon et devenir un ennemi irréconciliable. Dès lors, il aura recours à la presse clandestine et imprimera ses pamphlets à Bruxelles chez Demat : ce sont les *Réponses aux anonymes, le Livret de Paul-Louis, la Gazette du village, la Pièce diplomatique*. Courier va donc faire à la monarchie la guerre la plus acharnée et la plus perfide, et pourtant il n'avait jamais cru qu'un autre régime fût préférable. Dans sa première *Réponse aux Anonymes*, il se fait dire : « Vous n'êtes point orléaniste. Vous n'aimez aucun prince, vous êtes républicain. » Ceci pour amener sa réponse motivée : « Loin d'avoir acquis l'opinion décidée que vous me supposez, je trouve, s'il faut l'avouer, que plus je médite, et moins je sais à quoi m'en tenir. Je serais républicain avec vous en causant, car vous l'êtes, je le vois bien, et vous m'étaleriez toutes les bonnes raisons qui se peuvent donner en faveur de ce gouvernement. Vous n'auriez point de peine à me gagner ; mais bientôt, rencontrant quelqu'un qui me dirait et montrerait par vives raisons qu'il peut y avoir liberté dans la monarchie, s'il n'allait même jusqu'à prétendre, car c'est l'opinion de plusieurs, et elle se peut soutenir, qu'il n'y a de liberté que dans la monarchie, alors je passerais de ce côté, abandonnant la république, tant je suis maniable, docile, doutant de mes propres idées, en tout aisé à convertir, pour peu qu'on me veuille prêcher, non forcer.

« Et voilà le tort qu'ont avec moi les gouvernements et leurs agents. Ils ne causent jamais, ne répondent à rien... ils ne répondent mot, et me mettent en prison. Quel argument, je vous prie ? Est-ce là raisonner ? Dès lors, plus de doute. J'ai dit la vérité. »

Dégoûté de la dynastie, Courier appelle de ses vœux une

royauté sage, économe, et simple, sans faste, sans grands officiers ; et le prince qu'il voudrait voir à la tête de ce gouvernement, c'est le duc d'Orléans.

« J'aime tous les princes et le duc d'Orléans particulièrement, parce qu'étant né prince, il daigne être honnête homme... Il ne m'a rien promis, rien juré devant Dieu ; mais, le cas avenant, je me fierais à lui, quoiqu'il m'en ait mal pris avec d'autres déjà. »

Par ces lignes Courier affirme donc sa sympathie pour un prince vers lequel beaucoup de libéraux tournaient leurs espérances ; c'est le premier témoignage de sa haine irréconciliable pour le trône de Louis XVIII. La seconde preuve de sa malveillance consiste à déclarer une guerre féroce au clergé, ou plutôt à défendre les prêtres eux-mêmes contre l'Eglise et son chef, car le point qui lui tient le plus à cœur c'est la question du célibat ecclésiastique, où il voit une cruauté, un anachronisme et un danger pour les bonnes mœurs. La deuxième *Réponse aux Anonymes* est consacrée à l'histoire scandaleuse de l'abbé Mingrat, prêtre indigne du diocèse de Grenoble, qui fut condamné à la peine de mort par la cour d'assises de l'Isère. On le laissa d'ailleurs s'enfuir en pays sarde, pour éviter l'exécution d'un prêtre. L'abbé Mingrat avait assassiné la femme jeune et belle qu'il confessait : Courier en prend acte pour condamner la confession et le célibat des prêtres ; il s'exprime en vrai libre penseur, et il donne des modèles à la littérature irréligieuse chère à M. Homais. Toutefois Paul-Louis éprouve, ou affecte d'éprouver, une pitié profonde pour les malheureux prêtres qui ont contracté trop jeunes un engagement dont ils souffriront toujours : qu'on relise les aveux touchants de son ami le chanoine Fortini âgé de soixante-dix ans : « J'ai souffert, Dieu le sait, et m'en tiendra compte, j'espère ; mais je ne recommencerais pas. »

Par malheur, l'esprit de parti a fait un trop grand succès à ces pages, qui furent, après 1830, publiées sous le titre de *Min-*

grat, avec cette étiquette suggestive *Prêtres, mariez-vous !* (1)

C'est alors que Courier conçoit le projet d'un grand ouvrage où serait démontrée la nécessité du mariage des prêtres. L'anticléricalisme devenait un sujet à la mode. Dans presque toutes les classes de la société, on ne s'entretenait que de l'intolérance du clergé. Voilà le beau résultat qu'avait produit un gouvernement voulant accorder à l'Église des privilèges exorbitants. Ecoutons Thureau-Dangin, historien conservateur mais qui s'efforce d'être impartial : « Ouvriez-vous un journal ou une brochure, ce n'étaient qu'histoires de prêtres intolérants ou ineptes, dissertations ou polémiques sur le « jésuitisme ». Regardiez-vous les caricatures à la vitrine d'un marchand d'estampes, vous y voyiez des curés et des moines gras de bien-être ou desséchés par le fanatisme, déguisés en éteignoirs, brûlant des Voltaire, s'escrimant contre la Charte, ou faisant commerce de dévotions... « A bas les Jésuites ! » ce cri lancé de la tribune, répété par la presse, fredonné par la chanson, hurlé par l'émeute, renvoyé d'écho en écho aux quatre coins de la France, éclatait chaque jour plus retentissant et plus formidable. »

Le grand événement qui met en effervescence les libéraux, et excite à la haine des Jésuites, c'est la guerre d'Espagne. On sait qu'elle avait été voulue par le parti congréganiste. Courier, dans son *Livret*, se fait l'écho des discussions passionnées de la Chambre ; nous y trouvons l'expulsion du député Manuel, les pronostics sur la campagne qui va s'ouvrir ; bref c'est un résumé de ce qui se dit et s'écrit à Paris. Mais l'auteur s'enhardit singulièrement contre la monarchie devenue partout impopulaire ; il écrit cette phrase : « Le peuple hait les Bourbons, parce qu'ils l'ont trompé, qu'ils mangent un milliard, et servent l'étranger, parce qu'ils sont toujours émigrés, parce qu'ils ne veulent pas être aimés. »

Cette phrase, si elle eût été avouée, aurait valu les

(1) Dijon chez Gaulard (au profit des détenus politiques).

galères à son auteur. Mais il va plus loin encore, si c'est possible, dans la *Pièce diplomatique* où le roi Louis XVIII, s'adressant à son « frère le roi d'Espagne » se flatte de gruger les Français, grâce à la connivence des députés de la majorité, qui lui votent chaque année un budget d'un milliard. « Vos Indes, vos galions, votre Pérou, étaient de pauvres tirelires, au prix de cette invention-là, au prix d'un budget discuté, voté par de bons députés... Entre parents tout est commun : l'argent et le sang de mes sujets vous appartiennent comme à moi ; ne vous en faites faute au besoin ».

On voit avec quel art perfide l'auteur de ces opuscules de combat sait exploiter un thème satirique. Il attaque le trône et l'autel comme en se jouant, revient à la charge, bourdonne autour des têtes couronnées, et pique à l'improviste.

Avec une plume aussi empoisonnée il était tout désigné au parti libéral pour prêcher la désertion aux soldats, à l'heure où s'ouvrait la campagne contre l'armée des Cortès. Il publia donc, sans doute sur commande, sa Proclamation d'un vieux soldat à l'armée : factum très simpliste qui consiste à dire aux plébéiens de l'armée royale : Vous allez verser votre sang pour rétablir l'ancien régime ; or, l'ancien régime « c'est pour le peuple des impôts ; pour les soldats c'est du pain noir et des coups de bâton ». Le général Lamarque approuvait hautement cette proclamation, tant les passions étaient excitées et Béranger faisant sa partie dans le même concert, lançait sa chanson : *Brav' soldats..., demi-tour !*

Voilà à quels tristes artifices les libéraux étaient réduits par une réaction triomphante, mais bafouée, qui ne leur laissait plus même l'espoir de vaincre sur le terrain constitutionnel. A défaut d'armes légales, il fallait recourir à des complots, à des menées factieuses. Belle leçon pour les gouvernements qui sont venus depuis, s'ils avaient été capables d'en profiter !

Courier désavouant tous ses pamphlets clandestins, la surveillance redouble autour de lui. Enfin, le 30 octobre 1823, il est arrêté à Paris, en pleine rue, et conduit en fiacre à l'hôtel de la préfecture de police. Après interrogatoire, il fut mis en dépôt à la salle Saint-Martin où il passa la nuit dans une chambre assez propre.

Interrogé le lendemain par un juge d'instruction, sur les écrits qu'on lui imputait, non sans raison, il s'obstina dans son système de dénégation, et fut relâché après la visite de ses papiers. Ces messieurs de la police et du tribunal avaient agi avec assez de civilité : c'est que tout suspect qu'il était, le pamphlétaire devenait, grâce à sa popularité, un membre redoutable de l'opposition : de là des égards qu'il n'aurait pas obtenus quelques années plus tôt.

Désormais Courier ne sera plus inquiété, malgré les excès de zèle et les inventions romanesques de la police de Tours, qui le mêle à des complots imaginaires.

Le préfet de police Delavau le connaissait mieux et l'avait déclaré à M. Corbière « frondeur par caractère, mais incapable de prendre part à un complot quelconque qui aurait pour but de troubler le repos de la France ».

En 1824, voulant assurer complètement le Parquet de la pureté de ses intentions, à l'heure même où il amassait des documents pour composer sa chronique scandaleuse des mœurs du clergé, le vigneron de la Chavonnière décida de publier un ouvrage tout littéraire, où la politique n'entrât point. Ce fut le *Pamphlet des pamphlets*, que les libraires se disputèrent, tandis que le public se montrait « furieusement prévenu » en faveur de l'auteur.

La correction tout académique de ce dernier ouvrage l'a fait considérer comme un chef-d'œuvre. Armand Carrel, dans son enthousiasme, l'appelle « le chant du cygne » de Courier. Certes la péroraison est d'une éloquence entraînante : il s'y met « en cause commune avec Socrate, saint Paul et Pascal et s'environne de ces grands hommes comme d'une glorieuse milice d'apôtres « de la liberté de penser ».

Mais Paul-Louis ne croyait pas avoir produit une œuvre supérieure à ses autres pamphlets (1). Polémiste, il préférait à sa « drogue » les virus autrement actifs de son *Simple Discours*, et de ses petits écrits clandestins ; et déjà il rêvait de jeter, comme une bombe, au pied du trône des Bourbons, un ouvrage éloquent et brutal, documenté et savant où seraient démontrés et la folie des vœux ecclésiastiques et le danger qu'ils font courir à la société.

Ainsi Courier s'est exercé, comme par jeu, à l'opposition avec la *Pétition aux deux Chambres* ; il en a fait le sérieux apprentissage avec les *Lettres au Censeur* et les *Lettres particulières*. Le *Simple Discours* et la *Pétition*, pour les villageois d'Azay nous le montrent à l'apogée du talent.

Puni de prison, traqué par les argousins, traité en ennemi, il se jette dans une lutte enragée et sans merci contre le gouvernement, dans une opposition antidynastique, qui ne recule devant aucun moyen pour exciter à la haine et au mépris des Bourbons. Il arrive ainsi à lancer sa *Proclamation* à l'armée, l'injure la plus cruelle que puisse recevoir un gouvernement régulier.

Le *Pamphlet des pamphlets* marque un instant de répit dans ce duel, qui va se continuer par d'autres passes d'armes plus brillantes encore.

Mais le drame de la forêt de Larçay va débarrasser la dynastie d'un dangereux adversaire.

(1) « On imprime ma drogue, qui n'en vaut guère la peine, ce me semble ». Lettre à Mme Courier.

CHAPITRE VIII

LE DRAME DE LA FORÊT DE LARÇAY

Paul-Louis Courier a connu la gloire littéraire la plus enivrante, pendant trois ans et demi, de sa condamnation pour le *Simple Discours* jusqu'à sa mort.

Mais ces années n'ont point été les meilleures de sa vie: on peut dire, au contraire, qu'elles furent probablement les plus douloureuses et les plus empoisonnées.

Tous ceux qui entendaient célébrer l'illustre pamphlétaire, ceux qui venaient de lire avec un frisson d'inquiétude ces mordantes petites feuilles, traquées par la police, tous les amis de Courier se plaisaient à imaginer la Chavonnière comme le cadre radieux où le célèbre vigneron se reposait de ses combats, en aiguisant toujours quelque nouveau trait satirique contre le gouvernement oppresseur. La réalité était moins brillante et moins joyeuse.

Abandonnée par le polémiste, qui avait d'autres soucis, l'exploitation du domaine se poursuivait tant bien que mal, grâce aux domestiques de la ferme, dont quelques-uns avaient de bonnes raisons de se considérer comme étant chez eux. Mais le désordre augmentait dans les affaires, et jusque dans les appartements occupés par les maîtres du logis. Les étrangers qui pénétraient à la Chavonnière prenaient tout de suite une triste opinion de la fortune de ses habitants.

Ecoutons un de ces visiteurs. Me Faucheux, notaire à Tours, étant allé visiter Courier, rapporte qu'il fut très surpris de l'aspect de cette habitation, qui ne différait pas des fermes d'alentour et ne ressemblait guère à une maison de maître. De la boue dans les chemins qui y donnaient accès, de la boue dans la cour, des tas de fumier d'où suintaient des ruisseaux noirs et squalides. A l'intérieur, des appartements dont le carrelage en briques portait les empreintes boueuses des sabots des garçons de labour, et meublés comme ceux des paysans ».

D'autres détails encore donnaient une impression de maison mal tenue. Me Faucheux, retenu à déjeuner par le maître du logis, vit servir des œufs à la coque dans des verres à Bordeaux faisant partie d'un service de verres en fin et précieux cristal. On déjeunait dans des plats et des assiettes de faïence aux coloris variés spécialement fabriqués pour Courrier, avec son nom en lettres noires au centre d'un médaillon à filets bleus et jaunes. Mais le repas était plus que médiocre, et ne différait guère de celui des paysans.

Tout cela dénotait le désordre, la gêne, et surtout la désunion des époux, la femme n'ayant nul souci de présenter à son mari une table confortable et bien servie. C'étaient là les indices de la déroute du ménage ; en descendant au fond des choses, nous constaterons que la réalité était conforme à ces apparences. Depuis quelques années, tout allait de mal en pis. Déjà, nous avons vu Courier aux prises avec bien des difficultés, qui commencèrent dès son installation en 1818. Le mal s'aggrava dans la suite.

Obligé d'abandonner à sa femme la direction de la ferme et de tous ses biens, tandis qu'il faisait de nombreux séjours à Paris, et qu'il écrivait ou imprimait ses pamphlets, il dut constater que le désordre était entré dans ses affaires. Une multitude de dettes, dont il ne pouvait plus reculer le règlement, le contraignirent, en 1824, à vendre sa vieille propriété de famille la Filonnière. Son passif grossissait sans cesse ; rien n'était payé, pas même le logis où s'abritait sa famille, la Chavonnnière : l'ancien propriétaire Isambert continuait à toucher l'intérêt à 5 p. 100 de la somme de 22.600, qui lui était due.

Courier avait emprunté à ses parents, à ceux de sa femme, à ses amis, comme le général Haxo par exemple. Il devait à tous ses fournisseurs, à son boulanger, à son cordonnier, à son charron, à son bourrelier, même à son barbier. Il n'était pas un des domestiques de la ferme qui n'eût à réclamer quelque arriéré sur ses gages.

Enfin Paul-Louis, toujours si économe, et que l'on croyait riche, allait, en mourant, laisser un passif de 124.000 fr. (1).

La responsabilité de cette détresse financière incombe en grande partie à Mme Courier, qui était désordonnée et dépensière.

Dans les lettres qu'il lui adresse de Paris, pendant ses absences, Courier la flatte en vain ; on voit qu'il s'efforce, par ses éloges et ses caresses, de l'encourager à se montrer ménagère économe et habile : c'est ainsi que, après lui avoir cité une jeune femme coquette, il ajoute : « mais cette femme n'est pas une Minette : elle aime la dépense et le plaisir ».

Nous avons vu qu'avec un courage viril la belle Herminie avait pris au sérieux son rôle de « fermière », obligée de tout diriger par elle-même et de commander à un nombreux personnel. Mais, n'étant pas secondée par son mari, que la polémique absorbait tout entier, et n'ayant pas le sens de l'économie, elle échoua dans sa tâche.

Elle commit d'ailleurs la faute de se livrer, et de livrer la ferme, à deux valets, qui avaient pris sur elle le plus criminel empire, les frères Dubois. En 1823, l'aîné Pierre Dubois, avait été engagé par Courier comme laboureur et charretier. C'était « un beau gars, un type remarquable et distingué de paysan ». Il avait le nez mince et bien fait, la bouche petite, une physionomie fine et expressive, des dents blanches et bien rangées.

Cet homme obtint bientôt les faveurs de Mme Courier,

(1) Tous ces renseignements sont tirés de l'inventaire dressé le 22 avril 1825 par les soins de M. Bidaut, notaire à Tours.

qui avait le même âge que lui, et qui, s'ennuyant mortellement à la Chavonnière, foula aux pieds toute pudeur, tout respect humain.

En l'absence de son mari, elle ne craignait pas de l'admettre à sa table. « D'autres fois, dit M. André, pendant le repas des domestiques, elle allait à la cuisine, et là, faisant toutes les folies d'une femme amoureuse, elle buvait dans le verre de Pierre, mangeait avec sa fourchette, lui mettait elle-même les morceaux à la bouche. Une fois, dans la chambre de l'écurie, on la trouva assise sur le lit où Dubois était couché.

« Elle l'accompagnait dans les foires et les assemblées, lui donnait publiquement le bras, entrait avec lui dans les cabarets ».

Le scandale était public. Les récits des autres valets l'avaient ébruité au point que le mari trompé devint bientôt la risée de tout le pays. Le garde Louis Frémont, un mauvais gars sournois et dissimulé, s'était donné le plaisir de pratiquer un trou dans le volet de la chambre jaune de Mme Courier et, par cette ouverture, il contemplait les ébats amoureux de la belle Herminie avec son charretier.

Bientôt l'égarement de la malheureuse s'aggrava : Elle s'abaissa jusqu'au vice, et, tout en gardant Pierre pour amant, elle fit part de ses faveurs à Symphorien, frère de ce dernier, qui fut engagé comme domestique en février 1824. C'était aussi un rude gars, d'un blond tirant sur le rouge, plus grand et plus fort que son frère.

Trop perspicace pour ignorer complètement son malheur, Courier dut s'efforcer quelque temps de dissimuler sa colère. Il avait un fils, né le même jour que le duc de Bordeaux ; la pensée de ce petit Paul l'engageait peut-être à redoubler de discrétion.

Mais il éclata, lorsqu'un armurier de Tours vint lui réclamer le prix d'un beau fusil que Mme Courier avait offert, sans le payer, à son principal amant. Courier se fit remettre cette arme, cachée dans l'écurie ; puis appelant Pierre Dubois dans son cabinet, il lui fit une scène violente qu'entendit Marie Jame la femme de chambre. « Comment, coquin, scélérat, criait-il, tu viens me menacer chez moi... Tu mériterais que je te fisse prendre par les gendarmes ».

Le valet coupable quitta la Chavonnière le jour même. C'était le 18 juillet 1824. Par malheur, il restait dans le pays, s'étant installé à deux lieues de la Chavonnière. Il devenait pour Courier un danger permanent ; c'était un ennemi qui le surveillait et pouvait, au fond des bois, profiter d'une occasion pour se défaire de l'homme dont il voulait prendre la place.

Paul-Louis ignorait évidemment que Symphorien eût partagé avec son frère les faveurs de la dame du logis, et continuât à en jouir, sans quoi il l'eût renvoyé aussitôt. Comme observe très judicieusement un biographe de Courier, « les deux frères devaient être chassés de la Chavonnière le même jour. Un des inconvénients les plus graves de la présence de Symphorien dans la maison était de tenir en rapports constants Pierre Dubois et Mme Courier ; il servait d'intermédiaire entre les amants, recevait leurs confidences et les transmettait ; il était de tous leurs complots et leur ménageait adroitement des entrevues (1) ».

A partir de la scène du 18 juillet, Paul-Louis et sa femme vécurent comme des étrangers cessant de prendre leurs repas en commun. Fréquemment éclataient entre eux des querelles violentes : un jour, Mme Courier partit sur son petit cheval et disparut. Elle s'était cachée chez un jardinier, grand ami de Pierre Dubois, qui habitait un faubourg de Tours. Paul-Louis, inquiet, désolé, parvint à découvrir sa retraite et la ramena avec lui, dans son cabriolet garni de drap bleu. Il dut alors se rappeler douloureusement les pages exquises qu'il avait consacrées à son triste héros Ménélas après la fuite d'Hélène !

(1) M. Marchadier, auteur d'une curieuse étude, éditée à l'occasion du centenaire, sous ce titre *Paul-Louis Courier*. Imprimerie tourangelle, Tours.

L'inconduite de cette malheureuse avait contribué à augmenter le désordre et le gaspillage ; elle se livrait envers ses gens à des libéralités trop coûteuses, dont ses amants avaient la meilleure part. Enfin, le scandale de sa conduite lui enlevant toute autorité sur son personnel, elle ne pouvait ni modérer ni contrôler les dépenses de la maison. Paul-Louis, effrayé du gaspillage de sa femme, prit la direction de la propriété ; c'est ce que signifie cette note mise par les premiers éditeurs tout à la fin de sa correspondance :

« Paul-Louis ébaucha les deux nouveaux fragments d'Hérodote qu'on publie... Mais occupé d'affaires d'intérêt assez importantes, il suspendit momentanément ses études littéraires ».

Il essaya, par des économies mesquines, de combler les brèches de sa fortune ; il mérita dès lors d'être appelé par les paysans « le rogneur de portions ». Il les irrita en supprimant la permission que Mme Courier leur avait accordée d'aller ramasser des feuilles et du bois mort dans la forêt de Larçay, moyennant une redevance de trois francs par an. Sa dureté s'exerça même à l'égard de Mme Clavier, venue à la Chavonnière avec l'espoir de réconcilier ce ménage divisé. Un matin, elle se rendit à pied au bourg de Véretz et entra chez le curé Marchandeau. « Vous êtes donc venue à pied », lui demanda ce bon vieillard » — « Croyez-vous, dit-elle que j'aurais demandé la voiture de M. Courier ? Je ne me chauffe pas de son bois, car j'en ai acheté une demi-corde ».

Elle ajouta : « Il a coupé les bras et les jambes à ma fille depuis qu'il lui a ôté la régie de la maison. Mais il ne s'attend pas à ce qu'on lui garde ».

Le 20 octobre 1824, Mme Courier mit au monde un garçon. « Nous avons un gros garçon de plus », écrit Paul-Louis à son ami Gasnault.

Pendant la nuit du 2 janvier 1825, Pierre Dubois s'introduisit furtivement dans la cour de la Chavonnière et eut un rapide entretien avec sa maîtresse. Courier, qui veillait tard, occupé à son Hérodote, prit un fusil et descendit en toute hâte. Il ne put surprendre le coupable ; mais il avait croisé et bousculé sa femme, au moment où celle-ci rentrait à la maison, à moitié vêtue, en jupon.

A la suite de cet incident, éclatèrent entre les époux des querelles si violentes que Mme Courier s'enfuit à Paris. Paul-Louis s'y rendit aussi, mais sans voyager avec elle. Ils vécurent séparément dans la capitale, Mme Courier habitant chez sa mère.

Pendant cette absence des maîtres, Symphorien Dubois que Mme Courier avait investi de toute sa confiance, restait à la Chavonnière, en exerçant sur les autres domestiques une autorité justifiée par les faveurs dont il avait joui. Il en profitait pour exciter chez ces natures frustes une haine violente contre le maître sévère et dur qui leur avait enlevé, disait-il, leur bonne maîtresse, « pour l'enfermer dans un couvent ». Concevait-il dès lors le projet d'assassiner ou de faire assassiner Courier ? — Oui, assurément ; mais sa prudence paysanne saurait attendre, et guetter une occasion.

De Paris, Mme Courier, plus enracinée que jamais dans son vice, continuait à rester, par ses lettres, en rapports avec Pierre Dubois. Elle commençait donc à devenir la complice du crime qui déjà s'ébauchait confusément dans les âmes cruelles et grossières des frères Dubois : elle semblait même l'ordonner en faisant à Symphorien une promesse que ce dernier traduisit en ces termes : « Madame m'a dit que s'il était possible de se défaire de M. Courier, nous vivrions ensemble comme l'homme et la femme. »

Paul-Louis, arrivé au comble de la célébrité et de la gloire, aurait pu trouver à Paris des adoucissements aux peines de son cœur et aux blessures de son amour-propre conjugal. Trahi par une épouse dévoyée, il était adulé par le public, idolâtre de son talent et de son rôle de pamphlétaire. On se l'arrachait : les salons se le disputaient, on voulait voir et entendre celui qu'on appelait « le Rabelais de la politique ».

Les rédacteurs du *Globe*, journal nouvellement fondé qui devait faire briller, au sein du parti libéral, une véritable aristocratie de l'intelligence, le convièrent à une soirée qui eut lieu le 16 février 1825. Ces jeunes écrivains, parmi lesquels on trouve les Jouffroy, les Damiron, les de Rémusat, les Vitet, sans oublier Sainte-Beuve lui-même, se faisaient un honneur d'avoir parmi eux le parfait artiste de lettres, le journaliste d'élite qu'avaient révélé les *Pamphlets*. Ils voulaient profiter de sa conversation et jouir de ses saillies. Ils l'écoutaient comme un oracle. Pour la dernière fois Paul-Louis put savourer l'encens de ses admirateurs et recevoir la récompense de son courage et de ses épreuves.

Mais hélas ! il repartait le lendemain 17 février pour la Chavonnière, où des bûcherons allaient l'assassiner au milieu d'un bois.

Rentré dans son domaine, il fit aussitôt connaître autour de lui le dessein qu'il avait conçu de vendre et la ferme et la forêt de Larçay. Il songeait alors à se fixer soit à Paris, soit en Belgique. Mais les valets de la Chavonnière ne voulaient pas laisser échapper leur victime : déjà le projet était formé entre eux de l'assassiner. Ils ne lui pardonnaient pas d'être revenu seul, sans Madame, leur bienfaitrice. Avec leur bonne maîtresse, la vie était douce : elle avait pour eux des égards, des prévenances, sans parler des faveurs spéciales qu'elle accordait à Phorien (1). Et maintenant, Mme Courier écartée, enfermée, disaient-ils, dans un couvent, il faudrait subir l'autorité d'un maître dur et avare ! Madame reviendrait-elle jamais ? On n'osait l'espérer, puisque voilà Monsieur qui parlait de vendre les propriétés et de quitter le pays. En écartant même cette idée de vente et de départ, la bonne Madame pourrait-elle jamais revenir se livrer au despo-

(1) C'est ainsi qu'on appelait Symphorien, par une curieuse abréviation usitée en Touraine.

tisme d'un homme comme le « rogneur de portions ? » Les frères Dubois, toujours honorés des lettres et des confidences de la fugitive, disaient au garde Frémont : « Madame ne reviendra pas, si Monsieur ne la remet pas dans ses droits comme elle était avant ». Ou bien, ils lui glissaient à l'oreille des invitations dans le goût de celle-ci : « Ah ! si M. Courier était tant seulement mort, nous serions tous bien heureux. Notre dame reviendrait de Paris... (1) » C'est par ces espérances que les deux Dubois espéraient décider Frémont à faire le coup. Seul il avait, en effet, la confiance de Courier ; seul, par suite, il pouvait l'approcher de manière à le frapper sans le manquer.

Ils en vinrent à flatter le misérable. C'est ainsi qu'un jour, le 14 mars 1825, comme Frémont se trouvait à boire chopine chez le père Tricot, à l'auberge du *Chêne-Pendu*, sur la route de Cormery, Pierre Dubois entra avec Arrault et Martin Boutet, deux journaliers employés à la Chavonnière. Pierre s'avança vivement vers lui et l'embrassa, puis ils causèrent longtemps à voix basse. Il lui disait : « J'ai un secret à te dire. L'absence de Mme Courier est bien malheureuse pour nous tous... Elle est fort mal avec son homme. Je voudrais bien qu'il fût mort ce bougre-là... Si j'étais comme toi tous les jours dans les bois avec lui, j'aurais bientôt fait..., j'ai des lettres de Mme Courier, qui me donne de ses nouvelles, et elle voudrait bien aussi que son mari fût mort ».

Ces dépositions recueillies par la justice établissent assez la complicité de la belle Herminie dans le crime. Quant à Frémont lui-même, que lui promettaient les frères Dubois ? Par l'aveu du consentement de Mme Courier ils lui faisaient comprendre assez que s'il les débarrassait de leur maître, ce qui serait facile, on le récompenserait largement : il serait heureux, comme tous les autres domestiques. Madame

(1) Déposition de Frémont à la cour d'assises.

reviendrait à la Chavonnière, vivrait avec Phorien et leur livrerait à tous la ferme et la maison.

C'est ainsi que les frères Dubois ourdirent ce complot domestique avec l'adresse et la prudence la plus consommée.

Frémont, ce petit homme au front étroit, au visage plat, aux favoris roux, était d'une intelligence médiocre : les espérances que l'on faisait miroiter devant ses yeux le décidèrent à entrer dans la combinaison des ennemis de Courier. D'ailleurs son maître n'avait su se l'attacher ni par des libéralités ni par de bons traitements.

De plus en plus aigri par ses infortunes conjugales, il le rudoyait, quand il aurait eu tant d'intérêt à le ménager. Il lui fit des scènes sur son ivrognerie, sur le peu de soin qu'il mettait à surveiller les maraudeurs qui s'approvisionnaient de bois dans la forêt de Larçay. Enfin, las de le réprimander, il décida, au début d'avril, de le congédier. Pour le remplacer, il fit insérer au *Journal d'Indre-et-Loire* cette note, qui parut le 10 avril : « On demande pour la campagne un domestique sachant écrire lisiblement. S'adresser rue Chaude, hôtel du Cygne, chez Freslon, ou à Véretz chez M. Courier ». Ce simple avis fut pour le pamphlétaire un arrêt de mort irrévocable et définitif. Voyant sa place perdue, Frémont n'hésita plus à tuer son maître. Le crime décidé, il ne reste plus qu'à distribuer les rôles aux acteurs du drame. Frémont étant d'un caractère faible et inconsistant, il sera assisté par Pierre et Symphorien Dubois qui le pousseront et guideront son bras. D'autres acolytes encore sont requis, pour le cas où Courier, grand et vigoureux, viendrait à se défendre : ce sont Martin Boutet et François Arrault, deux journaliers habituellement employés soit à la Chavonnière, soit dans la forêt de Larçay. Enfin, il faut guetter une occasion favorable.

Elle ne se fit guère attendre : le dimanche 10 avril 1825, jour de Quasimodo, vers onze heures du matin, Courier faisait appeler son garde Frémont et lui disait : « Allez tantôt dans les parcs de Montbazon : vous examinerez la grosseur et la longueur des fagots qu'on y a faits... Demain, les fagots de la forêt de Larçay devront être faits d'après les mêmes dimensions ». En même temps, il lui assignait le rendez-vous fatal :

« Ce soir, reprit-il, après mon dîner, j'irai dans la forêt, sur la vente, et je vous indiquerai l'endroit où, demain, il faudra mettre au travail les fagoteurs : Vous m'attendrez à la Fosse-à-Lalande ».

En quittant son maître, Frémont attira Symphorien dans un coin de l'écurie et conversa avec lui à voix basse, ce qu'a rapporté un témoin, le nommé Barrier, qu'ils eurent soin d'écarter en l'envoyant au grenier chercher deux bottes de foin. Barrier comprit qu'il les gênait.

Vers midi, Frémont partit, son fusil sur l'épaule ; Symphorien, de son côté, alla retrouver, au village d'Esvres, son père et son frère.

Courier presque seul à la Chavonnière, en ce jour de fête, reste enfermé dans sa chambre la plus grande partie de l'après-midi. Il se consacre à l'étude ; peut-être à la correction des *Cent lettres*, écrites de France et d'Italie, auxquelles on sait qu'il attachait tant de prix, et qu'il retouchait alors pour les publier.

Sur les quatre heures et demie, il sort de sa maison, et la canne à la main, la tête baissée, l'air sombre et préoccupé, il court à son rendez-vous avec Frémont. Jamais on ne l'avait vu aller si tard dans sa forêt : un quart d'heure seulement avant le coucher du soleil, il rencontra Frémont, et, non loin de lui Symphorien : le maître et les deux valets s'enfoncèrent dans l'épaisseur des bois, Courier précédant ses domestiques. Tout en marchant, il les réprimandait vertement. Soudain, la voix courroucée de Symphorien couvrit la sienne. « C'est fini, cria-t-il ; il faut qu'il passe le goût du pain ici ! »

Effrayé, Paul-Louis voulut fuir ; il « avança le pas comme

pour se sauver (1) ». Frémont hésitant, Symphorien lui cria : « Tue-le, ou je te tue ! » Aussitôt, saisissant la jambe de son maître, il le renversa dans le chemin, la face contre terre : au même moment Louis Frémont déchargeait à bout portant son fusil sur Courier, qui fut tué sur le coup.

Alors accoururent, au bruit de la détonation, Pierre Dubois, Boutet, Arrault et un quatrième individu que l'on supposa être le père des frères Dubois. Symphorien retourna le mort sur le dos ; Frémont fouilla dans ses poches ; puis ils disparurent tous, laissant le cadavre étendu au bord d'une ornière pleine d'eau et de boue.

L'ancien officier des guerres de l'Empire venait de trouver, dans son propre domaine, le genre de mort auquel il avait échappé plus d'une fois parmi les ravins et les fourrés de la Calabre.

Ce qu'il n'aurait jamais prévu, ses meurtriers faisaient partie de ce bon peuple de Touraine, si vanté par lui, de cette population rurale dont « chaque jour l'industrie augmente, les travaux se multiplient et dont par conséquent la morale s'épure. » On voit combien Paul-Louis fut la dupe des gens dont il avait fait les héros de sa *Gazette du Village*.

On crut dans le pays à un crime politique commis à l'instigation des Jésuites. Ce fut aussi, a dit Mme Courier, l'opinion de la Bourse de Paris. C'est qu'on avait l'esprit hanté par cette sorte de prédiction du *Livret* : « Prends garde, Paul-Louis ; les cagots te feront assassiner ».

C'est incroyable combien cette légende a été tenace, bien qu'elle ait été refutée, dès le premier procès, par le président du tribunal de Tours qui déclara :

(1) Ainsi s'est exprimé l'un des témoins de cette scène tragique, car elle eut deux témoins imprévus. Une servante de ferme, la fille Sylvine Grivault, revenant de l'assemblée de Saint-Avertin, s'était arrêtée dans un fourré de la forêt avec un certain gars nommé Honoré Veillaut : couchés à plat ventre, tapis sous les bruyères, à dix pas de l'endroit où Courier fut assassiné, ils assistèrent avec effroi au drame dont ils se promirent de ne rien révéler. Sylvine fit toutefois, en 1829, d'importantes révélations qui permirent d'ouvrir une nouvelle instruction.

« Le crime est un attentat domestique, tout l'indique, et il faut faire justice des premiers soupçons exprimés par l'opinion publique. De ces rumeurs inconsistantes qui désignaient, comme instigateurs du crime des personnes élevées et honorables, de ces préventions injustes, les débats n'ont rien laissé debout. »

Non il ne reste rien, pour les gens de bonne foi et de bon sens, des soupçons qui se sont portés sur les ennemis politiques de Courier.

Parmi ceux qui accréditent cette légende d'un crime politique, qui trouvons-nous tout d'abord ? Mme Courier, c'est-à-dire l'inspiratrice des assassins, celle que l'on peut considérer comme la plus coupable, celle qui a conduit l'intrigue et qui a dirigé les coups des meurtriers. Il est évident qu'elle cherche à détourner les soupçons de ses amants sur les Jésuites.

Quand elle vit que la piste utile ne pouvait être cherchée sérieusement du côté de la Congrégation, et que l'opinion la plus générale, parmi les gens du pays, accusait Louis Frémont, elle se décida à le charger sans merci. Pour le perdre plus sûrement, elle déclara au juge d'instruction que, le matin du 10 avril, un rendez-vous avait été fixé par son mari à Frémont, dans la forêt de Larçay, pour cinq heures et demie du soir. C'était assurément contre l'assassin une charge énorme. Mais c'était une charge non moins grave contre elle-même qu'elle venait apporter au magistrat. Pour connaître ainsi l'heure du rendez-vous, et par suite celle du crime, il fallait donc qu'elle eût reçu les confidences de ceux qui avaient organisé le drame de la forêt de Larçay. Cela prouvait qu'elle était d'intelligence avec les meurtriers.

Qui lui avait parlé de ce rendez-vous ? A cette demande des magistrats, Mme Courier se troubla, elle désigna successivement trois personnes honorables, qui toutes les trois lui opposèrent un démenti formel. Elle fut donc prise, sur ce point capital, en flagrant délit de mensonge.

Des magistrats perspicaces ou simplement attentifs, auraient dû en profiter pour la mettre en état d'arrestation (1). Mais cette magistrature de la Restauration que nous avons trouvée si accessible aux passions politiques, en même temps que si servile envers le gouvernement, nous apparaît ici, par surcroît, comme singulièrement négligente au point de vue strictement professionnel.

Mme Courier, complice de l'assassinat de son mari, ne fut donc pas arrêtée ; et pourtant, bien qu'elle connût avec précision la participation au crime de son amant Symphorien, d'Arrault et de Boutet, elle garda tous ces assassins à son service. Pierre et Symphorien avaient été arrêtés ; ils parvinrent à établir un alibi, en disant qu'en ce jour de fête ils avaient fait différentes courses de village en village buvant partout avec excès : un non-lieu intervint donc en leur faveur. Le retour de Symphorien fut une grande joie pour la veuve consolée. Apprenant son arrivée à la Chavonnière, elle courut au devant de lui dans les champs, et publiquement elle l'embrassa en lui disant : « Mon cher ami, j'ai bien pris part à tes peines... »

Ainsi, elle témoigne confiance et affection scandaleuse à ceux que la voix publique désigne comme coupables. Symphorien souillé du sang de son époux, reprend sa place près d'elle ; Pierre Dubois, chassé par Courier, est institué par la veuve garde-vente des acquéreurs de coupes dans la forêt de Larçay. Martin Boutet qui s'était si habilement attaché à prouver l'alibi invoqué par les Dubois, fut choisi comme garde particulier en remplacement de Frémont. Enfin Arrault, qui avait assisté les meurtriers, obtenait lui aussi un emploi régulier à la Chavonnière.

Toute cette coterie de gredins, protégée par Mme Courier, retrouvait donc, auprès d'elle, une vie douce et confortable, avec ce système de gestion large, insoucieux, accommo-

(1) Mme Courier fut arrêtée en 1830, lors de la reprise de l'instruction. Mais alors des faits nouveaux avaient été révélés.

dant, bien propre à favoriser ces habitudes de pillage ou de « grapillage » qui s'étaient établies par son influence.

Cependant l'opinion bien nette des voisins, des habitants de la contrée, c'était que les assassins c'étaient ces valets tous protégés et choyés par la veuve. Mais le nom que l'on murmurait comme celui du plus redoutable de tous, comme celui du véritable instigateur, c'est celui de Phorien. La justice a négligé ce criminel à la charge duquel on peut mettre un autre assassinat, celui de Barrier, témoin gênant et causeur indiscret (1) ; il semble pourtant que la justice immanente se soit attachée à le punir.

En 1827, bousculé par ses chevaux, il fit dans une mare une chute grave. En proie, à la suite de l'accident, à une fièvre violente, il succomba le 19 août sur son lit de sangle dans le petit réduit, qui lui servait de chambre, près de l'écurie. Mme Courier vint veiller elle-même son domestique et donna, jusqu'à la fin, à ce moribond les marques de la plus vive tendresse : pendant toute l'agonie, elle s'agitait anxieuse autour de la couche où se débattait le misérable, « elle le soutenait par d'apaisantes paroles », et la sueur qui baignait le front du réprouvé « elle l'essuyait de son fin mouchoir doucement manié (2). »

« Le jour de l'enterrement, ajoute M. André, Mme Courier, dès le début de la matinée revint s'asseoir près du lit où reposait Symphorien, enveloppé dans son suaire.

« Elle paraissait très affligée et murmurait :

« Je perds là un bon domestique... Chez moi, quand il y était, j'étais aussi sûre en ma présence qu'en mon absence. » Au moment où le corps allait être mis dans le cercueil, elle ouvrit le vieux bas de buffet, qui renfermait les hardes et effets de Symphorien. Elle y prit une petite boîte, en tira

(1) On se rappelle que le jour du crime, Barrier était dans l'écurie lorsque Frémont vint causer bas à l'oreille de Phorien avant de se rendre au rendez-vous que Courier lui avait assigné dans la forêt.

(2) Louis André. *L'assassinat de P. L. Courier.*

une bague, « une espèce d'alliance en or » et elle passa l'anneau à l'un des doigts du mort ».

Ce n'était donc pas un serviteur qu'elle pleurait, mais celui qui avait su se faire le maître de son cœur.

Il ne faut donc plus répéter que les causes de l'assassinat de Courier sont obscures. Il faut s'en tenir à ces affirmations brutales, mais seules exactes : Emportée par une passion violente pour un solide gars, rougeaud et puissant, qui avait l'âme d'un scélérat consommé, la fille du savant Clavier ridiculisa son mari, puis le fit assassiner par le bélître à qui elle s'était donnée corps et âme. Comme Symphorien était trop prudent pour commettre seul un attentat, qu'il aurait pu ne pas réussir, car Courier était défiant et vigoureux, il organisa contre son maître un complot où entrèrent son frère et d'autres paysans, qui se jugeaient lésés dans leurs intérêts.

Dans cet ouvrage, consacré à Paul-Louis et non à ses assassins, nous ne pouvons raconter les deux procès auxquels donna lieu le drame du 10 avril. Résumons seulement les faits principaux qu'il faut connaître.

Le parquet de Tours avait tout d'abord soupçonné les Dubois, à cause des relations connues de Pierre avec Mme Courier. Il fit donc arrêter le père et les deux fils. Mais bientôt ces trois inculpés furent relâchés, faute de preuves, et à cause d'un alibi, qu'ils essayèrent d'établir et qui fut admis par le juge. On ne retint donc qu'un seul inculpé, Louis Frémont, que Mme Courier accusait avec acharnement pour sauver ses amants. Il fut renvoyé devant la Cour d'assises d'Indre-et-Loire. Mais le Procureur du Roi, comprenant bien que ce petit homme, à l'intelligence bornée, n'a dû être qu'un instrument entre les mains de plus habiles scélérats, le Procureur avouait ses hésitations et ses scrupules, en se demandant tout haut si le crime accompli était l'effet d'une violence isolée, d'une rancune instinctive, ou s'il ne serait pas plutôt le résultat d'un lâche complot ? Et il déclarait :

« Il y a là un mystère, et jusqu'à présent ce mystère est insondable ».

C'était rendre aisé le rôle du défenseur de Frémont, qui obtint du jury cette réponse à l'unanimité : « non, Louis Frémont n'est pas coupable ».

Mais le crime avait eu deux témoins : Honoré Veillaut et la fille de ferme Sylvine Grivault, qui n'avaient rien révélé, craignant la vengeance d'un misérable aussi redouté dans la contrée que Symphorien Dubois. Fidèle au mot d'ordre, à ce parti pris de silence, Veillaut refusa toujours de parler. Mais la Sylvine se laissa aller, un beau jour, dans un moment d'émotion, à raconter ce qu'elle avait vu le 10 avril 1825, alors que, revenant, avec Veillaut, de la frairie de Saint-Avertin elle s'était oubliée, près de lui, sous une touffe de chênes, parmi la bruyère très haute qui les cachait.

Alors fut connue, dans tous ses détails, la scène de l'assassinat telle que nous l'avons présentée. On apprit que les deux assassins étaient Louis Frémont et Symphorien Dubois. Mais ce dernier était mort en 1827, et Frémont couvert, par son acquittement, d'une immunité légale, était désormais à l'abri de toute poursuite.

Restaient les trois comparses Pierre Dubois, François Arrault, Martin Boutet : restait aussi Mme Courier.

Cette douloureuse résurrection du passé surprit la veuve coupable « dans la félicité d'une liaison nouvelle » avec un jeune étudiant en médecine, d'origine genevoise, qu'elle épousa plus tard, bien qu'il eût onze ans de moins qu'elle. Convoquée à Tours par le juge d'instruction, la veuve Courier fut bientôt mise en état d'arrestation.

Elle était prévenue « d'avoir par promesse, machinations et artifices coupables, provoqué à l'assassinat » et de plus « d'avoir donné des instructions pour le commettre ». Mais la chambre des mises en accusation de la Cour d'Orléans déclara qu'il n'y avait pas charges suffisantes à l'égard de Mme Courier ; elle bénéficia donc d'un non-lieu.

Pierre Dubois, Arrault et Boutet, déférés à la Cour d'assises d'Indre-et-Loire, furent tous acquittés.

Ainsi Courier, victime des paysans qu'il défendit et encensa, victime des juges qu'il haïssait, victime du jury, dont il dénonçait la servilité et la sottise, Courier n'a pas été vengé.

Il repose dans le petit cimetière de Véretz, au centre du canton immortalisé par sa plume.

CHAPITRE IX

DE L'AUTHENTICITÉ DES LETTRES DE PAUL-LOUIS COURIER

Le 19 mars 1812, quelques semaines avant de quitter Rome et l'Italie, qu'il ne devait plus revoir, Paul-Louis Courier rédigeait une courte note destinée à précéder le recueil d'une centaine de ses lettres, qu'il avait pu réunir ou reconstituer, ou dont peut-être il avait gardé la copie (1). Il regrettait de n'avoir pu en conserver un plus grand nombre, cette idée de garder ses lettres lui étant venue trop tard ; et il s'écriait, avec une certaine mélancolie : « Plût à Dieu que j'eusse de semblables mémoires de mes premières années ! »

Voilà certes un regret bien sincère ! En effet, ces lettres rappellent à Courier des souvenirs trop charmants, elles évoquent dans son esprit des sites trop pittoresques et des scènes trop animées, pour qu'il n'ait pas pris plaisir à les relire lorsque, après son retour en France, une vie prosaïque, et empoisonnée de soucis, eut succédé à l'existence agitée, mais joyeuse et variée qu'il menait à Rome, à Frascati, à Florence et dans les Calabres.

En reprenant ces vieux papiers, jaunis par le temps, il avait sous les yeux, suivant son expression, de véritables « mémoires » de sa vie aventureuse de soldat et d'érudit ;

(1) Nous les appellerons les *Cent lettres*, à l'exemple de l'auteur lui-même. En réalité on en compte 109, écrites de mai 1804 à mars 1812. Il faut y joindre un certain nombre de réponses signées Clavier, Akerblad, Boissonade, de Sacy, etc... Dans les éditions données après la mort de Courier ces lettres sont précédées de quatorze autres qu'il avait écrites depuis son enfance jusqu'en 1804.

et c'est avec raison que l'on a donné ce titre à la première édition de ses lettres : *Mémoires, correspondance et opuscules inédits de Paul-Louis Courier* (1).

Il attachait trop de prix à ces lettres, dont plusieurs sont de petits chefs-d'œuvre, pour en frustrer la postérité. Devenu célèbre comme pamphlétaire, il comptait donc publier ces essais de sa jeunesse. C'est pourquoi il entreprit de les réviser en vue de l'impression. Il y travaillait au début de 1825, quelques semaines, et quelques jours même, avant sa mort : ce fait est attesté par Mme Courier qui surveilla, comme l'on sait, la publication des œuvres de son mari.

C'est sans doute en faisant cette révision des *Cent lettres* que Courier rédigea les courtes notices qui servent de commentaire à sa correspondance. Tout démontre, en effet, qu'il a éprouvé le besoin d'établir des liaisons entre les différentes circonstances qui expliquent les pièces de cette correspondance. Seul il pouvait le faire avec cette précision et avec cette exactitude. Renseignements très nets sur les opérations militaires, et sur la marche des armées auxquelles appartint l'officier, chronologie assez minutieuse, renseignements sur les voyages, et les aventures de Courier (sur beaucoup de choses en somme qu'il pouvait seul connaître), tout cela est contenu dans ces brèves notices.

Ne soyons pas surpris que Courier ait pu retrouver ces faits et ces dates après un si long intervalle : nous savons, en effet, qu'il traînait avec lui dans toutes ses campagnes de précieux petits carnets, qui existent encore et qui, par malheur, restent inédits (2). Ce sont ces carnets qui ont servi à documenter l'auteur relisant ses lettres pour les publier, à moins toutefois que le texte des notices ne soit extrait intégralement des susdits carnets (3).

(1) Sautelet et Cie, libraires-éditeurs, Paris, 1828.

(2) Par suite de la mauvaise volonté des descendants de Courier, vainement sollicités.

(3) Ce qui pourrait être l'œuvre de Mme Courier ou du général Haxo, qui n'ont pu raconter la vie de Courier sans documents précis.

Il est donc incontestable que Courier a revu ses *Cent lettres* avec l'intention de les publier : il est certain en outre qu'il y a fait quelques corrections. Mais ces corrections n'altèrent guère la valeur documentaire des lettres si importantes pour qui veut étudier la jeunesse de l'auteur.

Tel est notre avis ; telle était aussi l'opinion de Sainte-Beuve qui juge les lettres de notre Paul-Louis comme étant « d'un secours inestimable » pour connaître sa vie antérieure à l'époque des pamphlets. D'ailleurs, le critique des *Lundis* pense que « Courier, homme de style et de forme, n'a guère dû faire de changements à ses épîtres que pour les perfectionner par le tour ; ses retouches n'ont pas dû porter sur les opinions et les sentiments qu'il y exprime, et le travail qu'il y met, le léger poli qu'il y ajoute n'est qu'un cachet de plus. »

Mais, en critique littéraire, les choses ne sont pas toujours aussi simples qu'elles le paraissent : Sainte-Beuve juge d'intuition et voit les choses de haut. Aujourd'hui, l'on veut des certitudes, et il faut s'appuyer sur des preuves. Nos longues recherches relatives à la vie de Courier et à ses œuvres nous permettent d'apporter ici des précisions et, sur quelques points, de réfuter Sainte-Beuve lui-même.

Nous essayerons de montrer que si, dans nombre d'épîtres Paul-Louis n'a corrigé que des mots et s'est borné à mettre des liaisons, il en est quelques autres où il a introduit des changements portant sur le fond même, c'est-à-dire sur les idées.

On ne sait ce que sont devenus les manuscrits des œuvres de Courier, dont le libraire Sautelet acheta la propriété pour la somme de huit mille francs. On n'a que les manuscrits d'un certain nombre de lettres appartenant à des particuliers ou à des bibliothèques (1). Mais ces manuscrits ne nous

(1) De ces dernières, nous avons publié un bon nombre, dans nos divers livres sur Courier et, en dernier lieu, dans notre édition du centenaire. *Œuvres de Paul-Louis Courier*. Librairie Garnier, en 2 volumes.

M. Lelarge en a publié aussi quelques-unes dans son livre : *P.-L. Courier parisien*.

apprennent rien sur les corrections apportées par Courier à ses lettres, puisqu'il s'agit précisément de billets ou d'épîtres qui étaient sortis des mains de l'auteur, qui par suite furent perdus pour lui et qu'il ne put songer à joindre à son recueil des *Cent lettres* (1).

Mais une importante découverte a été faite à la Bibliothèque nationale : Une très curieuse lettre de Courier extraite des papiers de Guilhem de Sainte-Croix a été publiée par M. Omont, en 1899, et par nous-même en 1906, dans la *Revue Bleue*. Ce document est comme la réplique d'une autre lettre publiée par les premiers éditeurs. Nous croyons devoir la réimprimer ici. Les lecteurs pourront la confronter avec la lettre connue du 12 septembre 1806.

Bibl. Nat. — FR. Nouvel. acquisit. 501. Correspondance provenant des papiers de Guilhem de Sainte-Croix.

Feuillet du ms 99.

Monsieur,

Depuis ma dernière lettre, à laquelle vous répondîtes d'une manière si obligeante, il s'est passé ici des choses qui nous paraissent de grands événements, mais dont je crois qu'on parlera peu dans le pays où vous êtes. Quoiqu'il en soit, vous, Monsieur, si vous voulez *casus cognoscere nostros*, ne vous en fiez point aux gazettes, mais à ce que je vais vous dire. C'est l'histoire de la grande Grèce pendant ces trois derniers mois.

Les Anglais nous ont bien frotté (*sic*), et à bon marché. Car je ne crois pas qu'il leur en coûte [ ] (2) cinquante hommes. Ce fut le 4 juillet dernier. Le combat dura dix minutes, et en dix minutes nous perdîmes le tiers de notre monde (environ 2.000 hommes), notre artillerie, nos

(1) Nous ne possédons le manuscrit d'aucune des lettres publiées par Sautelet ou par son successeur Paulin.

(2) Mot effacé : Courier avait écrit *cent*.

bagages, magasins, trésor, administrations, en un mot tout ce qu'on peut perdre. La Calabre entière se souleva et tourna contre nous les armes que nous lui avions fort imprudemment laissées. Pendant trente jours de retraite, sur une plage brûlée par la canicule, à travers des nuées de montagnards féroces, bien armés, bons tireurs, ce que nous eûmes à souffrir ne se peut imaginer, vivant à la pointe de l'épée, disputant à coups de fusil quelques mares d'eau bourbeuse, voyant à cent pas de nous massacrer nos blessés, nos malades, tous ceux que le sommeil, la fatigue, l'inanition forçaient à rester en arrière. Les munitions nous manquaient et de cela seul il était aisé de prévoir que nous devions tous périr sous le feu des paysans quand nous ne pourrions plus les repousser. Enfin nos soldats se révoltèrent et tirèrent sur leurs officiers. L'habitude du pillage, unique moyen de subsister, avait détruit toute discipline.

Il faut rendre justice au général Reynier. Sa constance ne s'est pas démentie un instant. A le voir vous eussiez dit qu'il ne se passait rien d'extraordinaire. Il reçoit la nouvelle le plus accablante, comme si on lui annonçait que le souper est servi. Il fait voir en lui réellement tout ce qu'ont écrit les Stoïques de leur sage dans l'adversité. Cette imperturbabilité toute admirable qu'elle est, ne suffit pourtant pas à un chef, dont le but doit être moins de montrer du courage que d'en inspirer. Il y a un courage qui se communique et qui *force la destinée*, (souligné) comme a très bien dit Racine. Si Marc Aurèle et Julien furent aussi bons capitaines que l'histoire le dit, ils durent mettre souvent de côté leur *Ataraxie*, leur *aorgerie*.

Notre situation était triste. Nous ne pouvions guère aller plus loin quand nous rencontrâmes Masséna qui venait du siège de Gaëte. Alors nous retournâmes sur nos pas, formant l'avant garde de cette petite armée et faisant aux insurgés la plus vilaine de toutes les guerres. Nous en tuons peu. Nous en prenons bien moins. La nature du pays, la connaissance et l'habitude qu'ils en ont font que même étant surpris, ils nous échappent aisément ; non pas nous à eux. Ceux que nous attrapons, nous les pendons aux arbres, et quand ils nous prennent, ils nous brûlent le plus doucement qu'ils peuvent. Moi qui vous écris, Monsieur, je suis tombé entre leurs mains. Il a fallu plusieurs miracles pour me sauver de l'autodafé auquel on me destinait. Je l'ai souvent échappé belle dans le cours de cette campagne. Car outre ma part des boulets dans les occasions, j'ai fait deux fois le voyage de Reggio à Tarente, c'est-à-dire près de cinq cents lieues, tantôt à pied tantôt à cheval, quelquefois à quatre pattes, quelquefois glissant sur mon derrière ou culbutant du haut des montagnes, sans cesse menacé du sort qu'eut dans ce même pays le poète Ibycus. C'est dans une de ces courses que je fut pris par les brigands (*Di meliora piis*). Enfin, il n'y a pas un bois, pas un précipice, pas un coupe-gorge dans toute la Calabre que je n'aye traversé souvent seul et toujours peu accompagné. Un jour de sept hommes qui me suivaient quatre furent tués avec cinq chevaux par les montagnards. Nous avons perdu et perdons chaque jour de cette manière une infinité d'officiers et de petits détachements. Une autre fois pour éviter pareille rencontre, je montai sur une petite barque, et ayant forcé le patron à partir malgré le mauvais temps, je fus emporté en pleine mer, trop heureux d'être jeté sur la côte d'Otrante à soixante lieues de l'endroit où j'allais. Une autre fois, sur une autre barque, je passai sous le canon d'une frégate anglaise. On me tira quelques coups. Tous mes marins se jetèrent à l'eau et gagnèrent la côte en nageant. N'en pouvant faire autant, je restai seul comme Ulysse ; comparaison d'autant plus juste que ceci m'arriva dans le détroit de Charybde, à la vue d'une petite ville qu'on appelle encore Scilla, où je ne sais quel Dieu me fit aborder paisiblement. J'avais coupé avec mon sabre les cordages qui tenaient ma petite voile latine, sans quoi j'eusse été submergé.

Les Anglais se battent bien même à terre. Quoiqu'ils fussent plus nombreux que nous, on ne peut leur contester d'avoir montré un flegme et une fermeté qui devaient l'emporter sur notre étourderie. Ils marchaient à nous. Nous courûmes à eux. Nous les chargions sans tirer. Ils nous attendirent à petite portée, et leurs premières décharges nous abattirent des rangs entiers. Nous fûmes bientôt en déroute. Ils ne nous poursuivirent pas. Je n'ai pu savoir pourquoi. Leur conduite après la bataille fut extrêmement généreuse. Ils eurent plus de soin de nos blessés que nous n'en aurions eu nous-mêmes et pour les soustraire, ainsi que nos fuyards, à la rage des paysans, ils dépensèrent beaucoup. J'ai vu une lettre de sir Stuard à un officier qu'il fut obligé de laisser dans un village, ses blessures n'ayant pas permis de le transporter à bord. On ne peut rien écrire de plus honnête. Nous n'eûmes pas ces attentions pour les Autrichiens blessés à Castelfranco, quoiqu'il se trouvât parmi eux un Général né Français, le prince de Rohan.

Ce fut la réflexion que je fis ayant la mémoire toute fraîche de cette affaire. Nos officiers pour la plupart retrouvent leurs effets où ils les ont laissés. Ce qui manque a été pillé par nos propres domestiques, ou par les troupes napolitaines. Les Anglais n'ont pris que les papiers. Ce n'est pas là notre méthode. Ils ont exactement payé tout ce que le pays leur a fourni. Nous, nous prenons aux habitants leurs denrées et leur argent. On peut dire de tous nos Généraux, *hic petit excidiis urbem miserosque penates ut gemma bibat el surrano dormiat ostro*. Imaginez comme on nous aime ; il y a tel village en Calabre où un jeune homme ne se marie point, s'il n'a tué au moins un Français. Dans la maison où l'on me faisait l'accueil le plus flatteur, j'ai toujours vu les enfants que je voulais caresser me repousser avec horreur.

Vous croirez aisément, Monsieur, qu'avec de pareilles distractions, je n'ai eu garde de penser à l'antiquité. S'il s'en trouve sur mon chemin quelques monuments, à l'exemple de Pompée, *ne visenda quidem putavi.* J'avais sauvé du naufrage de mes pauvres nippes un Petit Volume dont je lisais tous les jours quelques pages. Je l'appelais mon bréviaire. C'était une iliade de Turnèbe que peut-être vous aurez vue dans les mains de l'abbé Barthélemi ; car cet exemplaire me venait de lui (*quam dispari domino !*) et je sçais qu'il avait coutume de le porter dans ses promenades. Pour moi je le portais partout, afin de n'être jamais seul. Mais l'autre jour, je ne sçais pourquoi, je le confiai avec ma valise à un soldat qui me conduisait un cheval de main. Cet homme fut tué et dépouillé. J'ai perdu huit chevaux tués ou pris, mes habits, mon linge, mon manteau, mes pistolets, mon argent, mes domestiques. Je ne regrette que mon homère, et pour le ravoir, je donnerais la chemise qui me reste. C'était toute ma société, ma consolation, mon unique entretien dans les haltes et les veilles. Mes camarades rient. Je voudrais bien qu'ils eussent perdu leur dernier jeu de cartes, pour voir la mine qu'ils feraient.

Vous conter de pareilles misères, n'est-ce point trop abuser de votre complaisance ? Si nous nous arrêtions quelque part, si j'avais seulement le temps de regarder autour de moi, je ne doute point que ce pays, où tout est grec et antique, ne me fournit aisément de quoi vous intéresser et rendre mes lettres plus dignes de leur adresse. Il y a dans ces environs des ruines considérables, un temple qu'on dit de Proserpine. Les superbes marbres qu'on en a tirés sont à Rome, à Naples, et à Londres. J'irai voir si je puis ce qui en reste, et vous en rendrai compte, si je vis, et si la chose en vaut la peine.

Je finis ce volume en vous suppliant de présenter mon respect à Mme de Sainte-Croix et à M. Larcher. Il faut le saluer en vers d'Homère αττα γερον, ευ νυτοι καὶ ἡμεις ἰδμεν τὸ τον σθενος.... Θαμβος μ' εχει εισορωντα. Que n'ai-je ici son Hérodote, comme je l'avais dans les guerres d'Allemagne. Je le perdis justement comme je viens de faire mon homère, sur le point de le savoir par cœur. Ce que je ne perdrai jamais, ce sont les sentiments que vous m'inspirez l'un et l'autre, dans lesquels il entre du respect, de l'admiration, et si j'ose le dire, de l'amitié. Τοῦτομοι ἔσχατον κατα γᾶς δυσεται, comme disait Alcée.

J'ai l'honneur d'être, Monsieur, votre très humble et obéissant serviteur.

COURIER.
chef d'escadron d'artillerie armée de Naples.

Mileto, le 28 octobre 1806.

La comparaison de ce texte avec celui de la lettre du 12 septembre 1806, publiée par Sautelet, va nous prouver qu'ici Courier ne s'est pas contenté de quelques corrections de détail. Mais, tout d'abord, expliquons brièvement pourquoi, malgré l'indifférence qu'il affiche pour les idées, il a supprimé quelques-unes de celles qu'il avait développées dans la lettre qui fut réellement adressée à Sainte-Croix.

Devenu sous la Restauration homme de lettres fameux, acclamé par le public qui s'arrachait ses pamphlets, Paul-Louis a voulu rendre ses *Lettres d'Italie* véritablement dignes de sa gloire. Il fallait moins les corriger, ou tâcher de les embellir, que prendre garde à ne pas déranger l'attitude nouvelle qu'il avait su prendre. En vertu du précepte d'Horace : *servetur ad imum*, il se voit obligé d'assortir le ton de sa correspondance au personnage qu'il incarne aux yeux des libéraux et de toute la France.

Prenons donc le « journal » qu'il avait adressé le 2 octobre 1806 à Sainte-Croix, au sujet des affaires de Calabre et du desastre éprouvé par les Français à Sainte-Eufemie (1) en la comparant à la lettre du 12 septembre publiée par Sautelet, nous constatons que Courier a sacrifié, en remaniant son texte original :

(1) Cette bataille est appelée par les Anglais bataille de Maida.

1° Tout le récit de la bataille et de la retraite désastreuse qui en fut la conséquence ;

2° L'éloge du général Reynier comparé au sage des Stoïciens ;

3° L'éloge des Anglais si généreux pour les blessés ;

4° Le tableau de la dureté, de l'insensibilité des Français qui n'eurent point les mêmes égards pour le prince de Rohan blessé à Castelfranco.

5° La critique sévère des généraux français qui pillent les provinces et rendent notre occupation odieuse aux vaincus.

Il est aisé de découvrir les raisons qui ont obligé Courier à ces suppressions.

1° La description cynique d'une défaite, où les Français perdirent, en dix minutes, le tiers de leur monde, le récit de la déroute et des souffrances de notre armée sur les côtes brûlées de la Calabre aurait profondément irrité, sous la Restauration, le sentiment national. Les libéraux et leurs alliés, les bonapartistes, qui opposaient la gloire impériale aux humiliations, de l'heure présente, n'admettaient guère que les armées de Napoléon eussent dû reculer devant l'ennemi.

2° L'éloge de Reynier n'était pas non plus à sa place sous la plume d'un homme qui, dans certains pamphlets, n'attaquait pas moins le régime impérial et ses dignitaires que le gouvernement des Bourbons.

3° Après Waterloo, l'éloge des Anglais eût constitué un hors-d'œuvre déplacé et choquant. Le moment certes était mal choisi pour vanter la générosité, la loyauté, le désintéressement de la « perfide Albion ».

4° et 5° Peut-on, dans un écrit rendu public, dire autant de mal de sa nation que Courier le fait ici des Français ? Il est piquant de noter que, dans le texte original, les compliments adressés aux Anglais sont destinés à mieux faire ressortir nos propres torts. Ainsi l'éloge des ennemis prépare la critique de l'armée française : leur sage méthode s'oppose à notre imprudence ; leur générosité pour les vaincus accuse notre cruelle indifférence à l'égard des blessés de Castelfranco parmi lesquels se trouvai pourtant un général né français, le prince de Rohan atteint d'un coup de fusil au ventre ; leur désintéressement après la victoire met mieux en lumière la cupidité des nôtres, notre indélicatesse, notre habitude invétérée du pillage. Nos généraux sont comparés, au moyen d'une réminiscence de Virgile, à ces lieutenants de César ou d'Antoine, véritables écumeurs de provinces, qui n'aspiraient qu'à s'enrichir pour vieillir dans la mollesse et la débauche. Nous avons montré que la sévère appréciation de Courier n'est que trop justifiée sous la plume d'un officier qui servait sous les ordres de Masséna et de Verdier.

Mais toutes ces vérités n'étaient pas bonnes à dire au lendemain du cataclysme de 1815. Elles auraient profondément blessé le sentiment national chez nos compatriotes ; insister dans ce sens, c'eût été donner un soufflet de plus à la France si cruellement meurtrie. Voilà pourquoi Paul-Louis a dû, sans doute à contre-cœur, retrancher tous ces jugements qui prouvaient un esprit, un peu paradoxal peut-être, mais bien dégagé des préjugés de son temps.

En outre de ces sacrifices dictés par des scrupules de prudence, il en est d'autres encore que Courier a dû faire pour des raisons d'ordre moral plutôt que littéraire. Par exemple, parlant de la perte de ses hardes enlevées en Calabre par les brigands, il écrivait : « J'ai perdu huit chevaux tués ou pris, mes habits, mon linge, mon manteau, mes pistolets, mon argent, *mes domestiques*. Je ne regrette que mon Homère... » Cela pouvait à bon droit passer pour dureté de cœur, égoïsme cruel de lettré, doublement répréhensible chez l'homme qui venait de se faire le défenseur des pauvres villageois opprimés par l'autorité. Courier l'a bien senti, et dans cette énumération de ses pertes, il a supprimé les domestiques.

Dans ce texte profondément modifié, où l'auteur a fait des suppressions si radicales, cherchons maintenant des corrections de pure forme : nous en trouverons par surcroît de fort curieuses, que le rapprochement des textes mettra mieux en lumière. Nous désignons par **A** le texte original ; **S** représente celui de l'édition Sautelet.

A. Quoi qu'il en soit, vous, Monsieur, si vous voulez *casus cognoscere nostros*, ne vous en fiez pas aux gazettes, mais à ce que je vais vous dire.

S. Quoi qu'il en soit, Monsieur, si l'histoire de la grande Grèce durant ces trois derniers mois, a pour vous quelque intérêt, je vous envoie mon journal,...

On le voit, Courier avait écrit, au courant de la plume, une phrase négligée où un verbe français a pour complément une proposition latine : il la remplace par une phrase correcte et soignée.

A. Outre ma part des boulets dans les occasions, j'ai fait deux fois le voyage de Reggio à Tarente, c'est-à-dire près de cinq cents lieues, tantôt à pied tantôt à cheval, quelquefois à quatre pattes, sans cesse menacé du sort qu'eut dans ce même pays le poète Ibycus.

S. Outre les hasards communs, j'ai fait deux fois le voyage de Reggio à Tarente, allée et retour, c'est-à-dire plus de quatre cents lieues à travers les insurgés, seul ou peu accompagné, tantôt à pied, tantôt à cheval, quelquefois à quatre pattes.

Outre ma part des boulets dans les occasions, c'est la façon de dire toute simple d'un soldat ; elle est au fond peu correcte, car les boulets ne se partagent pas. Les uns en sont atteints, les autres sont épargnés. Il est évidemment plus exact et plus littéraire aussi d'écrire : *outre les hasards communs*. A la réflexion, Courier a trouvé exagéré d'évaluer son trajet en pays ennemi à *près de cinq cents lieues* ; il a donc mis *plus de quatre cents lieues*. Enfin, il a supprimé cette réminiscence relative à Ibycus, qui lui a paru un trait d'érudition peu susceptible d'être compris du commun des lecteurs auxquels il destinait ses lettres. N'oublions pas que M. de Sainte-Croix, pour qui ceci avait été écrit, était mort en 1809.

A. Vous croirez aisément, Monsieur, qu'avec de pareilles distractions je n'ai eu garde de penser à l'antiquité.	**S.** Vous croirez sans peine, Monsieur, qu'au milieu de pareilles aventures je n'ai eu garde de penser aux antiquités.

Le mot *distractions* employé par antiphrase pour désigner les pénibles aventures de Courier était évidemment une expression de premier jet, une plaisanterie facile et vulgaire qui méritait d'être corrigée. *Penser à l'antiquité* était moins exact que *penser aux antiquités*, puisqu'il s'agit ici des recherches archéologiques que l'officier aurait pu faire au cours de ses voyages.

Tout l'art d'un Courier est dans ces nuances ; il est donc nécessaire, pour comprendre et goûter notre auteur, de savoir les discerner.

Telles sont les principales corrections qui répondent à ce goût de purisme.

Il va sans dire que ces dernières retouches offrent bien peu d'importance en comparaison des sacrifices qui portent sur le fond. La suppression radicale des morceaux relatifs à la bataille de Sant'Eufémia, à la constance de Reynier, à la bonne conduite des Anglais, à l'inhumanité et au brigandage des Français avait eu pour effet d'enlever à la lettre primitive son principal intérêt et jusqu'à sa raison d'être. L'auteur comprend si bien qu'elle ne peut plus tenir lieu du journal adressé à Sainte-Croix, qu'il a soin de mentionner ce journal dans son préambule, comme si le texte qu'il va publier était entièrement différent, et indépendant du premier. Par une fiction, il en fait un billet d'envoi qui est censé accompagner le journal en question, et, pour mieux donner le change, il ajoute cette phrase fallacieuse : « ... je vous envoie mon journal, c'est-à-dire un petit cahier où j'ai noté en courant les horreurs et les bouffonneries les plus remarquables dont j'ai été le témoin. Il est difficile d'en voir plus en si peu de temps et d'espace ».

Cependant il fallait donner le plus d'agrément possible à cette lettre qui serait seule connue des lecteurs, l'autre restant enfouie dans les papiers de Sainte-Croix ; après avoir si bien décousu, il fallait recoudre. Courier a donc essayé quelques développements nouveaux pour remplacer, autant que possible, ceux qu'il venait de sacrifier. Ces morceaux, évidemment composés après coup, sont les suivants :

1° Au début de la lettre, une tirade où Courier exprime encore une fois son mépris pour l'histoire dépouillée de ses ornements.

2° un assez long développement sur la Calabre ainsi divisé : la Calabre ravagée par Annibal ; la Calabre actuelle, beauté et fertilité du pays ; solitude et insécurité des campagnes. Pauvreté des habitants. La plaie du monachisme. « C'est le royaume des prêtres. » Il est curieux de noter que ce petit morceau sur les prêtres est tout à fait dans le ton de la *Pétition* pour les villageois d'Azay et de la *2e Réponse aux Anonymes*. Au contraire, le premier Courier, celui des lettres écrites d'Italie, n'attaque jamais le clergé. Cela permet donc de dater cette page avec précision.

3° quelques enjolivements accessoires, ajoutés par ci par là, et qui ont pour but d'agrémenter un peu une lettre devenue par trop sèche et maigre. Par exemple, racontant ses aventures avec les brigands, il rappelle en ces termes piquants ce qui lui était arrivé près de Corigliano : « J'assistai à une délibération où il s'agissait de savoir si je serais pendu, brûlé ou fusillé. Je fus admis à opiner... » Plus loin, narrant une tempête qui l'assaillit dans le golfe de Tarente, il écrit plaisamment : « Nos manœuvres furent belles ! Nous nous mîmes à genou, nous fîmes des oraisons, nous promîmes des messes à la Vierge et à saint Janvier, tant qu'enfin me voilà encore. » Nul doute qu'il ne veuille faire sourire par le contraste entre ses habitudes d'incrédule et le rôle qu'il se donne ce jour-là.

On voit quel important travail de refonte a substitué à une épître, rédigée en 1806, celle que nous lisons dans les œuvres de Courier. D'ailleurs, malgré l'adresse de l'écrivain, le résultat de ces retouches n'est pas heureux. Une lecture attentive fait même découvrir un certain décousu dans la lettre publiée : venant après un morceau sur l'absurdité de l'histoire, on ne sait à quoi rime ce début de phrase : « Depuis notre jonction avec Masséna nous marchons plus fièrement et sommes un peu moins à plaindre ». Courier semble oublier qu'il vient de retrancher toute la page où il contait les tristesses de la déroute.

D'autre part, il est facile de voir que ce qui a été sacrifié offrait plus d'intérêt et d'originalité que ce qui l'a remplacé ; le développement sur la Calabre n'est pas nouveau ; il existait déjà dans une lettre du 15 avril 1806 (1) ; il y est question des bois d'orangers, des haies de citronniers, de la beauté du pays comparé aux bords du Gange. Quant au paradoxe sur l'histoire, on le retrouve aussi en d'autres endroits, notamment dans une lettre du 25 août 1809 (2), presque dans les mêmes termes. C'est pourquoi nous préférons de beaucoup la première rédaction, celle que nous avons exhumée des papiers de Sainte-Croix. Dans ce bref essai, où Courier tente d'imiter Salluste écrivant son Jugurtha, la simplicité qui convient à l'histoire n'exclut pas le pathétique. L'auteur montre qu'il sait peindre ; son style plein de variété offre en outre des qualités de précision et de fermeté qui sont à louer même chez un maître tel que lui.

La découverte d'une importante lettre inédite de Courier nous a permis de montrer des divergences très considérables entre le texte original et le texte publié.

(1) Édition Sautelet, I, p. 103. La question de la solitude des campagnes rendues inhabitables par les brigands est traitée dans la lettre du 24 mai 1805 à Lejeune, *Ibid.*, 70.

(2) Sautelet, I, p. 320.

Par malheur, ce travail ne peut porter sur toute la correspondance, faute d'avoir les manuscrits des autres lettres, dont les héritiers Sautelet ignorent la destinée (1). On ne saurait donc espérer montrer avec autant de certitude ce qui a été corrigé par l'auteur des *Pamphlets* dans les autres épîtres de sa jeunesse ; toutefois l'étude attentive des lettres et la comparaison du texte des diverses éditions va nous permettre de faire de nouvelles découvertes.

Deux éditions seulement font autorité : *Mémoires, correspondance et opuscules inédits*, Sautelet, 1828 ; et *Œuvres complètes de Paul-Louis Courier*, nouvelle édition Paulin et Perrotin, 1834. Paulin, ami et associé de Sautelet, lui succéda dans la direction de son importante librairie, après que ce malheureux jeune homme eut mis fin à ses jours dans un accès de sombre désespoir. Il augmenta de nombreux morceaux inédits l'œuvre de Courier, qui était la propriété de la maison, en vertu d'un traité avec Herminie Clavier, et surtout donna des textes plus corrects.

Comparons, dans ces deux éditions, le texte d'une intéressante lettre écrite de Naples, toujours au même Sainte-Croix, où il est question de Rodio le favori de la reine Caroline. Le texte de 1828 diffère assez sensiblement de celui de 1834. Il semble bien que la première rédaction représente l'épître telle que Courier l'écrivit en 1807 (2) ; au contraire, celle de l'édition Paulin n'est autre que la lettre retouchée par l'auteur au moment où il préparait son recueil pour l'impression.

Les corrections sont tout d'abord celles qu'un puriste, tel que lui, devait éprouver le besoin de faire subir, dans le recueillement du cabinet, à une lettre vraisemblablement écrite au courant de la plume. Comparons les textes.

(1) Quant au petit-fils de P. L. Courier, M. C. de Meré il s'est formellement refusé, et à plusieurs reprises, à rien communiquer. J'ai lieu de croire qu'il ne possède pas les manuscrits des lettres.

(2) Nous n'avons pu retrouver l'original de cette lettre dans les papiers de Sainte-Croix à la Bibliothèque nationale.

1828. Assurément, Monsieur, ces choses-là ne sont ni du siècle où nous vivons, ni de ce pays-ci. Tout cela s'est passé quelque part au Japon ou bien à Tombouctou.

1834. Assurément, Monsieur, cela n'est point du temps, du siècle où nous vivons, tout cela s'est passé quelque part au Japon ou bien à Tombouctou.

La seconde rédaction est plus courte et plus précise. Ecrire *ni de ce pays-ci* fait double emploi avec ce qui suit, où Courier déclare qu'un assassinat légal, comme celui de Rodio, n'a pu avoir lieu en Europe.

1828. Voilà une partie de mes idées : ce qu'il en sera est écrit aux tablettes de Jupiter.

1834. De tout cela que sera-t-il ? ce qui est écrit, dit Homère, aux tablettes de Jupiter.

En retouchant cette phrase, Courier a été guidé par un souci d'explication ; il cite Homère pour éliminer ce qu'il pourrait y avoir de vague dans sa réminiscence.

1828. Le pauvre Rodio depuis pris dans un recoin de la Calabre, à la tête de quelques insurgés, quoiqu'il eût fait une bonne capitulation...

1834. Le pauvre Rodio depuis, pris dans un coin de la Calabre, à la tête de quelques insurgés, quoiqu'il eût fait une bonne et franche et publique capitulation...

recoin, qui a paru trivial, est remplacé par *coin*. Une *bonne* capitulation était une expression vague ; *bonne* pour qui ? Il précise et explique en disant : une bonne et franche et publique capitulation.

1828. Il en écrivit la nouvelle à sa femme, à ses amis, et se croyait hors d'embarras, quand l'empereur le fit reprendre et rejuger par les mêmes juges, qui cette fois-là le condamnèrent.

1834. Il en écrivit la nouvelle à sa femme, à Catanzaro, et se croyait hors d'embarras, mais l'empereur le fit reprendre et rejuger par les mêmes juges, qui cette fois-là le condamnèrent étant instruits et avertis.

On retrouve le même souci d'explication : Courier a eu

peur qu'on ne comprît pas que les juges avaient condamné par ordre.

J'arrive à d'infimes nuances : deux fois l'adverbe de lieu *ici* est remis en tête de la proposition... *ici sa mort passe pour un assassinat* au lieu de : *Sa mort passe ici pour un assassinat*. Plus loin : *Ici nous avons vu un courrier...* remplace. *Nous avons vu ici un courrier...* Enfin Courier a corrigé une expression presque vicieuse : les aimant par la vue (ses femmes) il n'y touchait guère. Il a rétabli, comme il le fallait les aimant pour la vue.

Mais il y a, dans cette épître à Sainte-Croix, d'autres corrections qui ne sont pas seulement pour l'oreille des puristes. Par exemple, Paul-Louis travaillant, à l'époque où il l'écrivait, dans la riche bibliothèque du marquis Tacconi, où il dispose des livres les plus rares, croit se devoir à lui-même de payer à ce Mécène un juste tribut de reconnaissance en disant de lui : « Ce marquis vaut de l'or, c'est la perle des hommes. » Mais, en retouchant cette même lettre, il se rappelle que son ami le gentilhomme napolitain a, depuis, été bel et bien condamné aux galères comme escroc, disgrâce qu'il a contée dans une lettre à Clavier du 30 août 1809 ; il fera donc de ce bibliophile malhonnête homme un éloge moins compromettant en écrivant simplement : « Ce marquis est un homme admirable, il a tous les livres possibles. » On voit que l'épithète est vague à dessein. C'est ce que j'appellerai une correction de prudence.

Il en est d'autres. Courier qui songe aux lecteurs, et non plus à son correspondant défunt, s'avise qu'il a omis de leur présenter Rodio : faisant appel à ses souvenirs, il ajoute donc ce portrait en deux lignes, qui sans doute n'était pas nécessaire pour Sainte-Croix :

« J'ai connu Rodio, il était joli homme, peu d'esprit, peu d'intelligence, d'une fatuité incroyable, en un mot bon pour une reine. »

Or ce dernier trait nous sert précisément à dater la retouche. En effet, cette malice : *d'une fatuité incroyable, en un mot bon pour une reine*, dénonce, ainsi que l'a observé M. Aulard, le pamphlétaire ennemi déclaré de la royauté et de la cour, qui ne veut pas un instant se départir de son rôle. Ce sont là gentillesses comme il excelle à en adresser à tout ce qui entoure le roi, à tout ce qui sert la monarchie.

C'est le ton du *Simple discours*, où il parle des princes avec le plus profond mépris ; en un mot, c'est du pur Courier de la Restauration.

Mais, au fond, ces corrections ne sont pas considérables, et la conclusion qui s'impose c'est qu'elles modifient fort peu l'impression d'ensemble ; l'intérêt historique et documentaire de la lettre que nous venons d'étudier ne se trouve nullement compromis. D'autre part, dans la grande lettre sur les affaires de Calabre nous avons bien sondé l'importance de ce qui se trouve retranché à l'impression, mais nous ne voyons pas que ce qui est ajouté nous apprenne rien de nouveau ni sur les idées de Courier, ni sur sa vie, ni sur sa carrière.

Nous en dirons autant des autres lettres, où la lecture la plus attentive parvient à nous faire découvrir quelques traces d'altération et de retouches. Ainsi, parmi celles qui nous apparaissent comme les plus suspectes, tout d'abord s'offre à nous la fameuse lettre datée de Plaisance sur la proclamation de l'empire. Déjà Sainte-Beuve estimait qu'elle avait « dû être fort retravaillée à loisir ». Il faut observer d'ailleurs qu'elle n'est précédée du nom d'aucun correspondant. Nous verrons plus loin qu'il n'y a guère que quatre lettres dans tout le recueil dont il me soit impossible de dire à qui elles sont adressées.

En outre, elle n'est point datée avec précision par ces simples indications : A Plaisance, le... mai 1804. Ce vague prouve que Courier a daté après coup, sans bien se rappeler l'époque où eut lieu, sous la présidence de d'Anthouard, la réunion des officiers qu'il raconte. Or il s'est trompé ; car

M. Aulard estime que le Senatus-Consulte organique du 18 mai 1804, qui confiait le gouvernement de la République à Napoléon Bonaparte, n'a pu être porté à la connaissance de l'armée d'Italie avant le mois de juin.

Enfin M. Aulard voit avec raison un véritable anachronisme dans cette phrase de d'Anthouard : « Un empereur ou la république, lequel est le plus votre goût ? » En effet la question ne se posait pas avec cette précision brutale. Pas plus dans les esprits des contemporains que sur les pièces de monnaie l'idée d'un empereur n'excluait celle de la république.

Je conviens de tout cela, et je fais la part aussi large que possible à la critique ; j'ajouterai d'ailleurs un détail typographique qui a son importance : dans tous les exemplaires de l'édition princeps (Sautelet, 1828) que nous avons eus sous les yeux, un carton a été collé à la page 61, carton qui comprend plus des deux tiers de la lettre. Elle aurait donc subi, au cours même de l'impression, des retouches, qui dès lors ne seraient pas de la main de l'auteur.

Mais enfin, toutes ces réserves faites, il n'est pas possible de nier que, dans cette épître suspecte, ne se trouvent des éléments de réalité. Et tout d'abord, c'est la personnalité du lieutenant Maire, qui figure dans cette lettre avec les traits exacts que nos plus minutieuses recherches lui attribuent. Cet officier était nettement républicain et il donna sa démission en 1810. D'ailleurs n'avait-il point passé plusieurs mois comme élève à l'École d'équitation de Versailles, où l'esprit était hostile au gouvernement consulaire. Un rapport du 23 août 1802, cité précisément par M. Aulard (1), nous apprend que les élèves de cette école, pour mieux faire pièce au premier consul, « affectent de faire le plus grand éloge de Moreau, d'Augereau et de Masséna ». Dans la lettre en

(1) Paris sous le Consulat III page 221. Voir au surplus sur le lieutenant Maire la préface que M. Chuquet a écrite avec tant d'autorité pour les *Mémoires* du général Griois.

question. Maire tient donc le rôle exact qui lui revient et qu'il a dû jouer réellement ; ce qui prouve la précision des souvenirs.

D'autre part, Courier rapporte les propos de Mandelli, en italien, tels qu'ils durent être tenus avec toute leur saveur piquante. On sait que Mandelli était un singulier original, que Courier connaissait bien, puisqu'il prenait ses repas dans le propre palais de ce grand seigneur, un des plus riches de Plaisance, à la table du colonel Demanelle qui y logeait. Griois leur commensal nous apprend que ce comte avait la tête remplie « d'idées sages et folles » et que « sa conversation décousue se ressentait du désordre de sa tête ». Or ce portrait s'accorde parfaitement avec le discours singulier que Paul-Louis met dans sa bouche ; c'est bien avec ce mépris qu'un noble Italien devait s'exprimer sur le compte de Napoléon qu'il méprisait comme Corse et comme parvenu : *Un' alfiere, un caprajo di Corsica !* On sent que tout cela fut pris sur le vif, noté sur l'heure, et n'est point le fruit de lointains souvenirs.

Enfin la scène de Plaisance a eu un témoin oculaire qui nous garantit l'exactitude du tableau. C'est le capitaine Noël, plus tard colonel, dont les *Souvenirs militaires* mentionnent la lettre de Courier, qui rend, dit-il, un compte assez exact de la réunion présidée par d'Anthouard.

Tous les traits de cette scène sont donc empruntés à la réalité : non seulement Paul-Louis n'a rien inventé, mais tous les documents attestent la précision de ses souvenirs. Il en faut conclure que, si cette lettre est fictive, du moins elle a été composée d'après des notes très précises ; et que Courier s'était tracé un véritable canevas, ce qui est très conforme à ses habitudes de cette époque et à sa tournure d'esprit. N'est-ce pas dans le même temps qu'il écrivait : « ... j'ai vu, moi aussi ; j'ai noté, recueilli tant de choses, dont ceux qui se mêlent d'écrire n'ont depuis longtemps nulle idée ? »

II

Ces quelques exemples choisis avec soin montrent dans quelle mesure Courier a pu corriger en 1825 les lettres écrites par lui avant 1812. Les corrections ont surtout pour but de rendre le style plus coulant, de ménager les transitions, de ne rien laisser dans le vague, en un mot d'améliorer le texte au point de vue de la forme. Elles sont inspirées à l'auteur par des scrupules de puriste.

D'autre part, ce qui est ajouté au texte primitif se réduit à peu de lignes : en revanche les suppressions, quand il y en a, sont beaucoup plus considérables que les apports, ce qui s'explique par ce fait qu'il est difficile à un écrivain d'avoir moins que Courier le génie inventif. Si c'est, au point de vue des idées, une critique très grave que nous lui adressons, il faut avouer que c'est une garantie sérieuse de véracité pour sa correspondance.

En résumé, nous croyons, comme Sainte-Beuve, à la sincérité du fond de toutes les lettres ; nous croyons même à l'authenticité absolue d'un très grand nombre d'entre elles, que l'auteur n'a pas pris la peine ou n'a pas eu le loisir de retoucher.

Il n'est point permis de regarder comme des épîtres en l'air des lettres précédées presque toutes du nom du correspondant auquel on les adresse. De toutes les lettres du recueil publié par Sautelet, soit 185 au total, il ne s'en trouve que seize où ne figure pas le nom de la personne à qui elles furent destinées. Mais sur ces seize, onze sont écrites à des officiers ou à des généraux (1). Comme on y parle fort légèrement du service, comme on y raille les chefs, il est aisé de comprendre que Courier ait effacé le nom de son correspondant pour éviter de le compromettre. Il reste donc cinq lettres seulement dont la suscription ne

(1) La suscription porte par exemple : à M. X, officier d'artillerie, à Naples.

désigne pas le destinataire : de ces cinq correspondants, l'un paraît être le colonel d'Anthouard, auquel Courier rend compte de l'assassinat du capitaine Tela, victime de la jalousie d'un Italien (1) ; deux autres sont des femmes. L'une de ces dernières, aimable Napolitaine, ne pouvait certainement être désignée par son nom, puisque Courier la presse de consentir à lui accorder... « des choses qui coûtent si peu, comme disait Gaussin... » ; l'autre, Parisienne et femme du monde, était peut-être trop peu connue de l'auteur pour qu'on ait osé imprimer son nom.

En définitive, nous n'avons que deux lettres dont les destinataires ne soient désignés ni par la suscription ni par le contexte. L'une contient le récit de polissonneries commises par Courier à Bologne : de telles confidences ne compromettent pas moins celui qui les reçoit que celui qui ose les faire. Voilà pourquoi notre officier libertin a cru sage de taire le nom du camarade auquel il narrait ses frasques. Quant à la dernière lettre, précédée de ces simples initiales : A. M. N., c'est celle qui raconte la fameuse scène de Plaisance et débute ainsi : « Nous venons de faire un empereur... » De même que c'est une des plus célèbres, c'est aussi, nous en convenons, une des plus suspectes. Nous avons vu pourtant que, quoique retouchée et retravaillée à plaisir, elle contient des détails vrais et des renseignements précis relatifs au séjour de Courier à Plaisance.

Il faut aussi tenir un certain compte des dates inscrites en tête des lettres. Il est certain qu'elles ne sont pas habituellement des dates de fantaisie. Courier écrivait souvent, même ses lettres d'affaires, avec la préoccupation de composer en même temps, pour son propre compte, des *mémoires de sa vie passée*. Qui ne voit qu'en falsifiant les dates, il se fût trompé lui-même ? Il lui arriva d'achever au bout de quelques semaines une lettre déjà commencée : en pareil cas

(1) Sautelet, I, p. 81.

il date du jour où il expédie la lettre, ce qui prouve bien son désir d'exactitude. Par exemple, nous avons une lettre à Mme Pigalle datée du 25 octobre 1806. Mais nous voyons par le contexte qu'elle fut commencée à Sinopoli dans les premiers jours d'octobre. Courier écrivant fut surpris par le tremblement de terre que Griois raconte dans ses *Mémoires*. Il dut interrompre sa lettre et ne la reprit que le 25 du même mois.

Cet examen minutieux des correspondants et des dates annoncés par les suscriptions nous fournit déjà des présomptions en faveur de la sincérité de cette correspondance prise dans son ensemble, d'autant plus que nombre de lettres sont suivies de la réponse. Mais nous découvrons en outre, et d'un premier coup d'œil, deux catégories de lettres dont il serait bien difficile de révoquer en doute l'authenticité, ce sont :

1° Plusieurs lettres insignifiantes, se trouvant par ce fait à l'abri de tout soupçon ;

2° Beaucoup de lettres compromettantes pour Courier. S'il avait eu le parti pris de tout retoucher, il aurait dû commencer par les modifier ou les faire disparaître.

Par lettres insignifiantes, j'entends des billets comme celui que Courier adresse au maréchal des logis Costolier pour lui recommander son cheval. On ne pourra supposer qu'un homme qui n'est pas fou soit allé, vingt-ans plus tard, composer froidement une lettre pareille. Je citerai pareillement une réclamation au ministre de la guerre de Naples au sujet de pertes éprouvées en Calabre, des lettres à MM. Colbert, Guillaume, à Mme Dionigi, etc. Ces missives, qui traitent d'affaires pour la plupart, n'apprendront rien à qui ne connaît déjà la biographie détaillée de l'auteur : au contraire, elles nous ont été précieuses pour raconter sa vie, précisément parce qu'elles contiennent nombre de petits faits dédaignés des lecteurs, et en apparence insignifiants.

En revanche, il est facile d'écraser Courier sous le poids, des indiscrétions et des aveux compromettants de nombre de ses épîtres. On se demande comment le souci de se faire valoir aux yeux de la postérité ne l'a pas poussé à supprimer ces témoins gênants. C'est par eux que nous avons pu le convaincre de plus d'une indélicatesse, voire d'une action coupable. A la veille de Wagram, il ne pouvait faute d'argent, à ce qu'il prétend, acheter un cheval qui lui aurait été nécessaire pour prendre part à la bataille, mais la lecture de deux lettres à Clavier nous révèle qu'il avait fait à Vienne la connaissance d'un banquier qui lui prêta aimablement de l'argent, sur la recommandation de Coraï. Tantôt Courier nous rappelle qu'il était mauvais soldat, tantôt il nous fait savoir qu'il a été mis aux arrêts à Vérone pour sa négligence, tantôt encore il nous montre qu'il manquait de parole, comme lorsqu'il offre à Firmin Didot d'imprimer son *Daphnis* déjà promis à Renouard. Ailleurs, il se donne un brevet de malhonnêteté en priant Reynier de certifier *faussement* qu'il a « pris par son ordre la poste pour aller et revenir de Reggio à Tarente », car il espère que sur ce certificat on lui « paiera quelque chose ». Ici il se peint cupide, là il se montre libertin et n'a même pas le beau rôle auprès de la jolie Vénitienne du général Salvat, puisque c'est le secrétaire qui obtient les faveurs de la belle. Enfin il se contredit avec cynisme. Coraï lui ayant offert son *Isocrate*, avec préface en grec vulgaire, il le remercie en ces termes : « Si votre projet eût été de me plaire, et de faire une chose entièrement selon mes idées, vous n'auriez pu mieux rencontrer. » Mais, quinze jours plus tard, il écrit à un ami : « Je lis l'*Isocrate* de Coraï... Entre nous c'est peu de chose, il pouvait faire beaucoup mieux que cela ». Beaucoup d'hommes sont sujets à tenir ainsi un langage fort différent selon qu'ils parlent d'un auteur ou à un auteur ; mais le respect de soi-même et des lecteurs exige que cette inconséquence reste secrète. Que dire d'un écrivain qui irait intentionnellement étaler ses contradictions ?

Eh bien Courier n'est nullement gêné de cette volte-face. Il la signale lui-même par une petite note et la souligne ; de même qu'il a soin de publier aussi la réponse d'Akerblad qui lui donne tort et le réfute. Tout ceci prouve qu'il tenait à publier des mémoires exacts de sa vie passée, beaucoup plus qu'à donner de lui-même une idée avantageuse. Mais rien ne saurait mieux établir son imprudence que certaines lettres où cet ennemi juré de la noblesse fait des courbettes devant des nobles dont plus tard il dira du mal ; c'est le cas d'une épître à la comtesse de Lariboisière où il s'étudie à « faire sa cour » à la femme du général.

Si l'on se rappelle enfin tous les billets où il sollicite de l'avancement, étale ses misères, conte ses déboires, dit les affronts qu'il a subis, les avanies que lui firent les généraux Sorbier, Dedon et Reynier lui-même, on voudra bien avouer que rien n'est moins préparé quant au fond ; aussi, malgré quelques adverbes changés, quelques liaisons ajoutées, quelques coups de lime donnés par-ci par-là, on n'osera pas, après une lecture sérieuse, suspecter tant d'aveux ingénus.

Beaucoup d'autres épîtres, sans compromettre autant l'auteur, donnent des événements qu'elles racontent une impression trop vive, se rattachent trop étroitement aux circonstances connues pour avoir été composées à une époque différente de celle dont la date et la suscription font foi. Ce sont des lettres que nous pouvons appeler *motivées*. Si bien corrigées qu'on les veuille supposer, elles n'ont rien perdu de ce qui leur donne la valeur de documents de premier ordre, parce qu'elles n'altèrent aucun fait, et font même revivre sous nos yeux Courier et ses interlocuteurs.

En définitive, on ne saurait contester l'authenticité d'aucune lettre, que de celles qui sont d'évidents essais littéraires. Mais elles n'échappent pas à notre argumentation. Ainsi, la ravissante épître à Mme Pigalle, où nous sommes transportés parmi des charbonniers de Calabre pris pour des brigands, n'est qu'une œuvre de fantaisie. Elle aurait pu être écrite postérieurement à la date qu'elle porte. Mais Courier n'avait cette fraîcheur d'imagination et cette bonne humeur enjouée qu'à l'époque de 1807-1808, qui précède les désillusions définitives. Nulle part d'ailleurs il n'eût été mieux inspiré qu'à Résina, dans le cadre émouvant du Vésuve et de la baie de Naples. Nul doute qu'il n'ait eu dès ce moment le talent nécessaire pour composer ce petit chef-d'œuvre.

Pourquoi reculer davantage l'âge de sa maturité littéraire quand la *Lettre à Renouard*, écrite en 1810, nous apprend avec quel art il savait se servir de sa plume ?

Enfin, il faut faire attention que cette épître n'aurait pu, après 1814, être adressée, même fictivement à Mme Pigalle, pour cette bonne raison qu'après son mariage Paul-Louis cessa de correspondre avec ses cousins Pigalle, qui l'avaient flatté tant qu'il resta célibataire, mais qui se brouillèrent avec lui dès qu'ils virent s'envoler l'espoir d'assurer l'héritage du commandant à leurs nombreux enfants.

Par des raisons analogues nous justifierons l'authenticité de jeux d'esprit comme ce fameux remerciement au général Mossel pour la chemise dont il fit présent à notre auteur dépouillé par les brigands. Sans doute, ce spirituel badinage pourrait avoir été composé après les événements. Mais ce n'est qu'en 1825 que nous trouvons Courier occupé à revoir sa correspondance. Comment supposer qu'à ce moment-là il savait rafraîchir son inspiration et raviver ses souvenirs, de manière à écrire, dans sa résidence maussade de la Chavonnière, au milieu de paysans sournoisement menaçants, des choses qui sont si bien à leur place sous la plume de l'officier en campagne ?

Placer à cette époque extrême de sa vie l'éclosion, ou tout au moins l'épanouissement, de ses chefs-d'œuvre épistolaires, c'est ignorer toute son histoire, c'est oublier qu'il eut bien plus de loisirs intellectuels à l'armée, et notamment en Calabre, que sous la Restauration, à Paris et dans ses domaines, où le souci de maintenir sa réputation d'écrivain populaire s'ajoutait à ses occupations de « vigneron » et de marchand de bois.

Ainsi doit tomber l'argument qui réserve pour les dernières années de Courier ses plus parfaites épîtres sous prétexte qu'elles sont trop soignées pour avoir été écrites au milieu du tumulte des camps et des hasards de la guerre. Nous pensons avoir suffisamment démontré que celles qui constituent le recueil des *Cent lettres*, c'est-à-dire les plus intéressantes, appartiennent à la jeunesse de Courier, qui s'est borné, peu de temps avant sa mort, à faire subir à quelques-unes des corrections de détail généralement fort légères et n'altérant pas le sens primitif. Composées les unes en Suisse, les autres dans les diverses régions de l'Italie, elles conservent comme le reflet des pays qui les virent éclore. Si la couleur locale y abonde, la vérité psychologique y est encore plus frappante. L'auteur y apparaît tout entier, avec ses petits défauts et avec cet esprit enjoué qui les fait pardonner. Il y exprime d'abord sa joie de servir en Italie, d'explorer tranquillement, à la faveur de son « harnais », des contrées merveilleuses, pleines de ruines antiques, et de pouvoir « faire de bonnes études ». La verve du lettré éclate dans toutes ces épîtres : l'entrain du soldat ne fait même pas défaut aux premières.

Mais bientôt l'ont sent poindre la désillusion et le découragement. Le projet de « quitter son vil métier » traverse son esprit, puis reparaît et se précise de plus en plus à mesure que le service militaire lui semble plus médiocre. En même temps, il prend conscience de sa valeur comme helléniste et de son talent d'écrivain : si bien que, suivant une comparaison que lui-même nous suggère, l'homme de lettres se dégage peu à peu de l'artilleur, comme le papillon qui dépouille sa chrysalide et s'envole. Enfin les dernières épîtres nous peignent « un mécontent plein de grâce », un misanthrope sans amertume qui se console des injustices du sort et des hommes en goûtant les voluptés d'une existence errante au milieu des plus beaux sites de l'Italie et en berçant sa mélancolie parmi les séductions de la nature et de l'art.

Ces *Cent lettres* sont donc une image très fidèle de la vie de Courier de 1804 à 1812. On n'y trouve aucun souci de se vanter, de se faire valoir à la façon d'un Stendhal ; rien de ce qui touche à la vérité des faits ou des sentiments n'a été altéré. Voilà pourquoi, malgré les corrections que nous avons signalées dans deux ou trois d'entre elles, nous concluons en proclamant leur valeur documentaire incomparable.

Il nous reste à écarter une dernière objection : les éditeurs de Courier ajoutant quelques retouches à celles de l'auteur n'auraient-ils pas à leur tour contribué à falsifier cette correspondance ?

Pour résoudre cette difficulté, il faut envisager séparément les *Cent lettres* ou lettres de la jeunesse de Paul-Louis, et celles que Mme Courier a fait imprimer à la suite. Aux unes comme aux autres, il est bien évident que personne n'a rien pu ajouter ; si une main téméraire s'était permis quelque addition n'est-il pas superflu de dire que l'on s'en apercevrait, car l'on ne fait pas du Courier ? Il ne saurait donc être question que de retranchements. Eh bien ! qu'il y en ait eu dans les *Cent lettres,* cela n'infirme pas l'autorité de ce qui a été conservé.

Ceci dit, nous remarquerons que les premiers éditeurs de 1828, s'étaient permis quelques suppressions, en vue de ménager sans doute les susceptibilités de personnes encore vivantes — ainsi, dans la lettre du 13 décembre 1805, Sautelet supprime tout un passage sur le colonel Détrées, écuyer de Madame-mère, que Courier désigne par le ridicule sobriquet de Pommade-forte. Paulin a rétabli ce morceau. Ailleurs, dans la lettre écrite de Morano (9 mars 1806) Sautelet avait imprimé : « Ton ami Cérisier s'est distingué comme à son ordinaire : ... il était en avant avec quelques compagnies... » Paulin reprend le vrai texte :

« Le mouchard s'est distingué comme à son ordinaire... il était en avant, lui mouchard, avec quelques compagnies... »

Ainsi la seconde édition rétablit ce que d'honorables scrupules avaient fait disparaître : en effet, après 1830 Courier appartenait à l'histoire. Nul n'avait plus grandi parmi les morts illustres que celui qui avait présagé et appelé de ses vœux l'avènement de la branche cadette : son texte devenait, pour ainsi dire, sacré : il n'était plus permis de l'altérer.

Quant aux lettres postérieures à mars 1812, pour la plupart adressées à Mme Courier, elles sont malheureusement incomplètes. La veuve de Paul-Louis, d'accord avec les éditeurs, a cru pouvoir les tronquer, afin de retrancher certains détails qu'ils jugeaient dépourvus d'intérêt, ou compromettants. Mais là encore, s'il était facile de faire des coupures, il était impossible d'ajouter quoique ce fût. Dans tous ces billets tracés au courant de la plume Courier se montre à nous tel qu'il fut réellement, tel que nous le connaissons non seulement par ses écrits, mais surtout par ses actes.

Imaginez-vous un trait qui le peigne mieux que ce début d'une lettre à sa femme : « Tes lettres me ravissent. Tu as bien raison de dire qu'il ne faut pas d'économie sur cet article. Le plaisir qu'elles me font ne peut se comparer aux dix sous qu'elles me coûtent ». Ainsi Paul-Louis était d'abord disposé à se priver d'une lettre de sa femme pour économiser dix sous. Mais, souffrant de son isolement à la campagne, il se rend aux raisons de Mme Courier et accepte avec plaisir de faire cette dépense pour la lire. Comme on reconnait bien les habitudes invétérées d'avarice qu'il avait contractées auprès de son père le dur bourgeois campagnard ! Mais il faut avouer que de pareils traits n'embellissent point le vigneron de la Chavonnière. Pourquoi les aurait-on conservés, si l'on avait pris à tâche de corriger sa correspondance à dessein de léguer à la postérité son portrait embelli ?

Comme, dans toutes les lettres publiées, Courier reste toujours semblable à lui-même, nous pouvons croire que sa femme a pu retrancher des derniers billets quelques détails indiscrets ou fâcheux, mais qu'en somme elle n'a falsifié aucun texte. Ainsi, nous croyons à l'authenticité des dernières épîtres aussi bien qu'à celle des *Cent lettres* écrites d'Italie.

Concluons nettement cette étude. Dans les épîtres de sa jeunesse, qu'il révisa pour les publier, Courier a fait par-ci par-là des corrections de pure forme. Il en a, de propos délibéré, modifié ou transformé un très petit nombre. Par là, il a frustré la postérité de quelques lignes que, pour diverses raisons, il n'osait faire lire au public de la Restauration. Sans doute, l'on doit déplorer ces suppressions : mais, en somme, les pertes ne sont pas considérables. D'autre part, en face de ces retranchements volontaires, nous avons signalé quelques additions qui se réduisent presque à rien. Enfin, il est à peu près certain que pas une ligne n'a été ajoutée ou interpolée par une main étrangère.

De toutes ces constatations, il résulte que la vérité des faits ou des sentiments n'est nulle part altérée. Il n'est donc point téméraire de s'appuyer sur ces lettres, souvent faciles à vérifier, pour faire la biographie de Paul-Louis Courier. C'était d'ailleurs l'avis de Sainte-Beuve qui déclare qu'elles « composent ses vrais mémoires » pour l'époque qui va de 1804 à 1812.

NOTE SUR UNE INDÉLICATESSE
REPROCHÉE A P.-L. COURIER

Les trois volumes de la Bibliothèque de Parme que Pezzana lui reproche d'avoir dérobés.

En se rendant à cheval de Plaisance à Barletta, en 1804, Courier séjourna 15 jours à Parme, où il fut admis à travailler à la bibliothèque de l'Académie, établie dans le palais ducal.

Or, avant même de quitter Parme pour continuer son voyage, il avait prié le bibliothécaire Pezzana de lui procurer des livres, qu'on devait lui faire parvenir à Barletta.

En arrivant à Giulia-Nuova, le 19 octobre 1804, Courier avisa aux moyens de se faire adresser soit les livres en question, soit d'autres livres, qu'il n'avait pu emporter avec lui, parce qu'il voyageait à cheval accompagné d'un seul domestique militaire. Il s'adressa donc au fils de Moreau de Saint-Méry, jeune homme avec lequel il s'était lié pendant son séjour à Parme, et lui demanda son appui pour ravoir ses livres.

La lettre qu'il écrivit n'est pas une simple lettre d'affaires. Courier y décrit, avec un enthousiasme juvénile, une femme dont la beauté le transporte d'admiration. On lui a beaucoup parlé de brigands dont il était exposé à faire la rencontre ; il n'en a point vu. En revanche, il a vu une femme « près de laquelle les anges du ciel sont de misérables ramoneurs. Son teint ferait pâlir les roses et si vos Corrèges la voyaient, la grâce dont elle est formée serait à la fois le modèle et le désespoir de leur art. Tant d'attraits appartiennent à l'évêque de Fermo (1) ». Au reçu de cette lettre, le jeune Moreau de Saint-Méry se rendit chez le Bibliothécaire de la ville de Parme, l'avocat Pezzana, pour le prier de faire préparer par un de ses commis la petite caisse qui contenait les livres de Courier. Le *custode* auquel fut confié ce soin reconnut alors dans la caisse trois ouvrages qui appartenaient à la bibliothèque, parmi

(1) Cette lettre toujours inédite, s'est trouvée entre les mains de M. Charavay qui a bien voulu m'en communiquer l'analyse et cet extrait.

lesquels « le célèbre Horace en deux volumes orné des gravures de Pine et un livre grec assez rare ».

Pezzana indigné de trouver dans le paquet de Courier des livres appartenant au dépôt dont il était le conservateur, retint ces ouvrages avec l'approbation de l'administrateur général des Etats de Parme et de Plaisance.

Plus tard, lorsque Courier fut dénoncé comme voleur de grec par l'irascible del Furia, Pezzana, se rappelant cet incident, joignit ses invectives à celles du bibliothécaire florentin et dénonça « la scélératesse du signor Courier ». J'ai conté tout cela dans la *Jeunesse de P. L. Courier.* Mais rien ne prouve que l'officier helléniste ait voulu se rendre coupable d'un larcin. Jouissant à la bibliothèque de Parme d'une grande liberté, il avait pu sans malice emporter dans sa chambre les trois volumes qu'on l'accuse d'avoir dérobés. Il aura, en partant, oublié de les rendre, ce qui est assez conforme à ses habitudes de négligence, et il n'aura point songé à recommander à son ami de les distraire du paquet qui devait lui être expédié, par la poste, à Barletta.

Ce qui prouve bien son innocence, c'est qu'après avoir demandé à Moreau de Saint-Méry de lui expédier ses livres, il écrivit également à Pezzana un billet pour le prier de faire remettre à la poste le paquet contenant les livres (1).

Ce billet, qui a été écrit le même jour, est ainsi conçu :

MONSIEUR,

Puisque vous avez eu la bonté de vous charger de me procurer des livres, je vous prie de vouloir bien me les faire parvenir par la voie du courrier, comme nous en sommes convenus.

M. Moreau de Saint-Méry fils, qui m'honore de son amitié, donnera les ordres nécessaires pour que ce paquet soit reçu à la Poste, lorsque vous aurez fait faire la petite caisse. Ce nouveau service, joint à ceux que vous m'avez déjà rendus, accroîtra mon obligation et ma reconnaissance.

J'ai l'honneur d'être, etc...

(1) Ce billet a été publié par Carlo Frati et reproduit par M. Lelarge dans *P.-L. Courier parisien*. Mais il est daté d'une façon inexacte, du 27 décembre 13. Il faut probablement lire 27 vendémiaire an XIII, ce qui est aussi la date de la lettre écrite de Giulia-Nuova à Moreau de Saint-Méry. Outre qu'il est tout à fait incorrect de mélanger le calendrier révolutionnaire au calendrier de l'ancien régime en écrivant : *décembre 13*, il est tout à fait impossible que Courier qui le 27 décembre 1804, se trouvait à Barletta ait daté ce jour-là une lettre de Giulia-Nuova. On remarque aussi la faute : *armée de Napoléon* pour *armée de Naples*.

Ce texte est faussement daté, comme je l'indique dans la note précédente. En outre, il contient une belle coquille : après le nom de Courier, on a écrit : chef d'escadron, commandant l'artillerie légère au quartier général de l'armée de *Napoléon*, pour l'armée de Naples.

En tout cas, cette lettre ne prouve pas que Pezzana ait menti en déclarant avoir trouvé dans la caisse des livres de Courier trois volumes qui appartenaient à la bibliothèque de Parme.

Mais la bonne foi de Courier devient très probable, puisqu'il s'adresse à l'homme même auquel il aurait dérobé ces volumes. Il faut conclure à une nouvelle étourderie de l'helléniste qui avait emporté les livres de la bibliothèque sans mauvaise intention, mais qui avait oublié de les rendre. La même chose lui était arrivée avec Oberlin, le professeur de Strasbourg dont il emporta, par distraction, un volume en 1802.

TABLE DES MATIÈRES

Vannes. — Imp. LAFOLYE Frères et Cie, 1083-28.

IMP. GROU-RADENEZ, 11, RUE DE SÈVRES, PARIS 26906 — 4-28

www.ingramcontent.com/pod-product-compliance
Ingram Content Group UK Ltd.
Pitfield, Milton Keynes, MK11 3LW, UK
UKHW022052260726
13993UKWH00001B/77